网球运动实用体能训练

袁运平 戴名辉 编著

中国水利水电出版社
www.waterpub.com.cn
·北京·

内 容 提 要

本书以网球运动体能训练为研究对象，对网球运动及体能训练的相关内容等进行了深入的研究，首先对网球运动及体能需求、网球运动体能训练的理论做出分析，然后重点研究与分析了网球运动专项身体素质训练、不同阶段的网球运动训练以及网球运动赛前准备与赛后放松方法。

本书语言简练、结构清晰、内容丰富，系统性、时代性、创新性等特点显著，还具有非常高的参考和借鉴价值。本书对于网球运动的体能训练具有一定的指导意义。

图书在版编目(CIP)数据

网球运动实用体能训练 / 袁运平，戴名辉编著. —北京：中国水利水电出版社，2019.1 (2024.10重印)

ISBN 978-7-5170-7392-5

Ⅰ. ①网… Ⅱ. ①袁… ②戴… Ⅲ. ①网球运动—体能—运动训练—研究 Ⅳ. ①G845.2

中国版本图书馆 CIP 数据核字(2019)第 025387 号

书　　名	网球运动实用体能训练 WANGQIU YUNDONG SHIYONG TINENG XUNLIAN
作　　者	袁运平　戴名辉　编著
出版发行	中国水利水电出版社 (北京市海淀区玉渊潭南路 1 号 D 座 100038) 网址：www. waterpub. com. cn E-mail：sales@waterpub. com. cn 电话：(010)68367658(营销中心)
经　　售	北京科水图书销售中心(零售) 电话：(010)88383994、63202643、68545874 全国各地新华书店和相关出版物销售网点
排　　版	北京亚吉飞数码科技有限公司
印　　刷	三河市华晨印务有限公司
规　　格	170mm×240mm　16 开本　18.5 印张　332 千字
版　　次	2019 年 4 月第 1 版　2024 年 10 月第 3 次印刷
印　　数	0001—2000 册
定　　价	91.00 元

前 言

现代竞技运动中,体能作为运动员竞技能力基本构成要素之一,作用越来越明显。在日益激烈的网球赛事中,网球运动员的体能水平对比赛的胜负起到了决定性的影响。优秀的网球运动员应拥有高超的网球技战术能力和良好的身心素质,但目前我国有相当一部分高水平网球运动员的技战术发展较体能的发展更加靠前,体能发展明显滞后,问题重重。网球运动员因缺乏相应高水平体能训练的支持,在比赛中尤其是比赛的后半程往往会出现体能不足的情况,因而无法充分发挥自己的技战术水平,影响了比赛成绩。探索网球运动员体能训练的基本理论与方法,寻找网球体能训练的最佳理论模式和最佳方法,让网球专项体能训练日益科学化、系统化和最优化,已逐渐成为现代网球教练员与运动员孜孜不倦追求的目标。鉴于此,特编撰《网球运动实用体能训练》一书,以期提供科学而全面的指导。

本书共有七章内容,第一章与第二章主要阐述网球运动理论及网球运动体能训练理论;第三章至第五章着重探讨网球运动体能训练的方法实践;第六章和第七章研究网球运动体能训练的测评反馈及医务监督。具体来看,第一章是网球运动及体能需求,阐述了网球运动基本概况、网球运动体能训练的意义及网球运动的体能需求分析。第二章是网球运动体能训练的理论指导,包括网球运动员体能训练的任务与要求、训练原则与方法及网球运动巨星的体能训练情况。第三章是网球运动专项身体素质训练,包括专项力量、专项速度、专项耐力、专项柔韧与灵敏、专项平衡能力等素质的训练。第四章是不同阶段的网球运动训练,主要分基础训练阶段、发展训练阶段、衔接训练阶段及高级训练阶段。此外,本章还分析了职业网球运动员的培养和不同年龄段的身体练习指导。第五章是网球运动赛前准备与赛后放松,包括网球运动装备、网球运动赛前热身练习和赛后放松练习。第六章是网球运动体能训练测评,包括体能训练的测量与评价、网球运动体能训练测评基本理论及具体操作。第七章是网球运动体能训练的医务监督,包括疲劳及消除、伤病处理及康复训练、营养饮食。

本书从理论与实践两个层面展开对网球运动体能训练的研究,理论研究深入浅出,为网球运动训练实践的开展提供了重要的理论参考与指导。

在实践研究方面，本书突破了传统研究中只对各项身体素质的训练进行研究的局限，增加了不同阶段的训练及赛前赛后的训练研究，能够为不同体能基础的网球运动员在不同阶段的训练提供科学的方法指导，从而提高体能训练的系统性及实效性。此外，本书还研究了网球运动体能训练测评及医务保障，前者能够为运动员和教练员提供反馈，从而合理调整体能训练计划，优化体能训练效果；后者为促进网球运动员的身心健康及技能水平的发挥提供了重要保障。总之，本书结构合理，主题鲜明，逻辑清晰，理论与实践并重，具有突出的学术性、理论性、实用性等价值，希望本书能够在提高网球体能训练的科学性、实效性及增强网球运动员的专项体能和整体竞技能力等方面作出贡献。

本书在编撰过程中，参考了大量相关书籍和资料，在此向有关专家和学者表示敬意和感谢。由于水平所限，本书难免存在不足之处，欢迎广大读者批评指正。

作 者

2018 年 6 月

目　录

第一章　网球运动及体能需求

发展至今,网球运动已经成为一项深受广大群众喜爱的运动项目,网球运动成绩不断被各国的网球运动健儿刷新,但要想提高网球运动成绩离不开科学有效的体能训练活动。本章着重对网球运动和网球运动体能训练的基础理论知识进行阐析,力求为网球运动体能训练的可持续发展奠定理论基础。

第一节　网球运动基本概况

一、网球运动的发展历程

(一)网球运动的游戏雏形

相关学者证实,现代网球运动最初起源于法国,这项运动的雏形就是在法国形成并流行的一种球类运动游戏。最初这一运动形式只是在法国少数人中间开展。12 世纪以后,在法国一部分传教士的影响下,网球运动开始在法国广泛传播开来。

早期的网球运动游戏(被称为“jeu de paume”,法语“用手击球的意思”,即“掌球戏”)在法国传教士之间开展,是传教士在教堂进行休闲娱乐的重要活动内容。为了调剂法国教士的教堂生活,法国的传教士们将教堂的回廊作为运动的场所,在回廊中间用绳子将场地隔成两边,一边一个人,相互用手掌击球玩,游戏所用的球是用布包着毛发制成。网球的英文名“tennis”(英语,“网球”)就是以埃及坦尼斯镇所产的布而得来的。

在传教士的影响下,这种流行于教堂的消遣类击球游戏传入法国宫廷,受到上层社会的喜爱,并迅速发展成为一项贵气十足的运动项目。尤其是在 13 世纪,法国国王路易五世就对网球运动进行了定位,明确了网球作为一项“王室贵族运动”的重要地位,在当时,平民是被禁止参加这项运动的。

在网球运动游戏漫长的发展过程中，游戏中对抗双方击球的方式慢慢产生了一些变化，具体就是由手掌击球逐渐转变为戴上手套来击球，后来进一步地演变为用球拍击球，这个阶段的网球运动游戏和当前的网球运动已经有很多相似之处。

（二）网球运动的正式形成

1358—1360年，法国王储赠送给了英国国王亨利五世一件礼物，该礼物就是网球游戏时使用的球拍。流行于法国宫廷且作为贵族运动诞生的网球运动游戏传入英国。之后，网球运动游戏受到了英国爱德华三世的喜爱，他下令在宫中修建室内球场，并对球拍和球进行了改进，具体的改进是球拍面用羊皮制作、球用皮面代替布面。但对球拍的改进影响了美观性，也增加了球拍质量，改进效果不尽人意。

16～17世纪时，网球游戏开始出现了竞技性的分化，加入了更多的竞技化元素，完善了规则。它不再是一种单纯的游戏，而逐渐成为一种竞技比赛形式。

17世纪，英国人再次对网球运动游戏进行了改进，这次改进主要集中在球网和球拍两个方面。一方面，为了更好地判定球是否过网，减少分歧，原来运动游戏中，在中间分隔左右半场和对抗双方的绳子也换成了由无数网眼构成的网；另一方面，在球拍上穿上了有弹性的弦线。系统性改革使网球游戏的趣味性特征和可玩性特征更加显著，这项游戏在贵族中又一次兴起。

1873年，英国人W·温菲尔德对网球运动游戏的打法进一步进行改进，网球运动游戏成为人们夏天在草坪上的娱乐活动，其被命名为“草地网球”。草地网球的出现有着非常重要的意义，标志着室外网球运动形式的诞生。

1874年，网球运动的场地大小和网的高度也得到了改进，并得到了确定。1875年英国人又将最初的网球比赛规则制定了出来。由此，网球运动初具形态。1877年，就是在英国伦敦郊外温布尔顿设置了草地网球总会。同年7月，首届草地网球锦标赛——第1届温布尔顿网球运动比赛举行。从这时起，网球运动游戏正式发展成为一项正式的竞技性体育运动项目。

（三）网球运动的快速发展

1. 世界网球运动的发展

现代网球运动正式形成以后，在英国各阶层迅速开展起来。后来随着英国殖民地的不断扩张，网球运动随着英国的百姓移民、商人出海经商、殖民地驻军等，从英国传到世界各个国家和地区，网球运动逐渐在加拿大、瑞典、印度、日本和澳大利亚以及南非等其他国家和地区开展起来。

(1)网球运动的快速发展阶段。19世纪90年代中期开始,网球运动迎来了其第一个快速发展时期。1972年,国际男子职业网球协会成立,英文简称"ATP"。ATP赛事对参加成员要求较为严格,即必须是名列当年世界前200名的男子网球运动员。之后,为了传播和发展的需要,该协会还发行了《国际网球周刊》杂志,定期对国际网球运动的重大赛事、发展情况、运动员访谈等内容做详细解读。在ATP之后,女子职业网球协会即WTA,也宣布成立,这向世界女子网球运动的发展注入了巨大的推动力。

网球运动在美国发展迅速。1881年,美国全国草地网球协会("全国"两字于1920年取消)成立。这是世界上第一个全国性网球协会,举办了非常丰富的网球运动比赛,具体包括1881年第1届网球男子单打和男子双打锦标赛、1887年网球女子单打锦标赛、1890年网球女子双打锦标赛、1892年网球混合双打锦标赛等。网球运动在美国呈现出了良好的发展态势。除此之外,在政府大力支持与网球运动场地持续增加的大背景下,美国社会大众在日常生活中也在踊跃参与网球运动,网球运动在美国呈现出了较快的普及速度和发展速度。

1988年,英国草地网球协会成立。后来,世界多个国家和地区纷纷成立网球运动协会,网球运动在全世界范围内得到了广泛的传播和发展。

(2)网球运动的黄金发展阶段。20世纪20年代以后,网球运动进入到了第二个快速发展时期,迎来了其发展的黄金阶段。这一时期,美国仍然是网球运动发展最快的国家,许多优秀的网球运动员不断产生。

20世纪70年代以后,网球运动得到了空前的发展。世界网坛由美国一枝独秀向着多元化格局方向发展,俄罗斯、澳大利亚、意大利、法国、英国等网球强国的网球运动水平迅速提高。

20世纪90年代以后,网球运动技术和相应体育器材的改进进一步促进了网球运动的发展,网球技术的完善程度越来越高,网球器材的科技含量也得到了进一步的提升,这对网球运动的发展产生了积极的推动作用,使得网球运动的竞争激烈程度和观赏性得到了进一步的提升,网球运动在世界范围内更广泛地开展开来。

(3)21世纪网球运动的发展。进入21世纪以后,网球运动的普及程度进一步提升,世界网坛百家争鸣、各国世界级球星层出不穷。

目前,网球运动成为世界范围内开展较为普遍的运动,其高度的职业化和产业化也表明了这项运动的顽强生命力和受到大众的超高认可度。在世界体坛所有项目的比赛中最为活跃的当属网球比赛了,每年观看澳网、温网、法网、美网及其他网球赛事的人数高达几亿人次。网球运动不仅有非常广泛的群众基础，其影响力和吸引力也是很多其他球类运动所无法比拟的，网球运动俨然已经发展成为了继足球运动后世界第二大球类运动。

分析网球运动在现阶段的发展形势会发现，这项运动的竞技性特点、娱乐性特点以及文化魅力对广大群众产生的吸引力越来越大，未来网球运动必然会迸发出更大生命力。

2. 中国网球运动的发展

网球运动于19世纪后期由国外传教士和商人传入我国，最初在教会学校里开展，后来逐渐在我国上海、香港、北京、天津、广州等大城市和一些通商口岸城市中传播开来。

(1)新中国成立前网球运动的发展。新中国成立前，网球运动在我国的发展水平偏低，主要反映在竞技网球运动和大众网球运动两个方面。

竞技网球运动方面，1910—1948年，第1届到第7届全国运动会中，网球比赛一直被列入正式比赛项目。但前两届中女子是不允许参加的，从第3届才开始设女子项目。1915—1934年期间，我国网球运动技术水平不断提高，开始参加各种重大国际赛事。在历届远东运动会的比赛中，男子网球取得了较好的成绩，以邱飞海、林宝华为主力的中国队夺得了第8届远东运动会的冠军；女子网球队则只参加了第6届和第10届远东运动会的表演赛。1924—1946年间，中国选手参加了六次戴维斯杯网球赛，这一时期网球水平较高的运动员主要有邱飞海、许承基等。在大众网球运动方面，这个时期的网球运动依旧是一项贵族运动项目，仅仅是少数人参与，以社会大众的身份参与网球运动的人很少，大众网球运动水平偏低。

(2)新中国成立后网球运动的发展。新中国成立以后，我国网球运动经历了曲折发展和稳步发展两个阶段，曲折发展阶段为新中国成立至21世纪前，稳步发展阶段为21世纪至今。

1953年，中国网球协会成立，同年首次全国网球表演赛在天津市举办。1956年，网球被列为全国运动会正式比赛项目，规模也越来越大。这一时期，一些高水平的网球运动员涌现出来，男子运动员主要以朱振华、杨福基为代表，女子网球运动员主要以戚凤娣、徐润珍为代表。

1960—1976年，受特殊因素的影响，我国各项事业遭受重创，网球运动的发展也陷入低谷。

1980年，中国网球协会正式成为国际网球联合会的会员。此后，我国在大中城市广泛推广网球运动，群众参与网球运动的热情高涨。为了满足人们自愿参与网球运动的需求，国家提出了一系列的支持政策，大众网球运动场地设施不断完善。

进入21世纪后，我国继续增加发展网球运动的力度，竞技网球运动和大众网球运动都呈现出了迅猛发展的势头，具体反映如下。

竞技网球运动方面，我国网球运动训练和竞赛体制不断完善，并充分结合了我国网球运动员的实际情况开展训练、组织参赛，我国选手的水平得到了较大幅度的提升，所取得的成绩也越来越好。第21届世界大学生运动会网球赛上，我国选手李娜首次冲出亚洲。2003年6月，在维也纳职业女子网球赛上，孙甜甜、李婷、晏紫、郑洁首次包揽WTA双打冠亚军。在2004年第28届雅典奥运会网球赛场上，李婷、孙甜甜勇夺女子双打金牌，中国人第一次在奥运会网球赛场上夺得女双冠军，具有非常重要的历史意义。在2006年1月澳大利亚网球公开赛上，郑洁、晏紫获得的女子双打冠军。2011年，在澳大利亚网球公开赛上，李娜在法国网球公开赛女单比赛中夺冠。2014年1月25日，李娜勇夺澳大利亚网球公开赛女单冠军，成为亚洲首位网球大满贯得主。之后，随着李娜的退役、一些网球老将年龄的增大，我国竞技网球呈现出青黄不接的局面。近两年，我国积极发展体育事业，重视网球运动选材，一批新的网球新秀正在不断成长之中，如王蔷、徐诗霖，相信未来我国的网球运动水平一定会再攀高峰。

在大众网球方面，在竞技网球运动的大力引领下，大众网球运动的普及速度和发展速度不断加快，网球逐渐进入人民大众的视野和生活，成为深受全民喜爱的一种运动形式，这就进一步促进了网球运动文化的繁荣与发展。除此之外，随着我国《全民健身纲要》的实施，群众的体育锻炼意识不断加强，网球运动体育基础设施不断改善，大众网球运动在我国掀起了新的运动高潮。

二、网球运动的文化内涵

(一)文明、高雅、礼仪是网球文化的本质

网球运动，又被称为是“贵族运动”“绅士运动”，无论是通过身体练习参与到网球运动中，还是在球场边上观看网球运动比赛，都对运动员、观众具有重要的行为约束，具体体现在以下几个方面。

其一，网球运动中的隔网竞技能确保运动员更加从容、更加优雅。

其二，网球运动中成文或者不成文的礼仪规范，都使网球运动参与者时时刻刻表现出一种绅士的风度。例如，对于参赛者来说，网球比赛中，如果对手打出一个非常漂亮的球，即使自己没有接住，也应该由衷地祝贺对方，为对手的好球拍手叫好；而如果自己打出一分幸运球(Luck Ball)得分，不

要表现得过于兴奋，应感到幸运，同时对对手说声“对不起”。对于观众来说，不大声喧哗；在球员发球的时候不要用闪光灯拍照，不发出声响；如果迟到，应在球员休息的时候进场；球员在场上对抗过程中，不要在观众席走动、上厕所等，这些都是网球运动文明和礼仪的具体反映。

其三，网球运动的文明与高雅还体现在网球运动的服饰、着装方面。网球运动的服装一直都是各体育运动项目中最美观、大方的，尤其是女性网球运动员的服装能充分体现女性在运动场上的魅力。

其四，网球运动中，还有一些特殊的礼仪与文化，如温网中选手向皇室行屈膝礼。

从整体来说，网球运动的全过程充满和谐，网球礼仪充分彰显了网球运动的独特魅力，对网球运动的本质精神产生了决定性影响。

（二）公平、公正、公开是网球文化的核心

公平、公正、公开是现代社会文明发展的一个重要标志，是平等社会发展的重要基础。体育竞技要求运动必须在公平、公正、公开的条件下进行，网球运动也不例外。网球运动规则中的一系列规定都充分体现了网球运动文化对于“公平、公正、公开”体育精神的践行。

(1)网球比赛用球为圆球，充分保证了球可以向任何方向运动，运动员的获球机会是均等的。

(2)网球比赛每局结束后交换发球权，发球机会均等。

(3)网球比赛开始前，通过抽签或抛硬币决定挑边、发球顺序，一方挑边后，另一方自然获得发球权。

(4)网球比赛规则规定，比赛双方都得三分时为平分，平分后，一方必须连胜两分才判定其胜一局。

(5)网球比赛场地是长方形的，考虑风向、采光等客观因素，每局结束后交换场地比赛。

（三）谦虚自信、相互尊重是网球文化的基础

网球比赛对抗是一项艰苦卓绝的过程，对于运动员的体能、心理、智能消耗都较大，运动员在整个比赛过程中，必须要做到谦虚、谨慎、不骄不躁，打好每一分球，只有这样才能最终赢取比赛的胜利，网球运动对个人心理品质的培养具有重要作用。

网球运动有丰富的礼仪，其中最基础的内容是要求运动员尊重对手和裁判、观众尊重双方运动员。以运动员为例，运动员应在比赛中表现出良好的个人风范与气度，在球场上任何以下一种行为都会受到他人的谴责，也是

网球规则所不允许的。例如，踢球，网球是用拍子打的，不是用脚踢的；摔拍子、砸东西；对于对手的失常发挥和频繁失误喜形于色，都是不礼貌和不尊重对手的表现。

（四）顽强拼搏、敢于竞争是网球文化的精髓

网球运动作为体育文化的一种，其在比赛过程中所创造的文化环境有着独特的价值观念和功能，道德意识、意志信念、高尚情操被充分展现出来，在促进参与者认识网球运动文化、体会网球运动精神方面具有重要引导作用。

现代社会竞争激烈，任何人要想适应现代社会的发展，就必须顽强拼搏。关于竞争，网球运动文化中对运动员的良好竞争意识和意志品质的培养与现代社会文化对人的高素质要求是契合的。具体来说，网球运动无时间限制，势均力敌的双方持续 4～5 个小时甚至更长时间的现象屡见不鲜；平分后净胜两分才能取得一局的胜利，比赛中的激烈竞争不仅仅是运动员之间力量、速度、体力的对抗，还是运动员的顽强、拼搏、自信的心理对抗，充分体现了运动员精神斗志的竞争，网球运动对运动员、对观众的拼搏精神、意志力的培养具有良好的正向功能。①

（五）丰富的运动之美是网球文化的魅力表现

网球运动集一般体育运动的运动之美和自身独特文化魅力于一身。具体来说，网球运动充分体现了运动员的形体美、力量美、技术美、艺术美、风格美、服饰美与精神美，也体现着观众的文明礼仪之美，还体现着裁判的公平、公开、公正的执法之美，此外还有网球运动参与者所营造的和谐运动环境之美。从整体来说，网球运动的运动之美涉及面广、内涵广泛。还需要补充的是，网球运动比赛中选手竞争性与观众观赏性的结合、参与性与文化性的结合，都使得网球运动成为一项时尚、典雅的运动。

三、网球运动的基本特征

（一）群众基础的广泛性

网球运动适宜人群广泛，所以拥有十分广泛的人群基础，广泛的群众基础是网球运动的一项鲜明特征。就当前世界网球运动发展来看，据统计，截至 2016 年，国际网联注册会员国有 210 个，这一数字代表几乎全世界的国

---

① 何杰明．网球运动发展软实力及提升路径分析[J]．广州体育学院学报，2015(06)．

家都加入了这个单项运动组织;就我国网球运动发展来看,近年来我国竞技网球运动的发展备受关注,大众网球运动普及程度非常高,大众参与网球运动的热情高涨,特别是青少年运动员的参与,更使得这项阳光体育运动受到众人瞩目。网球赛事不断举办、网球人口逐渐增加、网球运动培训学校和健身俱乐部数量不断增加等,都证明了网球运动的广泛群众基础。

(二)技术战术的预判性

网球运动的一项重要特点就是技术和战术体系内容丰富,具体表现为在网球运动中,球的路线多变,旋转复杂,战术内容丰富多变。而对于运动员来说,要想在这种情况下作出正确的回击以及相应的战术调整,就需要对技术和战术进行全面、细致的分析,这是网球运动员的基本素质要求。

正是网球运动员在比赛要求下,通过扎实的知识与丰富的比赛经验不断对网球技术、战术的特点与规律进行研究,使得现代网球运动技术和战术虽然复杂多变,但是有规律可循,可以在紧张的比赛过程中作出一个预判。预判是网球运动非常重要的环节,甚至每一次回球都是从预判开始的。

网球比赛中,优秀的运动员往往能够根据对方的动作特征来预判来球的性质和落点,然后快速移动到位。越是高水平运动员,对于预判的水平越高。有些运动员甚至在自己回球的时候就已经预判出了对手回球的路线,从而直接移动到预判来球的线路等待击球,如此先人一步的判断当然会占据比赛的主动。

对于网球运动员而言,技术战术的可预判性是他们预判的基础。

(三)不可控的比赛时间

现代网球竞争激烈,无论是正式的网球比赛还是业余性质的网球比赛,想要分出胜负都不容易,需要耗费一定的时间,高水平运动员的比赛时间更是难以控制。正式的网球比赛为男子五盘三胜、女子三盘两胜。一般比赛时间在 3～5 小时,历史上最长的比赛时间达到 6 个多小时。与此同时,由于网球运动的计分方式比较特殊,因而比赛过程中最后的胜负产生较其他运动项目要更难,这需要耗费较长的时间才能得出结果。由此可见,比赛时间不可控是网球运动区别于其他运动项目的一项显著特征。

(四)对身心素质的高要求

网球运动的上述特点要求网球运动员必须具备较高的身体素质和心理素质。

1. 对网球运动员身体素质的高要求

网球运动技战术复杂、多变，时间不可控，因此具有较大的比赛强度。对于专业水平相近的选手来说，往往会持续较长的比赛时间，所以这就要求运动员具有较好的体力，只有这样才能稳定地拿下每一分、坚持到比赛最后仍稳定发挥。

2. 对网球运动员心理素质的高要求

面对较大的能量消耗和激烈的比赛对抗，网球运动员必须拥有较高的心理素质。与此同时，网球运动或者比赛中只允许教练在团体比赛交换场地时进行场外指导，其他任何比赛连打手势等动作都是不允许的。因此，良好的心理素质对于网球运动员来说是非常重要的。网球运动员在整个网球比赛过程中依靠个人独立作战，要根据比赛场上情况的变化来及时调整心理状态，从而能够将自身的水平充分发挥出来，最终取得比赛的胜利。没有过硬的心理素质，是不能取得比赛胜利的。

(五)比赛的活跃与频繁性

网球运动发展快速、赛事举办频繁，这是网球运动的重要发展趋势，也是网球运动的重要特点之一。

网球运动自产生以来，就一直在不断向前发展，并且发展和普及的速度越来越快，为了满足运动员和观众的参赛、观赛需求，各种规模、各种类型的网球运动赛事层出不穷。几乎每周都会有世界锦标赛、大奖赛、挑战赛、巡回赛等国际重大网球赛事举行。近年来网球运动的职业化与商业化发展有力推动了网球运动比赛的多样化和频繁举办。

(六)职业化和商业化突出

职业化和商业化是网球运动的重要特点，这两个特点推动了网球运动的进一步发展。纵观网球运动的发展历史，1968 年以前的奥运会始终坚持拒绝职业网球运动员参加比赛。但随着体育职业化的发展壮大，为了保证运动会的质量和观赏性，相关组委会开始充分接纳职业选手。

发展至今，网球运动已经拥有稳固的群众基础，不仅具备很大的影响力，网球球星的人数也在持续增加，网球球星身上蕴含的商业价值不可小觑，这些球员的参赛所带来的巨大利益和利润，使得网球运动员背后的经营团队分工有序，各司其职，负责运动员的运动训练、商业开发、资产管理、公关管理、医疗保障、体能恢复以及营养膳食等。一名网球运动员取得成功，离不开职业化、商业化的团队运作，而这样的团队运作则有效推动了网球运动的商业化和职业化发展。

(七)各相关比赛奖金丰厚

网球运动作为当今世界较为热门的运动项目之一，比赛奖金丰厚是这项运动区别于其他运动项目的一项显著特点，也是人们热衷于参与网球运动的一项重要原因。

目前，国际网球大赛每年都会举行很多场，并且往往都设有高额奖金，但由于各大型网球比赛对选手的排名有要求，并不是所有的赛事都是所有人都有资格参加的，所以众多网球运动员不得不不断展开竞争，提高自己的排名和积分，从而更好地去参加比赛，以获得比赛胜利，得到巨额奖金。

随着网球运动的职业化与商业化发展，尤其是允许职业网球选手参加各种比赛以来，其奖金数额更是逐年升级。运动员良好的运动成绩和自身形象也可吸引众多的企业对其进行投资，他们可因此获得巨额广告签约，由此使其参赛奖金与商业赞助不断增加。

(八)运动员成才的年轻化

在网球运动持续发展的过程中，越来越多的青少年网球运动员跨入世界水平行列，并且呈现出了早期成熟趋势，世界网坛的球星都在慢慢呈现出年轻化的特征。

和其他体育运动项目相比，网球运动领域众多球星的成名时间较早，有些甚至在十七八岁的年龄就在某项赛事中击败知名选手一跃进入人们的视野。例如，温布尔登男子单打冠军——贝克尔(17岁)；“网球女皇”——格拉芙(16岁)；法国网球公开赛男子单打冠军——张德培(16岁)；法国公开赛冠军、澳大利亚公开赛、美国公开赛冠军——塞莱斯(16岁)；网坛女王辛吉斯(16岁)等，这些球星很早就获得世界冠军，这在其他体育运动项目中很少见。

四、网球运动的具体功能

(一)网球运动与运动者生理健康

1. *改善身体形态*

(1)改变体脂率水平

个人的身体形态与体脂率具有非常密切的关系，人体皮下的脂肪是影响人体形态的重要因素。“体脂率”又叫“体脂百分数”，它是评判人体脂肪含量的重要生理指标之一，它是指人体内脂肪重量占人体总体重的比例。正常成年人的体脂率男性为15％～18％，女性为25％～28％。经常参加网球运动的运动者，可以充分动员脂肪供能，增加脂肪的利用率，达到强身健体、减肥燃脂的目的。

(2)紧实肌肉、增加肌力

网球运动实践表明，运动者经常性地参与网球运动可以增加肌肉体积、增强结缔组织韧度、提高肌群耐力水平和收缩协调性，具体反映在以下几个方面。

第一，网球运动是一项全身性的运动。虽然是用手击球，但是运动员需要在场上不停的跑动，这对于运动者的全身的肌肉耐力水平具有较高的要求，可以促进肌肉快肌纤维向慢肌纤维转化，进而使得肌肉体积增加。

第二，网球运动过程中，每一分击球都需要运动员具有较强的爆发力，同时，一场比赛下来，运动员的击球动作不断出现和反复，可达上百次，这些运动特点对运动者肌肉结缔组织的强韧水平得以提升有较强的促进作用。

第三，长期参加网球运动的人会在体内储备足够量的肌糖原，网球运动还会使肌红蛋白含量增多，这对于肌肉的储氧能力的提升大有帮助。运动者长期坚持参加网球运动，可使肌肉中线粒体数量增多、血液循环加速、肌肉可以工作更长时间。

第四，网球运动竞争激烈，运动者的各种击球动作、路线、落地等的控制需要充分动员身体各部分的肌肉，才能做好每一次的完美击球。因此，就需要网球运动员身体各方面协调配合，这种协调主要是对肌肉收缩协调性的要求，所以说长期的网球运动是对机体肌肉协调性的有效锻炼。

(3)促进骨骼生长发育

骨骼是人体的“支架”，对运动者的整体形态起到重要的影响作用。网球运动可以使骨骼发生一系列适应性变化，促进骨骼生长发育，使身体更挺拔。

根据生理学研究结果来看，人体的骨骼表面有一层很薄的结缔组织是骨膜，骨膜下面是一层结构很坚实的骨密质，骨密质愈厚，力量就愈强。在骨的内层和长骨两端是结构疏松的骨松质，使骨坚固而又不过重。经常参加网球运动，通过不断地奔跑、跳跃、急停和变向等动作，可促进骨骼血液循环、新陈代谢，促进骨的结构与功能的变化，使骨密质增厚，增强骨的坚固性。

此外，事实证明，经常参与网球运动可以使骨骼加快生长，这对于运动者身高的增加具有很大的帮助，可令大学生身材更加挺拔。

2. 提高生理机能水平

参与网球运动能够提高运动者的生理机能水平，这里从人体的生理系统入手，着重分析参与网球运动对运动者生理机能水平产生的促进作用与提高作用。

(1)提高神经系统功能。网球运动可以促使血液循环加快，为大脑提供更多的血氧与营养物质，还能够促进代谢产物更快地排出。因此，经常参加网球运动，有助于改善运动者神经系统的兴奋性和灵活性，提高大脑利用的效率，提高运动者学习效率和工作效率。

(2)提高呼吸系统功能。人体的肺活量是体质健康水平的重要指标，具有较大的肺活量，是体质良好的标志。具体到网球运动，这项运动作为有氧运动中的一种能加快运动者呼吸系统的改善速度。网球运动有助于提高运动者的身体的有氧代谢率，增加运动者的肺活量，提高肺通气的效率，以促进运动者在网球运动中完成与外界的更多的气体交换，满足运动需求。此外，通过网球运动锻炼，还能够提升机体利用氧气的能力。

(3)提高心血管系统功能。经常参与网球运动的人可表现出心脏肌力增大、心脏体积增大、每搏输出血液增多的现象，可以令心脏工作的效率提高，延长心脏使用寿命。与此同时，调查显示，人体的毛细血管在安静状态下仅有 20%～25%开放，在网球运动过程中，毛细血管开放数量可增加至70%以上，能有效促进血液中的营养物质交换，增加和改善人体微循环，进而避免各种心血管疾病的发生。

(4)提高运动系统功能。首先，网球的击球过程中，需要运动者的手臂、腰腹、下肢协调用力且长期参与，有助于运动者相应部位肌肉形态和肌肉内部结构的变化，使肌肉力量增强、肌肉结实、健壮；其次，网球运动可促进人体骨骼发育，促进骨骼形态和结构的改变，提高骨骼的抗压、抗弯、抗折断和抗扭转等性能；最后，网球运动的击球和跑动能提高运动者身体各部位关节的灵活性。

(5)提高消化系统功能。一方面，运动者参与网球运动会消耗大量的能量，可促进机体消化系统的蠕动，进一步促进对食物的消化和营养物质的吸收，同时腹肌活动量的增加还能在一定程度上对肠胃起到按摩作用，从而改善肠胃的消化功能；另一方面，运动者坚持网球运动锻炼，可令腹肌紧实，增强腹部力量，并有效改善内脏下垂、消化不良、便秘等不良问题和现象，可增加食欲，改变消瘦和营养不良，有助于减少各种肠胃和消化系统疾病的发生。

3. 促进体能素质发展

网球运动是一项促进人体全面发展的运动项目，能够促进人体体格的全面发展，使运动者的一般体能素质和网球运动专项体能素质得到大幅度提高。首先，网球运动过程中，长时间、具有一定强度的网球运动锻炼以及有氧与无氧的结合能够很好地发展大学生的耐力素质；其次，在网球运动中，球的运动变化较快，打球者需要根据球的变化和对手的变化来积极进行应变，快速采取行动，对于运动者的速度素质和灵敏素质具有良好的促进作用；最后，网球击球过程中，大力准确击球需要身体各部位共同参与工作，共同完成正确的技术动作，对运动者的身体力量素质、协调性是一种良好的锻炼。

4. 增强身体抵抗力

运动者经常性地、科学地参与网球运动，可以使身体长期处于一定积极的良好状态中，进而使其对于疾病的抵抗力得到有效增强。此外具备控制体重、延缓衰老、保持生命活力的作用。

（二）网球运动与运动者心理健康

1. 发展智力

网球运动有助于运动者智力的发展：一方面，网球运动能增加大脑血氧和营养供应，为大脑高效率的工作提供必要的物质基础；另一方面，网球运动不仅是体力的较量，也是对抗双方智力的较量，如何更好地发球、击球、回球以及战术实施等，都有助于运动者观察力、思维能力、创造力等的发展，对于运动者智力发展有很大益处。

2. 提高情商

现代网球运动对抗性强，运动者在参与网球运动过程中，对于其运动能力、意识、交往等各方面的能力的发展具有重要的促进作用。要想表现出良好的运动状态和竞技水平，运动者必须学会如何更好地应对运动及生活中遇到的各种困难，通过参与网球运动能够很好地培养运动者积极、正确处理各种问题的能力。

3. 完善个性特征

运动者参与网球运动的益处是陶冶情操、保持健康心态、提升自信心、端正运动训练和比赛心态、以乐观积极和顽强拼搏的心态投入到比赛中。在激烈的网球对抗中，只有个人能力强、个性鲜明、人格独立的人，才敢于冒险和创新，才有可能在复杂困难的条件下坚持与强有力的对手进行顽强的对抗，并取得比赛的最终胜利。

4. 消除不良心理

当代人面临学业、就业、情感等各方面压力，很容易产生焦虑、抑郁等不良情绪，还有可能进一步引发一些心理问题。经常性的网球运动锻炼可有效改善上述现象。

在网球运动中，运动者可以全身心投入到运动锻炼中去，享受运动快乐、排除一切负面情绪干扰，对焦虑、抑郁的患者起到长期稳定的缓解作用。与此同时，能使沉默寡言、性格孤僻的运动者积极与人进行情感交流，对于运动者负面情绪是一种良好的抒发和排出，有助于改善运动者不良心理状态。

5. 培养意志品质

困难和逆境更有助于良好意志品质的养成，一个人所经历的困境与挫折越多，那么就越有助于培养良好的意志品质。通过参与网球运动的锻炼，能够使运动者更加勇敢，更积极地面对学习、工作以及生活中的各种困难；网球运动技术动作不难学习，但是要真正掌握需要投入较多的体力、精力，需要运动者花费很长的时间不断重复练习，训练过程中运动者必须克服来自主观和客观、生理和心理的各种困难，才能掌握技能、提高机能；在网球对抗中，一局或一场网球比赛坚持下来是十分不易的，比赛过程中会遇到各种问题，如果没有良好的意志品质，则很难坚持下来，大学生长期参与网球运动是对意志品质的一种有效磨炼。

(三)网球运动与运动者社会适应能力

1. 提高身心适应力

参与网球运动能促使运动者的身心朝着更加健康的方向发展，而健康向上的身心是运动者适应社会必须具备的个人素质基础。在竞争激烈、各方面压力日益增加的社会中，如果个体没有良好的身体状态和心理状态，将很难在短时间内适应社会竞争，想要有所发展更是难上加难。

网球运动对个体的身体、心理和社会适应能力的三维健康具有重要的促进作用。长期科学参与网球运动，不仅有助于运动者体力与精力的恢复，令其身心愉悦，也有利于运动者更好地去适应、参与、从事各种社会生活。

2. 培养竞争与合作意识

当前，竞争与合作是社会生活的主题。现代社会处处充满竞争，一个没有竞争意识的人，很难在社会中持续生存下去，而只有竞争才会有机会得到发展。同时，现代社会竞争的激烈性和残酷性使得个人的竞争力量十分弱小，只有团队的合作才能增加在与其他人竞争中取胜的可能性。

网球运动具有竞技性，这种竞争的本质就是超越他人和超越自我。经常参与网球运动，有助于强化运动者的竞争意识。无论是参与网球竞技游戏还是网球运动比赛，参与者都必须建立其竞争意识，克服对手、比赛条件、观众、裁判等外在困难，还有运动过程本身对身体能量的消耗的内在困难，对于运动者参与社会竞争具有重要促进作用。

网球运动中有双打项目，运动过程中要求队友之间必须通力配合、协作，如此才能增加竞争获胜的可能，网球运动对于运动者的集体协作精神的培养具有重要作用。现代社会竞争激烈，但一个人的竞争力始终有限，再加上现代社会分工复杂，任何一项工作的完成都必须依靠团体的力量进行。因此，网球运动中的合作与社会个人合作能力要求二者表现出一致性。网球运动中的合作体验可以加深运动者与人协作的意识，使运动者学会与人沟通、善于与人合作。

3. 增强沟通能力

正如前面所说，网球运动双打训练有助于运动者协作能力的提升，而个人的协作能力是建立在与人正确沟通的基础之上的。人与人的交流是否顺畅和有效就成为评定团队战斗力高低的标准之一。可以说，参与网球运动为运动者与他人进行人际交往提供了一个良好的平台。

需要说明的是，人际交流不止在日常的工作中体现，在学习、生活等各个方面，只要有人的地方就涉及个人与他人的交流问题。网球运动中沟通能力和技巧训练对运动者日常与人沟通是一种有效锻炼。

4. 完善人际关系

人际交往是人们在现代社会生存和发展的重要基础。在竞争激烈、生活节奏快的当下，人与人之间的感情交流日渐减少，人际关系呈现出日益疏远的趋势。而体育运动可以打破这种封闭，营造良好的人际关系，网球运动是一种很好的选择。鉴于网球运动可促进运动者学会竞争与合作，能增强运动者的沟通能力，尤其是网球比赛中，在面对各种冲突（与对手、同伴、裁判、观众等）时，运动者各种人际关系的正确处理对于其自身的良好运动表现非常重要，在日常社会生活中也是如此，良好的人际关系更有助于个人的发展和自我价值的实现。

五、网球运动重要赛事

(一)温布尔顿网球公开赛

温布尔顿是网球运动的发源地，温布尔顿开展网球比赛具有良好的基础。温布尔顿网球公开赛（Wimbledon Open）是四大网球公开赛之一，也是四大网球公开赛中开展时间最早的一项赛事。

1877 年，草地网球锦标赛首次举办，当时只设男子单打，冠军奖杯为“挑战杯”，1884 年比赛开始增设女子及双打项目。温布尔顿网球男子单打冠军的奖杯为“挑战者杯”，高 18 英寸，为镀金奖杯。温布尔顿网球女子单打冠军的奖品为一个银盘，直径约 19 英寸，中文称为“玫瑰露水盘”。

19 世纪 80 年代之前，温网只允许英国人参赛。19 世纪 80 年代中期，为了满足更多球迷观看网球运动赛事的需要，修建和完善了观赏的体育设施，进一步促进了温网的发展。随着温网赛事的持续举行，温网在全英乃至整个世界的影响力不断增大。

从 20 世纪 30 年代中期开始，英国人在温网中的霸主地位开始被打破。1937 年和 1938 年，美国选手唐·布奇和海伦·威尔斯成为第一对在温网包揽男、女单打冠军的外国人，随后温网的竞争越来越激烈，温网迎来了越来越多的外国选手参与。1959 年，为了顺应世界网球运动发展的潮流，温网向所有网球运动职业选手和业余选手敞开，并于 1968 年在国际网联和草地网联的首肯下，正式采用“公开赛”的名称。

进入 21 世纪以来，温网的影响力进一步扩大，作为大满贯赛事之一，温网已经发展成为一项国际性网球运动赛事，每年都会设置较高的赛事奖金（2016 年，温布尔顿网球公开赛的总奖金为 2 810 万英镑，是 2010 年的两倍），吸引全世界的优秀网球选手竞技。2017 年温布尔登网球公开赛于 7 月 3 日至 16 日在英国举行，2000—2017 年温布尔顿网球公开赛男女单冠军见表 1-1。

表 1-1　温布尔顿网球公开赛冠军榜(2010—2017 年)

年份	男单冠军	女单冠军
2000	皮特·桑普拉斯(美国)	维纳斯·威廉姆斯(美国)
2001	戈兰·伊万尼塞维奇(克罗地亚)	维纳斯·威廉姆斯(美国)
2002	莱顿·休伊特(澳大利亚)	塞雷娜·威廉姆斯(美国)
2003	罗杰·费德勒(瑞士)	塞雷娜·威廉姆斯(美国)
2004	罗杰·费德勒(瑞士)	玛利亚·莎拉波娃(俄罗斯)
2005	罗杰·费德勒(瑞士)	维纳斯·威廉姆斯(美国)
2006	罗杰·费德勒(瑞士)	艾米莉·毛瑞斯莫(法国)
2007	罗杰·费德勒(瑞士)	维纳斯·威廉姆斯(美国)
2008	拉菲尔·纳达尔(西班牙)	维纳斯·威廉姆斯(美国)
2009	罗杰·费德勒(瑞士)	塞雷娜·威廉姆斯(美国)
2010	罗杰·纳达尔(西班牙)	塞雷娜·威廉姆斯(美国)
2011	诺瓦克·德约科维奇(塞尔维亚)	佩特拉·科维托娃(捷克)
2012	罗杰·费德勒(瑞士)	塞雷娜·威廉姆斯(美国)
2013	安迪·穆雷(英国)	马里昂·巴托丽(法国)
2014	诺瓦克·德约科维奇(塞尔维亚)	佩特拉·科维托娃(捷克)
2015	诺瓦克·德约科维奇(塞尔维亚)	塞雷娜·威廉姆斯(美国)
2016	安迪·穆雷(英国)	塞雷娜·威廉姆斯(美国)
2017	罗杰·费德勒(瑞士)	加尔比妮·穆古拉扎(西班牙)

(二)法国网球公开赛

法国网球公开赛(French Open)诞生于 19 世纪末。法网创始于 1891 年，女子项目始于 1897 年，法网男子单打冠军的奖杯为火枪手杯，法网女子单打冠军的奖杯为苏珊·朗格朗杯。在赛事创办时间上，法网比温网要晚 14 年。

法网的设立和网球运动在法国的可持续发展有很大联系。1912 年，法网更名为世界红土网球锦标赛，让法国选手有机会在世界网坛一展身手，改变了温网一枝独秀的局面。最开始法网只允许法国人参加。1925 年后对外开放，成为公开赛。法国网球公开赛的比赛时间为每年 5 月的最后一周。1928 年，为庆祝 1927 年戴维斯杯决赛中法国队的胜利，政府决定修建法国最大的网球场，并利用成功驾机横穿地中海的一战时期的法国英雄罗兰·加洛斯命名这座新球场，罗兰·加洛斯球场正式落成。此后，法网赛事固定在巴黎罗兰·加洛斯体育场举办，这一古老的体育场建筑宏伟、典雅独特，成为世界网球运动员都十分向往的比赛圣地，法网开始走向世界。

就现阶段来说，法网备受关注的原因有两个方面：一方面，法国网球公开赛的场地是红土场地，网球在这种场地上比硬场地弹得高，但速度慢，对于移动灵活、底线击球稳定、有耐心的球员十分有利，能使球员以敏捷的脚步移动来弥补力量的不足，并能有效减少运动员的膝部和踝关节运动损伤；另一方面，网球运动奖金高是该项运动项目备受关注的重要原因之一，近两年网球运动赛事奖金更是持续上涨。

我国网球运动员李娜（现已退役）在 2011 年法网比赛中斩获女单冠军，实现了网球运动史上的历史性突破，是我国乃至亚洲首位大满贯赛事冠军。2014 年，彭帅搭档谢淑薇夺得法网女双冠军，这是我国选手第一次获得女双冠军。在 2017 年法网正赛中，我国网球运动员张帅、彭帅、段莹莹、王蔷和郑赛赛直接入围正赛。2000—2017 年法国网球公开赛男女单冠军见表 1-2。

表 1-2　法国网球公开赛冠军榜（2000—2017 年）

年份	男单冠军	女单冠军
2000	古斯塔沃·库尔滕（巴西）	玛丽·皮尔斯（法国）
2001	古斯塔沃·库尔滕（巴西）	珍妮弗·卡普里亚蒂（美国）
2002	阿尔伯特·科斯塔（西班牙）	塞雷娜·威廉姆斯（美国）
2003	胡安·卡洛斯·费雷罗（西班牙）	贾斯汀·海宁（比利时）
2004	加斯顿·高迪奥（阿根廷）	阿纳斯塔西娅·米斯金娜（俄罗斯）
2005	拉菲尔·纳达尔（西班牙）	贾斯汀·海宁（比利时）
2006	拉菲尔·纳达尔（西班牙）	贾斯汀·海宁（比利时）
2007	拉菲尔·纳达尔（西班牙）	贾斯汀·海宁（比利时）
2008	拉菲尔·纳达尔（西班牙）	阿娜·伊万诺维奇（塞尔维亚）
2009	罗杰·费德勒（瑞士）	斯沃特拉娜·库兹涅佐娃（佩罗斯）
2010	拉菲尔·纳达尔（西班牙）	斯沃特拉娜·库兹涅佐娃（佩罗斯）
2011	拉菲尔·纳达尔（西班牙）	李娜（中国）
2012	拉菲尔·纳达尔（西班牙）	玛利亚·莎拉波娃（俄罗斯）

续表

年份	男单冠军	女单冠军
2013	拉菲尔·纳达尔(西班牙)	塞雷娜·威廉姆斯(美国)
2014	拉菲尔·纳达尔(西班牙)	玛利亚·莎拉波娃(俄罗斯)
2015	斯坦·瓦林卡(瑞士)	塞雷娜·威廉姆斯(美国)
2016	诺瓦克·德约科维奇(塞尔维亚)	加尔比妮·穆古拉扎(西班牙)
2017	拉菲尔·纳达尔(西班牙)	叶莲娜·奥斯塔彭科(拉脱维亚)

(三)美国网球公开赛

美国网球公开赛(US Open)在世界网坛具有重要的影响力,其前身是“全美冠军赛”,每年举办一届。美国网球公开赛1881年首次举办,当时只有男子项目,1887年增设女子项目。1887年,首届女单比赛在费城举办,1889年,女双也加入美网。1892年,混双比赛在美网正式登场。和四大满贯赛事的其他三项赛事不同,美网的奖杯经常更换,并不固定。

1968年,美国网球锦标赛正式更名为美国公开赛,五个单项赛事向全世界的网球运动员打开大门。2004年4月20日,美国网球协会在纽约公布大美网系列赛,其本质上是美国网球公开赛前一系列北美硬地赛事的松散结合。这些赛事之间依靠积分体系和奖金分配方案联系在一起,高额奖金鼓励更多的网球运动选手参赛,也使得越来越多的美国人开始关注网球。

和其他网球公开赛相比,美网公开赛更富有激情和活力。赛事举办期间,许多网球运动爱好者会举办多种庆祝活动,观众观赛的热情非常高涨。在每一年的美网中,都会有优秀的选手进行精彩的对抗,观赏性强、商业价值极高。2010—2017年美国网球公开赛历届单打冠军见表1-3。

表1-3 美国网球公开赛冠军榜(2010—2017年)

年份	男单冠军	女单冠军
2010	纳达尔(西班牙)	吉姆·克里斯特尔斯(比利时)
2011	德约科维奇(塞尔维亚)	萨罗莎·斯托瑟(澳大利亚)
2012	穆雷(英国)	塞雷娜·威廉姆斯(美国)
2013	纳达尔(西班牙)	塞雷娜·威廉姆斯(美国)
2014	西里奇(克罗地亚)	塞雷娜·威廉姆斯(美国)

续表

年份	男单冠军	女单冠军
2015	德约科维奇(塞尔维亚)	弗拉维亚·佩内塔(意大利)
2016	斯坦尼斯拉斯·瓦林卡(瑞士)	安杰利克·科波尔(德国)
2017	拉菲尔·纳达尔(西班牙)	斯罗亚内·斯蒂文斯(美国)

(四)澳大利亚网球公开赛

澳大利亚网球公开赛(Australian Open),简称澳网,是网球运动四大满贯赛事之一,是四大满贯最年轻的赛事,是每年的四大满贯赛事中最先举办的赛事,因此使得该赛事备受球迷、运动员以及赛事组织者的关注。

澳大利亚网球公开赛的前身是澳大利亚网球锦标赛,这项赛事在最初几十年里轮流在澳大利亚各个城市举行。澳网的男子比赛创建于1905年,女子比赛于1922年创建。男女奖杯不同,男子为“诺曼布鲁克斯挑战杯”(Norman Brookes Challenge Cup);女子为“达芙妮阿克赫斯特纪念杯”(Daphne Akhurst Memorial Cup)。这两个奖杯都是为了纪念澳大利亚的优秀网球运动选手而命名的奖杯。

随着世界网球运动进入公开赛时代,1968年,澳大利亚网球锦标赛重新命名为澳大利亚网球公开赛。1905年澳大利亚网球公开赛初创时,比赛采用的是草地网球场,从1988年开始,改为硬地网球场。1972年开始,澳网开始固定在其出生地墨尔本举办。目前,澳网比赛时间是在每年的1月的最后两周举办。

澳网同样具有自己的比赛特点,比赛时间、气候、场地环境对各国网球运动员提出了新的挑战,因此也是各国网球运动员展示自己实力的良好机会。具体来说,赛事设置时间方面,澳网比赛期间为夏季,气温非常高,同时鉴于澳大利亚特殊的地理环境,天气多变,所以比赛期间不仅需要运动员具备良好的运动技能,还需要具备良好的心理素质和环境适应能力,否则很容易在比赛期间受自然气候环境影响而在比赛过程中不能正常发挥运动能力;比赛场地方面,澳网的比赛场地为硬地球场,同其他网球公开赛的场地有区别,这种场地适用各种选手,给予了各种风格、类型的网球运动选手以良好的发展空间和机会,各国选手都非常乐于参加该项赛事。

2014年,我国网球运动选手李娜在女单决赛中,力克齐布尔科娃,勇夺冠军,这也是其职业生涯中的第二座大满贯冠军。

2017年澳网公开赛于1月在墨尔本如期举行,此次赛事吸引了全世界网球运动爱好者的关注，各地优秀网球选手齐聚于此，为全世界网球运动者奉献上一场精彩绝伦的视觉盛宴。我国网球选手段莹莹首进大满贯 32 强，张帅遗憾止步第二轮。2017 年 1 月 29 日，在澳网男单决赛中，罗杰・费德勒战胜纳达尔，收获第五个澳网冠军、第 18 个大满贯冠军。澳网女单决赛中，小威拿到个人大满贯第 23 冠，成为公开赛年代第一人。2000—2017 年澳大利亚网球公开赛男女单冠军见表 1-4。

表 1-4　澳大利亚网球公开赛冠军榜(2000—2017 年)

年份	男单冠军	女单冠军
2000	安德烈・阿加西(美国)	林赛・达文波特(美国)
2001	安德烈・阿加西(美国)	珍妮弗・卡普里亚蒂(美国)
2002	托马斯・约翰森(瑞典)	珍妮弗・卡普里亚蒂(美国)
2003	安德烈・阿加西(美国)	塞雷娜・威廉姆斯(美国)
2004	罗杰・费德勒(瑞士)	贾斯汀・海宁(比利时)
2005	马拉特・萨芬(俄罗斯)	塞雷娜・威廉姆斯(美国)
2006	罗杰・费德勒(瑞士)	阿梅莉・毛瑞斯莫(法国)
2007	罗杰・费德勒(瑞士)	塞雷娜・威廉姆斯(美国)
2008	诺瓦克・德约科维奇(塞尔维亚)	玛利亚・莎拉波娃(俄罗斯)
2009	拉菲尔・纳达尔(西班牙)	塞雷娜・威廉姆斯(美国)
2010	罗杰・费德勒(瑞士)	塞雷娜・威廉姆斯(美国)
2011	诺瓦克・德约科维奇(塞尔维亚)	吉姆・克里斯特尔斯
2012	诺瓦克・德约科维奇(塞尔维亚)	维多利亚・阿扎伦卡(白俄罗斯)
2013	诺瓦克・德约科维奇(塞尔维亚)	维多利亚・阿扎伦卡(白俄罗斯)
2014	斯坦尼斯拉斯・瓦林卡(瑞士)	李娜(中国)
2015	诺瓦克・德约科维奇(塞尔维亚)	塞雷娜・威廉姆斯(英国)
2016	诺瓦克・德约科维奇(塞尔维亚)	安杰利克・科波尔(德国)
2017	罗杰・费德勒(瑞士)	塞雷娜・威廉姆斯(美国)

(五)网球国际系列黄金巡回赛

网球国际系列黄金巡回赛是 ATP 系列赛事中比较高级的赛事，它是比普通巡回赛高一个档次的比赛，所以参与这类赛事的球员往往能获得比其他赛事高的积分和奖金。

具体来说，国际巡回赛比赛共包含了 9 个站的大师赛。在积分方面，网球国际系列黄金巡回赛的冠军、亚军、四强的积分分别为 50 个积分、35 个积分、22 个积分。

(六)东京泛太平洋公开赛

泛太平洋公开赛始于 1984 年,是亚洲最重要的女子网球公开赛,属于 WTA 顶级赛事的系列赛事之一。由于这项赛事设置了高额奖金,因而吸引了世界优秀女子网球运动员参赛,参赛运动员通过参与该项比赛获得的积分计入 WTA 总积分。

在泛太平洋公开赛最初举办的几届比赛中,比赛时间不固定,之后随着赛事的规范化,固定在日本首都东京(1993 年在横滨)举行,举行时间为每年的 1 月末。

(七)中国网球公开赛

中国网球公开赛(China Open)是国际网球协会批准,并得到世界职业网球协会(ATP)巡回赛认可,自 2004 年每年一届的男女综合性网球赛事。2004 年 9 月 10 日到 26 日,首届中国网球公开赛在北京网球中心举行。比赛设男子、女子、青少年及常青组。首届比赛举办期间,中央电视台每天有长达 7 小时的网球直播和超过 150 小时的转播时段,比世界上任何其他网球赛事的本土转播时段都要多。除此之外,作为中国网球的一项重要赛事,中国网球公开赛的奖杯设置具有浓重的中国特色。男单奖杯造型取自故宫馆藏国宝,宫廷文物的代表作"金瓯永固杯",夔龙双耳;女单奖杯造型取自中国国家博物馆馆藏国宝重器"子龙鼎",凤耳。

为了大力发展我国网球运动,赛事组织者的愿望是把中国网球公开赛打造成为世界网坛的"第五大满贯"。首届中网男女桂冠分别被俄罗斯的萨芬和美国的小威廉姆斯获得。2010—2017 年中国网球公开赛单打冠军见表 1-5。

表 1-5　2010—2017 年中国网球公开赛单打冠军

年份	男单冠军	女单冠军
2010	诺瓦克·德约科维奇	卡洛琳·沃兹尼亚奇
2011	托马斯·伯蒂奇	阿格涅兹卡·拉德万斯卡
2012	诺瓦克·德约科维奇	维多利亚·阿扎伦卡
2013	诺瓦克·德约科维奇	塞雷娜·威廉姆斯
2014	诺瓦克·德约科维奇	玛利亚·莎拉波娃

续表

年份	男单冠军	女单冠军
2015	诺瓦克·德约科维奇	加尔比妮·蒙奎露扎
2016	安迪·穆雷	A·拉德万斯卡
2017	拉菲尔·纳达尔	卡罗琳·加西亚

六、网球运动常用术语

(一)握拍术语

(1)"V"形虎口:握拍手大拇指自然分开与食指在虎口处形成的"V"字夹角(图1-1)。

(2)小鱼际:手掌根所在部位(图1-2)。

(3)球拍拍面:共八个,如图1-3所示。

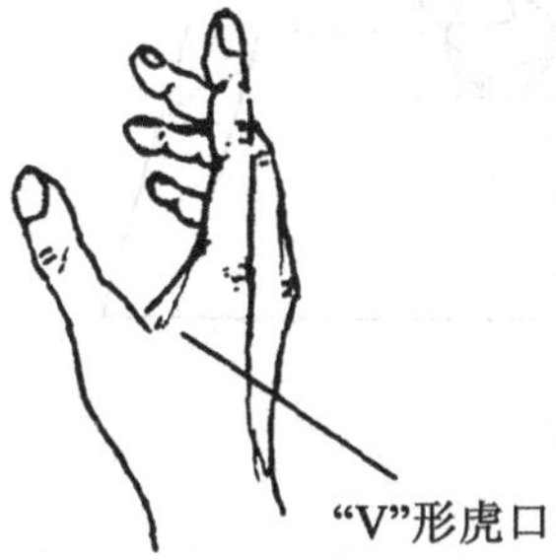

图 1-1

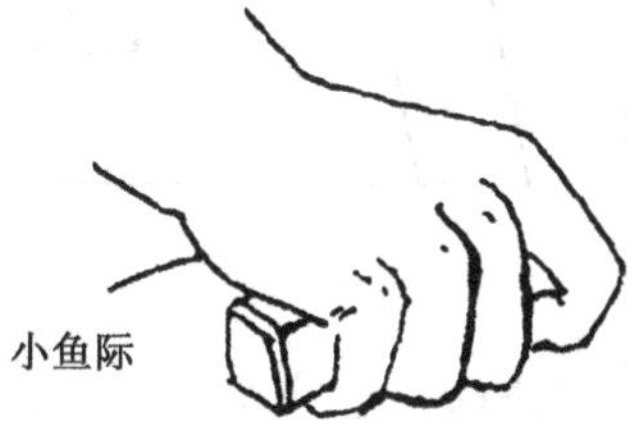

图 1-2

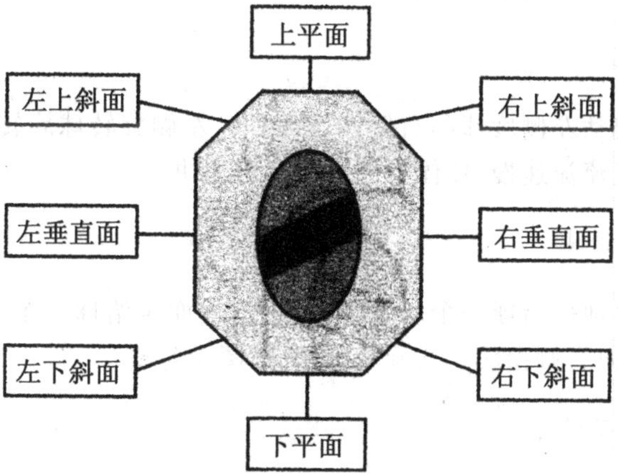

图 1-3

(二)球的旋转

1. 上旋球

上旋球是绕横轴(左右轴)向前旋转。球向前飞行时,球体上沿旋转气流受迎面空气的阻力,降低流速;球体下沿气流与迎面空气阻力方向相同,加快流速。上沿空气压强大,下沿压强小(图 1-4)。

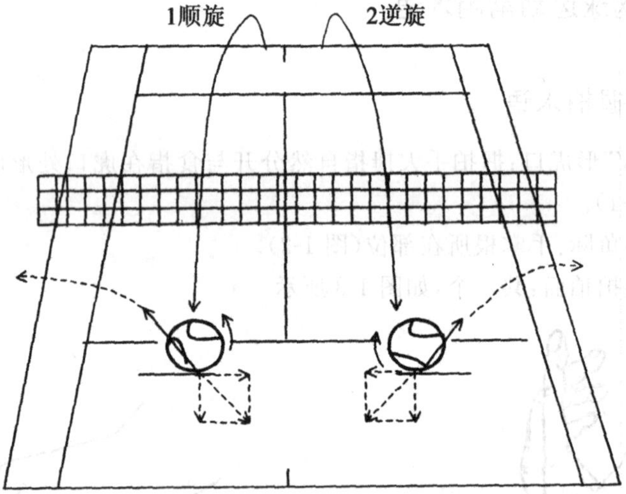

图 1-4

2. 下旋球

网球运动的下旋球绕横轴(左右轴)向后旋转,与上旋球相反。

3. 侧旋球

侧旋球包括左侧旋球和右侧旋球两种。左侧旋转球旋转飞行时,球体左侧转着的气流流速慢,球体右侧的气流流速快。

4. 顺、逆旋球

顺旋球落地后给球一个向左的摩擦力,地面也给球一个向右的反作用力,球反弹后向右侧拐转。逆旋球则相反(图 1-4)。

5. 侧上、下旋球

侧上、下旋球绕一个斜偏轴旋转。侧上旋球是绕斜偏轴向左前上方或右前上方旋轴旋转；侧下旋球是绕斜偏轴向左后下方或右后下方旋转。

(三)规则与比赛术语

网球运动中的相关规则与比赛术语具体参考表 1-6。

表 1-6 网球运动相关规则与比赛术语

英文	中文	术语解析解释
Ace	爱司球	一个接发球方球员碰不到的优质发球
Advantage	占先	为一位球员在平分(deuce)后再得一分的情况。
Backcourt	后场	球场中发球线(service line)与底线(baseline)之间的区域
Backhand	反手拍、反拍	以主要持拍手臂的背面来面向球的来向、跨过身体挥动击球挥拍方法。指右撇子的左手边，左撇子的右手边。
Bagel	贝果	以 6～0 的比数赢下该盘。
Baseline	底线	球场最远的两端的用以界定比赛球场范围的白线
Center line	中线	球场中间，垂直于网、界定发球有效区的线
Court	球场	用来打网球的区域
Best of five	五盘三胜制	比赛最多打五盘，先赢三盘者获胜
Best of three	三盘两胜制	比赛最多打三盘，先赢两盘者获胜
Serve	发球	由击球到对方半场开始一分的比赛
First Service	第一发球	在一分开始时，发球方球员所拥有的两次发球机会中的第一次发球机会
Serve and volley	发球上网	发球并立即向前移动来创造截击的机会并有希望获得这一分的战术
Big serve	大力发球	强而有力的发球
Fault	发球失误	发球时，球没有落进正确的区域
Block	挡	击球前挥拍动作不大的防御性击球
Deuce	平分	在一局(game)中，比分 40～40 的情况。

续表

英文	中文	术语解析解释
Doubles	双打	四位球员一起打球的网球比赛，球场每边各两名球员
Flat	平击	平击，自旋度极低的击球方式。
Game point	局点	指再赢得一分即可赢得该局的情况
Golden Slam	金满贯 ★★★★	在一年之中，完成大满贯（winning the Grand Slam）且赢得奥林匹克运动会中网球项目的金牌
Grand Slam	大满贯 ★★★★	指一年里全部赢下温网、澳网、法网、美网的全部金牌

七、网球运动的发展走向

（一）普及程度越来越高

在历经一百多年的发展后，网球运动已经演变成一项普及性很高的运动项目，这项运动的独特魅力使得越来越多的人成为网球运动的爱好者和参与者，这项运动的群众基础日益广泛。但在实际生活中，网球运动的传播和普及受到一些因素的影响和制约，如场地或者器材等的局限以及教学的专业水平较低等，但这些并没有阻止网球运动的广泛普及，人们对网球的爱好随着时代的发展呈现出越来越高涨的情绪。除此之外，在优秀网球运动员明星效应的影响下，网球运动发展速度越来越快。

就近几年来说，亚洲的网球水平越来越高，尤其是泰国的斯里查潘、日本的杉山爱、中国的李娜和郑洁等诸多优秀选手的出现，进一步带动了亚洲网球运动的发展和普及。但是需要强调的是，亚洲的网球水平与世界强国相比，还存在着一定的差距，这是不可否认的。当前，中国的网球运动越来越普及，参与网球运动的人数越来越多，再加上每年都会举办相应的网球赛事，这就进一步推动了网球运动的普及和发展。相信在不久的将来，网球运动将成为全民运动的重要内容。

（二）观赏价值越来越高

与其他球类运动相比，网球运动的场地类型是较多的，进而使得网球比赛中的球速也有所差别。与此同时，受球的不同弹性的影响，网球的技术打法和战术运用也会存在着一定的不同，如较为常见的有快速多变的全面打法、稳固快速的底线打法、大力发球的上网打法等,这些打法在观赏性方面都是非常强的。除此之外,对于网球爱好者来说,每年都会如期举行的四大网球公开赛,可以说是网球"盛宴"。因为能够参加这些比赛的都是世界排名靠前的运动员,所以就使得这些比赛具有对抗性强、竞争激烈的显著特点。同时,这些运动员的打法和战术都代表着世界最高水平,往往会表现出比赛场面壮观,赛事扣人心弦,对全世界数十亿爱好者都有非常强的吸引力,因此观看比赛的网球爱好者人数也非常多。在多方面因素的共同作用下,网球运动的观赏价值越来越高。

(三)组织机构逐渐趋于完善

国际网球联合会于 1912 年 3 月 1 日成立,总部设在巴黎,是国际网坛的组织机构。经过不断的发展,该组织机构已经由当时的 12 个国家发展为 191 个会员国和 70 多个非正式会员国。1972 年,国际男子职业网球协会组建起来,主要职责在于在比赛机会和比赛奖金两个方面为职业网球运动员提供支持。除此之外,为了较好地维护职业网球运动员的利益,还发行了相关的杂志,如《国际网球周刊》。1973 年,国际女子职业网球协会组建。随后,男子国际职业网球理事会(后更名为男子网球理事会)成立,这也是为更好地适应国际网坛繁多的比赛所作出的努力。

随着现代网球运动的不断发展,良好的发展势头促使国际网坛必须要建立一系列这样的组织机构,并且使各个部门的互相配合、协作,将其功效充分发挥出来,从而使网球运动的健康发展得到有力的保证。

(四)技术打法逐渐趋于全面性、力量进攻型

因为网球运动的场地类型有很多种,所以运动员要想获得理想成绩就必须保证掌握的技术达到全面性要求。一般来说,可以将网球运动技术打法分为进攻型打法和防守型打法两种类型,而进攻是得分的唯一途径,所以就要避免非受迫性失误这一致命弱点,通过全面而稳定的技术发挥来取得分数,从而在比赛中处于不败之地。

近些年,网球运动技战术的全面性特点越来越显著,具体表现是发球力量大、速度快、旋转多变。网球运动的技术打法已经由早前的稳定防守型,逐渐转变为进攻型。在发展过程中,网球技术要符合两个方面的要求:一个是好的底线技术与上网截击得分的能力兼具,一个是强有力的高压球技术与准确的破网技术兼具。截至当前,世界优秀网球运动员的主要打法趋势是同时具备突出的特长技术和全面的技术。总而言之,当今网球运动正朝着技术全面的进攻型打法方向快速发展着。

第二节 网球运动体能训练的意义

网球运动体能训练主要由力量素质训练、速度素质训练、耐力素质训练、柔韧素质训练、灵敏素质训练组成。针对参与网球运动体能训练的意义,本节从参与网球运动力量素质训练、速度素质训练、耐力素质训练、柔韧素质训练、灵敏素质训练五个方面展开阐析。

一、开展网球力量素质训练的意义

在网球运动中,网球运动员的力量特点是以爆发力(以最快速度克服阻力的能力)为主的一种非周期性肌肉活动,因此,进行适当的力量素质训练能够增加运动员的骨密度,可以提高全身肌肉力量,并且对于纠正网球运动的单侧性而造成的肌肉不平衡有很重要的作用。研究表明,无论年龄大小、性别以及初始的体能状况,通过力量素质训练,人们的力量都能够在很大程度上得到提高。通过增加肌肉力量和耐力,运动员即使在比赛结束时也能够像开始时一样在场地中快速移动。

网球运动需要运动员产生速度爆发力。更大的力量能够使运动员反应更快,轻松地产生更有力的移动。运动员能够产生有爆发力的移动,就可以快速地到达位置并准备好,击出有威胁的球,而且能把球击得更远。

适当的力量基础不但能够使运动员在场地中自由移动并击出好球,还能够减小运动员身体结构及功能上的不对称性,使运动员免受伤病的困扰。美国网球教练艾伦贝克和保罗·勒特尔发现,与上肢相比,优秀的年轻网球选手下肢的股四头肌与跟腱更容易达到平衡状态。

二、开展网球速度素质训练的意义

网球运动比赛节奏较快,对手打过来的每一个球都有不同的速度,不同的类型,不同的旋转,不同的落点。网球这项运动要求运动员能向各个方向快速运动,经常改变方向,急停、急起,保持平衡,有效地击球。因此,速度素质是网球运动员需要具备的重要素质。

相关研究表明,虽然很多运动员天生不具备较快的速度素质,但任何一名运动员都可以通过训练肌肉与神经系统来提高自身的速度素质,所以说参与网球速度素质训练能有效促使运动员将自身的网球技战术水平发挥出来。

三、开展网球耐力素质训练的意义

生理学研究表明，久坐的人的有氧运动能力每 10 年会下降 10%。通过网球耐力素质训练，能够增强有氧运动能力，使机体的有氧运动能力每 20 年只降低 5%。因此，开展网球耐力素质训练能在很大程度上提高运动员的体魄，使其更加健康，同时避免由于网球运动而引起的运动损伤。

网球运动的运动特征使得网球耐力素质训练尤为必要：一方面，在网球比赛中，即使是在红土场地上，运动员的大多数得分都在 10 秒钟以内，而在硬土地上，两名实力相当的运动员平均每次得分都是在 5 秒以内，运动员在短暂的得分时间内还要注意四周的变化，每一次这样短时间的爆发运动都需要运动员的耐力素质作支撑；另一方面，在网球比赛中，运动员每得一分之间都会有 25 秒的休息间隔，每一局之间有 90 秒的休息时间，如果运动员的耐力素质较弱，那么就很容易感到疲劳，而网球比赛通常会持续很长时间，也对运动员的耐力素质提出了更高的要求。由此可见，加强网球运动员的耐力素质训练至关重要。

四、开展网球柔韧素质训练的意义

柔韧素质是网球运动员学习、掌握和运用战术所必须具备的身体活动能力，网球运动对运动员的柔韧素质有很高的要求。正确地进行柔韧素质训练，对于不断提高网球运动员的运动技能和创造优异的运动成绩具有重要的意义。

在网球运动中，运动员的柔韧素质是有效改进其技战术水平的必要基础，也是影响网球运动技术水平提高幅度的基本因素之一。假如网球运动员的柔韧素质差，那么他掌握动作技能的过程也会立即慢下来，并变得复杂化，而使得对某些完成比赛动作十分重要的关键技术的掌握变得困难。关节柔韧素质差还会限制力量、速度、协调能力的发挥，使肌肉协调性下降，工作吃力，并影响到其他运动素质的发展，严重的还会造成肌肉、韧带损伤。由此不难得出，参与网球运动柔韧素质训练有很大的重要性和必要性。

五、开展网球灵敏素质训练的意义

首先，较高的灵敏素质有助于网球运动员快速而平稳地到达击球位置。

1992年，保罗·勒特尔（Paul Roetert）等发现灵敏素质是影响年轻的网球选手竞技水平的最重要的因素（击球技术除外）。

其次，灵敏素质是运动技能、神经反应和各种身体活动能力在运动中的综合表现，是一种复合运动素质。网球运动要求运动员在突然变化的条件下表现出对动作的准确判断、快速敏捷、灵活应变和迅速改变身体或身体某部位运动的方向。因此，灵敏素质的提高与发展显得非常重要。它是协调发挥各种身体素质能力、提高技术动作质量、获得理想的技术效果、创造优异运动成绩的重要条件。

最后，生理学研究发现，很少人的关节能够达到他们所需要的灵敏性。网球运动对身体各部分的协调有着很高的要求，适当的灵活性训练至关重要。网球比赛中，运动员需要身体的各个部分发力来改变方向、到达位置击球、急停、发球等。通过伸展练习来增加灵活性，能够帮助运动员避免受伤，享受网球运动，并能够增加运动员的运动幅度，使其更好地发挥个人运动技术。

第三节　网球运动的体能需求分析

针对网球运动的体能需求，本节从网球运动项目的专项性和网球运动员的评估两个方面展开分析，具体如下。

一、网球运动项目的专项性分析

确定项目独特性是需求分析的首要任务，原因在于分析得出的信息能够对体能教学产生积极影响，进而针对项目特征需求制订出针对性强的训练计划。网球运动项目的专项性分析能够采取多元化的方式，但至少要把以下四方面的因素纳入考虑范围。

其一，身体与肢体的运动模式以及具体参与的肌肉群，即运动力学分析。

其二，力量、爆发力、肌肉体积、肌肉耐力等要素中最为优先的要素，即运动生理学分析。

其三，多见的肌肉、关节损伤部位以及形成要素，即运动损伤分析。

其四，其他评价，具体有评价速度、评价灵敏、评价柔韧。

二、网球运动员的评估

评估网球运动员是网球运动体能需求分析的第二项工作，在准确诊断与评估确定网球运动员具体需求的基础上，制订出切实有效的训练目标。网球运动员评估是评价运动员训练状态、组织运动员参与系列测试、确定并形成基本训练目标等来完成的。在评估过程中，要将具体化要求落实在评估过程的每一个环节，如此才能保障体育训练计划具有较强的针对性。

（一）评价网球运动员的训练状态

训练状态是指运动员现阶段的训练情况，即运动员是否做好参与崭新训练计划的准备，还是仍然适合使用之前的训练计划。因此，在对训练计划进行制订的过程中，必须将运动员训练状况考虑在内。在评估运动员的训练状态的过程中，还须将运动员训练背景、运动员训练历史、运动医学专家诊断结果等要素考虑在内，进而决定这些要素能否对运动员参与训练产生制约。全面了解运动员训练状态，能够帮助体能教练员清晰掌握运动员的实际训练水平。

评估网球运动员训练背景时，应当把以下五项因素考虑在内。

(1)训练类型，如心肺功能训练、拉长收缩训练、抗阻力力量训练等。

(2)运动员具体类型。

(3)运动员参与运动训练的时间。

(4)运动员原有的训练强度水平。

(5)运动员已经掌握的训练技术经验，如对抗阻训练中练习方法的掌握程度等。

（二）网球运动员专项素质测试

网球运动员身体素质评价的重要内容有力量素质测试、柔韧素质测试、爆发力测试、速度素质测试、肌肉耐力测试、身体成分测试、心肺功能测试。例如，为了提高力量训练有关数据的客观性，不得不组织运动员参与肌肉力量测试，进而更加客观地评价运动员几大关节的肌力水平，具体有屈伸比、左右侧肌肉力量对比、肌肉耐力水平、爆发力水平等。除此之外，测试过程中可以将和专项运动有关、契合运动员实际水平的测试方法考虑在内，以测试结果作为制订专项体能训练计划的重要依据。由于各类项目运动员心肺功能训练计划的具体方式、频率、强度存在着很大区别，所以最佳训练计划是发展运动员优势、弥补运动员缺陷。

在设计训练计划的过程中，一定要明确限制心肺功能有氧因素和无氧因素，具体有最大摄氧能力和乳酸阈等，同时还需将运动方式、训练频率、训练强度、训练持续时间、训练监控等要素考虑在内。完成测试后，要认真对比测试结果和正常值（参考值），进而清晰得出运动员存在的优势与劣势。在此基础上，以评价数据为参照标准，制订出专门针对运动员优势和劣势，或者深入发展运动员综合水平的计划，进而达到专项运动的特定目标。

（三）确定基本训练目标

通常情况下，肌肉力量、心肺功能、其他基础素质等方面的训练目标是网球运动体能训练的基础性目标。全身最大力量训练目标或局部最大力量训练目标、快速肌耐力训练目标是力量训练目标的主要内容；有氧能力训练目标、无氧能力训练目标是心肺功能训练目标的主要内容；灵敏性训练目标、速度训练目标、协调性训练目标、柔韧性训练目标是身体素质的主要训练目标。制订这些训练目标均需参照详细的测试结果，利用测试对训练计划和个性化体能训练的实际效果进行评定。

三、网球运动员的具体体能需求

在一场高水平的网球比赛，运动员会在场上有着非凡表现。结合比赛中的各种数据统计结果，能够很容易明白一个高水平的网球运动员需要什么样的体能状况。

（1）在任何情况下，一场网球比赛可以持续到30分钟甚至几个小时。实际上，在2006年的美国网球公开赛上，部分男子比赛持续时间超过了4个小时。甚至在温布尔登的草地球场上，比赛会持续更长的时间。2006年费德勒和罗迪克在第二轮的一局比赛中持续时间长达83分钟。

（2）在整个比赛时间内，运动员的跑动距离在3～5英里（5～8公里）。

（3）这些跑动距离基本上都耗费在侧向移动、前后的跑动以及各个方向的冲刺。

（4）通常网球的标准得分持续时间在3～7秒，而且这需要运动员多次变向移动。

（5）在一场标准的网球比赛中，运动员通常会做出300～500次爆发性的动作。

（6）一场比赛的持续时间清楚地表明了网球包括了有氧部分，还有以频繁冲刺和急停急转为特征的无氧部分。

许多运动员都享受着网球运动所带来的体能提高的益处。然而，为了能够达到更高水平的运动表现，运动员需要的不是通过打网球来提高体能，更重要的是通过提高体能来提高网球运动水平。调查发现，在职业的网球比赛中高达75%的得分是发球和正手球，这意味着依靠某些特定的肌群的爆发力工作来赢得比赛。另外，运动员要在各种不同的场地上进行比赛，不同形式的快速变向跑动，以及在比赛中重复出现的各种不确定的自然因素，坚持到比赛的最后一刻都要保持足够的反应启动和击球速度，这些都清楚地表明了体能对于网球运动员的重要性。

(一)网球运动中柔韧性的需求

网球运动常常需要运动员在一个极其特殊的姿势下来完成击球动作。观看一些高手的比赛会发现，为了救一个球，如果有必要的话运动员会做出横叉动作来完成击球动作。很显然，这说明网球运动员需要十分好的柔韧性。

尽管不需要经常在比赛场上横叉动作，但是柔韧性在网球运动中依然有很重要的作用。想象一下你在场上的位置：伸展身体来救一个离你很远的球，到达一个能打出高吊球的位置，做前弓步去接一个对方的扣球。所有的这些情况都需要运动员有非常好的柔韧性，为了表现出最好的水平，肌肉在整个活动范围内活动，并且保持良好的力量和爆发力。任何柔韧性方面的弱点都会限制完成动作的效率，增加肌肉收缩的阻力，从而限制肌肉的爆发力与效率。拥有良好的柔韧性会有助于运动员预防伤病。同时拥有良好的柔韧性会帮助运动员在非常稳定的条件下快速高效地将球击出。

(二)网球运动中力量与爆发力的需求

观察当今的运动员的击球速度和跑动速度，能够很容易意识到力量和爆发力对网球运动员在比赛中达到巅峰状态都是非常重要的。以罗迪克(Andy Roddick)为例，他曾经打出一记时速高达157英里/小时的发球(253千米/小时)，甚至在比赛的最后五局中，他发球的平均速度高达130英里/小时(209千米/小时)。赛琳娜·威廉姆斯利用她的力量和爆发力从场上任何有可能的位置，都能够使擅长反手的球员感到力不从心。

力量与肌肉所能产生多少力(F)有关，而爆发力跟肌肉产生这些力量的速度有关。USTA(美国网球联盟)从以下两个方面来审视力量。第一点也是最重要的一点，必须有足够的基础力量，尤其是在腿部、核心、上背部以及肩部，这些部位的良好力量可以帮助运动员更好地控制自己的动作和比赛过程，以及预防伤病的发生。因为网球是一项重复性的运动，它需要运动员一遍又一遍地重复相同的动作，也就是重复使用部分肌肉，导致部分肌肉的疲劳。这非常容易导致全身肌肉的不平衡发展，改变身体姿势和动作模式，使得关节受力异常进而引发伤病。拥有较好的基础力量，不仅可以使球速加快，而且对于保持正确的关节力学特征以及肌力平衡都是十分重要的。一旦建立起基础力量，运动员就可以开始发展最大力量和爆发力，以提高其在比赛场上的运动表现。

伴随着基础力量的建立，可以开始致力于发展爆发力（力量的第二个方面）。上肢和下肢的爆发力在网球中都是非常重要的。例如，拥有爆发性的第一步（你起动的第一步是具有强大爆发性的）可以允许运动员在场上的跑动更加快速和轻松；强大的腿部爆发力还能够提高发球的爆发力。同样，核心部位和肩关节拥有良好的爆发力也很重要，这些部位的爆发力可以允许运动员在击落地球时能够产生更强的爆发力。

在网球运动中，力量和爆发力是不会自然而然地产生的，也就是说仅仅是打网球不能够使运动员获得足够的力量和爆发力，只有合理科学的力量训练才能够获得这些力量和爆发力。所以，所有的网球运动员应该将提高力量和爆发力的练习融入他们的日常训练计划中。这样做有两个好处：第一是为了预防伤病，第二是提高运动表现。

在所有预防伤病的方法中，发展肌肉的耐力是一种重要的方法。运动员需要能够不断地重复使用相同的肌肉，而且还要能够在比赛的末段打出跟比赛开始时一样完美的击球。一场 5 局的比赛持续时间能够超过 4 个小时，要想保持长时间完美击球动作和跑动就需要依靠肌肉耐力。

（三）网球运动中灵敏和速度的需求

在网球运动中，一个典型的得分回合需要运动员在 5 秒钟内完成超过 4 次左右的变向移动。这需要非凡的速度与变向能力，灵敏就是这种快速而有效的变向的能力，它是网球运动的必不可少的组成部分。灵敏能够快速地起动和制动，为运动员提供了更多的时间来到达目标位置，进而为下一个球做好准备。灵敏性还跟动作效率有关，因此良好的灵敏性能够帮助运动员在比赛中节省更多的能量，从而延缓疲劳的产生，减少运动损伤的出现。

速度，就是从 A 点快速移动到 B 点的能力，在网球运动中也是非常重要的。变得更为快速让运动员能够有机会接到更多的球，并且节省更多的时间，为下一次进攻或防守做好准备。从某种程度上来说，速度是先天性决定的；拥有更多快缩型肌纤维的运动员能够发挥出更大的力量并具备更快的速度；但是所有的运动员都能够通过合理的训练来提高速度能力。这些训练通过刺激改变运动员的肌肉和神经系统来提高运动员的速度与灵敏。运动员到达球位置的速度越快，就有更多的时间来准备下一次击球，击球质量就会提高。因此速度和灵敏不仅让运动员看起来很快，还能够帮助运动员提高比赛中的击球质量。

(四)网球运动中的稳定性和动态平衡需求

单脚站立，如果你没有跌倒的话，你也许会认为你拥有良好的平衡感。在运动中保持平衡，该动作特征可称之为动态平衡，要比在静止状态下保持平衡难得多。考虑一下，在网球比赛中，并且在极快地跑动速度之下，保持身体平衡是一件非常困难的事情。

动态平衡是一项技能，需要通过训练来提高，这种技能能够帮助你在完成高难度击球时依然能够很好地控制身体，从而提高你的击球质量，预防损伤。随着网球比赛的速度(无论是比赛的节奏、球速、运动员移动的速度)持续地增长，运动员发现他们需要越来越多地在失去平衡状态下完成击球。拥有良好的动态平衡将会帮助你更好地控制身体，并且即使在跑动中依然能够完成爆发性的精准击球动作。

(五)有氧和无氧能力

网球是一项有氧耐力运动，还是一项无氧运动呢？机体的有氧供能系统给肌肉提供能量，来完成持续时间超过几分钟的肌肉活动。无氧供能系统给瞬间的、高强度、爆发性的活动提供能量。而网球属于两者的综合，具有集无氧与有氧为一体的混合供能的特点。

在网球比赛中非常标准的一次得分，甚至在最慢的黏土场上进行比赛，持续时间也不会超过 10 秒，更多的则低于 5 秒。在一场比赛中，运动员需要完成 300～500 次爆发性的动作，如冲刺击球、小碎步等，这些短时高强度的动作都需要无氧供能系统来提供能量。从这个角度来看，网球就是一项基本上依靠无氧供能系统的运动，但是这还不是全部。

从整场比赛考虑，一般情况下一场比赛持续时间都会超过 1 小时，甚至更长时间。1 个小时以上的持续运动就是一项有氧运动了，基本上依靠的是有氧供能系统。在网球运动中运动员全力的 5～10 秒的运动得分后，在两次得分之间将会有大约 25 秒的时间，在交换发球的时候会有 90 秒的休息时间。在这些休息时间内，有氧供能系统完成主要的工作，为运动员的肌肉补充快速运动所需的能量。一些有氧能力差的人会发现，在两次得分之间的快速恢复非常困难，而且越是在比赛的后部，疲劳感就越是明显。

因此可见，网球是一项无氧结合有氧的运动方式。无氧和有氧供能系统对网球运动都是非常重要的，两者都需要相当比重的训练。一份设计合理的训练计划应该包含无氧和有氧两方面，两者的训练负荷应该根据运动员当前的体能状况和技术风格来确定。

第二章 网球运动体能训练的理论指导

随着网球运动水平的日益提高和比赛对抗强度的不断增加，体能已经成为影响竞技能力形成的重要因素，体能训练也成为高水平网球运动员训练系统中不可或缺的重要组成部分。网球运动是一项动作精细、技战术复杂多变、对抗激烈，对体能和心智能力均要求较高的运动项目。特别是进入21世纪以来，网球运动得到了广泛普及，运动水平提高飞快，赛场争夺异常激烈，网球运动向体能速度型的方向发展。可以说体能已经成为优秀运动员进一步改进技术、提高运动成绩的关键。本章通过研究网球运动员体能训练任务与要求，探讨网球运动员体能训练的原则和方法，分析当代网球巨星的体能训练现况，为现代网球运动体能训练提供参考。

第一节 网球运动员体能训练的任务与要求

一、网球运动员体能训练的任务

网球比赛的成绩主要是由三个因素决定的：运动员自身水平、对方水平以及比赛的外界环境。运动员的自身水平包括体能水平、心智水平、自身的技战术水平、经验、打法、训练和比赛水平等。对方水平包括对手的技战术水平、体能水平、比赛经验等。外界环境包括场地的类型、气候条件、观众的情绪、裁判员对比赛的控制能力以及是否恪守职业道德等。运动员自身在比赛中可以扬长避短，充分发挥自己的优势。但无论如何，对手的竞技水平不是运动员自身所能左右的。至于外界环境，对双方运动员基本相同。所以，要使运动员取得好成绩，就得在提高自身水平方面下功夫，进行系统科学的训练，使运动员的竞技能力得到全面发展。

运动员的竞技能力是由技战术水平、身体素质和心理素质决定的。不同的年龄阶段，这三个因素对运动员的竞技能力有不同程度的影响。随着运动员年龄的增长，身体各系统的发育水平逐渐成熟，三个方面影响运动成绩的比重也会增加。运动员的水平越高，体能和心理素质对成绩的影响就越大。

网球运动员开展体能训练的总体任务是根据网球项目的特征，选择训练内容并通过各种有效的训练方法和手段，施加适宜负荷，充分挖掘竞技潜能，从而改造身体形态，提高身体机能和能力，增进健康和提高身体素质。

网球运动员开展体能训练的具体任务主要体现在以下三个方面。

（一）根据网球运动的项目特点，改善身体形态结构

如面对体重过轻、对抗能力不足等问题，可通过加强力量素质训练、调整饮食结构等来增加体重，改善身体形态，以适应高强度的比赛要求。

（二）全面提高人体各器官系统的生理机能

众所周知，机体的生理机能是运动能力的基础，任何一项运动能力都是由某一系统的机能所决定的，如力量的大小既取决于肌纤维的收缩能力，又取决于神经系统的协调能力。因此，在进行体能训练时，就要全面地提高人体各器官系统的生理机能，以促进运动能力的发展和提高。

提高运动员身体各运动器官的工作能力和运动机能，为承受大负荷的训练量和高强度比赛夯实两个基础：有氧代谢能力（心血管系统的组织学改造）和神经肌肉系统的载荷能力（横断面和耐力）。结合网球技术动作及个人特点学习和改进基本技术，使运动员在用力结构上建立正确的肌肉本体感。确保对运动员核心力量和下肢运动关节肌群的练习，防止运动性伤病的出现。加强协调性和柔韧性的练习，预防力量练习带来的副作用。

（三）加大体能训练的总体负荷量，提高身体素质

身体素质是运动员技战术能力的基础，没有良好的身体素质，再好的技战术也难以在比赛中得到有效的发挥。加大体能训练的总体负荷量，提高身体素质，逐步提高有氧耐力训练强度，为全年的训练在运动负荷上做进一步的铺垫。重点提高各主要关节肌群的最大力量，加强核心部位的稳定性力量训练。学习发展快速力量的几种主要训练手段（负重力量和跳跃练习），为后继的快速力量训练做好准备和铺垫。加强灵敏、协调和柔韧练习，防止由于肌纤维的增粗和变短而带来的副作用；防伤防病，保持对肩、腰、膝等关节薄弱肌群的养护力量训练。

(四)对运动员进行素质测试和机能评定

将所获得的基础性力量向功能性力量方面做有机地过渡与转换,在保持最大力量的前提下,重点提高快速力量(爆发力量和反应力量)。结合专项技术和比赛的需要,加大步法和灵敏协调的训练比重,改进无氧能量输出功率。在保持正常训练的前提下,系统地保持基础力量和有氧耐力训练,尤其加大对易发伤病部位的养护力量训练。

对运动员进行素质测试和机能评定,不仅能使运动员对自身的技战术水平、体能水平、心理技能有一定的了解,更重要的是它可以使教练员对运动员的训练水平产生一个全方位、客观、理性的认识。在国外,运动队每隔一定的时间都要对运动员进行一次身体、技术和心理方面的测试和评估,以便于教练员制订科学合理、有针对性的个人训练计划。

通过积极性的休息,恢复身体机能,提高健康水平,消除前一阶段比赛和高强度训练所积累的身心疲劳和运动性损伤。通过一般性的体能训练,保持运动员身体各运动器官的工作能力和运动机能;对主要关节的肌群进行基础性的力量训练并改善其柔韧性。

快速力量、核心力量、协调灵敏等素质是高水平网球运动员体能训练的核心要素,在体能训练中应当重点安排以上四个方面训练内容,应当根据网球运动的专项特点、赛事特征和所处阶段来安排其体能训练计划,并要注意因人而异,运动损伤的预防是网球运动员体能训练的重要组成部分。要特别加强网球运动员体能训练中核心力量和快速力量的训练力度,特别是核心稳定性能力的训练水平。加强预防运动损伤的养护性训练,通过训练学手段预防或减少运动损伤发生。在网球运动员多年、全年、阶段及比赛期间训练中合理且系统地安排体能训练,使之真正成为构成网球运动员竞技能力的主要因素。

二、网球运动员体能训练的要求

网球运动员在进行体能训练时,为更好地提高体能训练效果,应遵循以下几个方面的基本要求。

(一)全面发展,突出特长

全面认识体能训练的含义,确立正确的体能训练观。在认识体能训练的含义时,不仅要重视身体素质,而且还要重视运动员的身体形态和身体机能等因素。教练员只有在不断地更新知识的前提下才能全面认识体能训练的真正含义，才能在训练实际中科学地安排体能训练的内容。

初级运动员应全面发展自身的运动能力，从而为进行专项训练打下良好的体能基础，为专项体能训练的进一步发展创造有利条件。专项训练和比赛要求运动员具有良好的身体素质和运动能力，这就要求运动员不仅要具备全面发展的体能素质，而且还应具备个人特长。因此，在进行体能训练时，运动员不仅要全面发展身体运动能力，而且还应根据个人的具体情况和网球专项比赛的需要，做到因人、因项、因时而异，有所侧重，全面而有重点地进行体能训练。

(二)处理好一般体能训练和专项体能训练的关系

充分理解一般体能训练和专项体能训练的相互关系，结合实际情况给予合理重视。一般体能训练是为了更好地发展专项体能训练，为专项训练服务。网球运动员应合理安排一般体能训练和专项体能训练的比例，因为一般体能训练所发展的机能潜力是专项训练发展的基础条件，它可以促进专项运动素质的发展，为技术和战术训练水平的提高打下良好的机能基础，弥补因专项训练而对身体发展所造成的局限性。但是一般体能训练不能取代专项体能训练，尤其是在高水平训练阶段。而训练者只有强化专项身体训练，才能最有效地发展专项训练和比赛所需的运动能力。因此，在体能训练过程中，应根据运动员多年训练过程的不同发展阶段和年度训练各时期、各阶段对体能训练的要求，合理安排一般体能训练和专项体能训练，从而使运动员的运动素质和身体机能获得良好的发展，从而满足专项训练和比赛对体能的要求。

(三)体能训练与技术、战术、心理和智能训练相结合

体能训练与技术、战术、心理和智能训练互有联系，选择体能训练手段应力求与专项技术动作形式以及生物力学特征相近似，以增强体能训练的适用性。例如，利用“两打一”底线练习时，不仅要求练习者达到一定的练习时间，而且还要求练习者成功回球的次数，使得体能训练与实用性相结合。

在进行体能训练时，运动员应紧密结合技术和战术进行，使体能训练获得的训练效果与专项技术和战术有机地联系在一起，从而使其能够在比赛中通过技术和战术的形式充分地发挥出来。体能训练手段的选择和运用是使体能训练与技术、战术训练紧密结合的关键。专项体能训练的内容安排和训练手段的选用，不仅要突出专项特征、在表现形式上尽量与专项技术动作或战术动作相一致，而且要充分考虑身体练习的生物力学等特征，以利于体能训练的效果通过专项技术、战术转化到比赛中。

(四)加强思想教育和意志品质的培养

在体能训练中运动员常常会感到非常疲劳,有些体能训练的方式又比较单调枯燥,因此,在训练中应加强对运动员的思想政治教育,提高他们对身体训练重要意义的认识,培养其吃苦耐劳的意志品质。如果运动员能够在体能训练中保持良好的心态,那么在将来激烈的赛场上,也同样可以沉着冷静。在当今网坛,拥有良好的心理素质、身体素质、技战术能力的运动员才可能成为网坛的优秀选手。为此,在网球运动员的体能训练中,除了技战术、身体训练之外,也要加强对网球运动员相关思想品德教育的心理训练,培养他们良好的心理素质具有十分重要的意义。

(五)对体能训练效果进行评价

定期或不定期对体能训练效果进行评价,有助于运动员了解自身机能水平等,从而提高体能训练的科学性和针对性。因此,在体能训练过程中,应系统地对运动员身体运动能力进行定期或不定期的测验,检查体能训练的效果。通过训练信息的反馈,运用量化分析和定性分析,评定体能训练是否达到了预期目标,弄清楚哪些运动素质和机能水平已经具备专项所需程度或已经达到特定阶段应具备的状态,哪些运动素质或机能水平还没有达到要求,从而有利于找出体能训练的薄弱环节,为运动员体能训练的组织和实施以及体能训练过程的控制提供科学依据,提高训练的针对性。

第二节　网球运动员体能训练的原则与方法

一、网球运动员体能训练的原则

网球运动训练过程存在着许多不以人的主观意志为转移的客观规律。训练规律是指运动训练系统内部各要素之间以及它们与系统外部各相关因素之间,在结构与功能上的本质联系和发展的必然趋势。这些本质联系在运动训练实践活动中不断重复出现,在一定条件下影响或者决定着运动训练的进程。训练规律是不以人们的主观意志而转移的客观存在。训练工作者在长期的运动训练实践中,不断总结成功的经验和失败的教训,并通过科学研究探索和认识训练过程中的客观规律,将实践获得的普遍经验与科研成果归纳、升华为理性认识，并以准确的文字加以表述，从而提出了用以指导运动训练实践的一些科学原则。

体能训练原则是依据体能训练活动的客观规律而确定的组织体能训练所必须遵循的基本准则，是训练活动客观规律的反映，对训练实践具有普遍的指导意义。科学化训练的重要内涵是遵循运动训练过程中的客观规律进行的训练，而运动训练原则是运动训练过程客观规律的反映，遵循训练原则就是遵循训练过程的客观规律，在很大程度上反映了训练的科学化程度。网球运动员体能训练原则分为一般体能训练原则和专项体能训练原则。

(一)一般体能训练原则

1. 自觉性原则

自觉性原则是指训练者对已设定的行为目标所采取的一种主动性行为。体育训练是一个自我训练、自我完善，并总是伴随着克服自身的惰性和战胜各种困难的过程，也是自我养成良好习惯的过程。我们只有真正做到“我要练”而非“要我练”，才能把体能训练作为每天生活中不可缺少的一部分，自觉积极地进行体能训练，获得愉悦的情感体验。

2. 因人而异原则

因人而异原则是指训练对象从个人和外界环境条件的实际出发，包括年龄、性别、身体条件、训练水平、文化水平、个性特征等，注重个体差异，在确定训练目的、选择运动项目、安排运动时间和运动负荷时，因人而异，区别对待。这是运动员开展体能训练的基础，决定着运动员的训练效果。

在网球体能训练中，运动员身体素质及体能状况有着较大程度的不同，不同的运动员不仅起点不同，而且随着训练过程的发展也在不断地发展和变化。如有的运动员开始进展很快，但后来反而慢了下来；有的运动员在训练初期进展不大，但到了某一阶段就可能突飞猛进；有的运动员能适应大负荷量的训练，而有的运动员则能承受大强度训练的刺激；有的运动员某些运动素质好，而有的运动员则在另一些素质上表现突出。因此，在训练中必须要遵循因人而异的基本原则。

要贯彻和执行好因人而异原则，需要注意两点：第一，体能训练中教练员要深入了解运动员的情况并作具体分析，因人制宜地在训练中采取相应的措施；第二，制订体能训练计划要在全面了解全队和每个人的基础上，充分反映全队的特点和个人的特点，既有对全队的要求，又有对个人的要求。

3. 由浅入深原则

由浅入深原则是指在安排体能训练内容、难度、时间及负荷等方面要根据人体发展规律和超量负荷原理,有计划、有步骤地逐步提高要求。人体在不断适应、不断调整的过程中,体质逐步增强,从而提高健康水平。

运动员从开始从事训练到创造优异成绩直到运动寿命终结的长期过程中,都应按照体能发展的内在规律,由浅入深,做出相应的合理规划,持续不断地进行训练。贯彻由浅入深原则,不仅要求对整个训练过程的体能训练进行系统规划,对于多年训练不同发展阶段的体能训练,从内容、手段、比重、负荷等方面也要做出系统安排,特别是在青少年时期以及达到高水平成绩之后更应周密考虑。

人的生长发育在不同的年龄阶段都具有不均衡性,青少年时期运动素质会表现出发展的“敏感期”,在这一阶段就应抓住有利的时机,采取相应内容的体能训练,促使其最大限度地发展,充分挖掘运动素质潜力,为创造高水平成绩打下良好的基础。而达到高水平成绩后,运动员有机体的形态、机能的改造已经相当完善,运动素质的提高处于相对稳定的状态,此时就需要进行认真的分析与总结,以寻找进一步发展的可能性。

4. 全面训练原则

全面训练原则是指通过体育训练使身体形态、机能、身体素质和心理素质等都得到全面和谐的发展。人体是一个统一的整体,各器官系统的机能是相互影响、相互制约的。因此,身体任何局部机能的提高,必然可以促进机体其他部位机能的改善。不同的训练内容和方法在促进身体机能方面起到不同的作用,同时也都有一定的局限性。所以,必须以多样化的训练内容和方法来使身体得到全面、协调的发展。全面训练原则主要包括以下几个方面。

(1)全面发展的运动素质和全面提高的身体机能能力是达到高水平专项运动技术水平的基本前提和基础。如图 2-1 所示,运动训练的全面发展阶段、专项化训练阶段和创造优异成绩阶段的阶梯划分,可充分说明这一点。

(2)人体各器官系统之间是相互依赖的,训练后人体所发生的各种变化也是相互依存的。发展运动素质要求人体的若干系统同时介入。在训练初期,必须采用正确的全面发展运动素质的方法,使发展技术与战术技能所要求的所有形态与机能能力都得到高水平的全面发展。

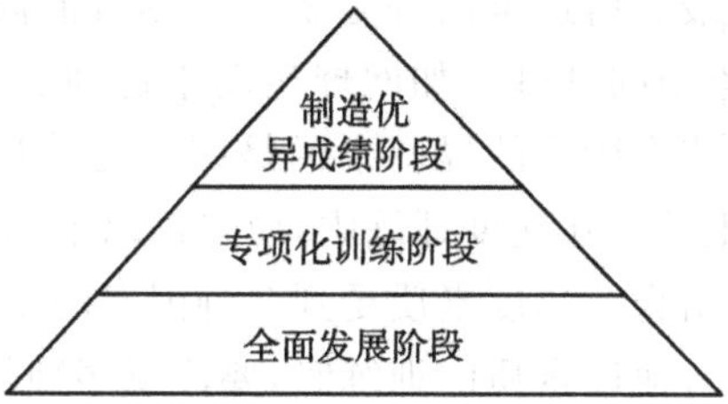

图 2-1

(3)由于各运动素质的发展是相互影响、相互制约的,因此要想取得高水平的运动成绩,就必须在早期训练阶段全面提高运动素质。运动素质和运动技能的转移需要一定的基础条件,专项运动素质和技能也需要建立在一般运动素质的基础上。只有全面安排才会创造出各种条件和可能,使专项所需的一切都得到充分发展。

5. 一般与专项训练原则

一般与网球专项训练原则要求体能训练在一般发展的基础上必须根据网球项目的技术、战术和专项能力特点,充分发展网球专项所需的运动素质,以促使运动员直接创造优异的运动成绩。这一原则主要依据以下几个方面。

(1)体能训练的作用集中体现在创造优异成绩这一终极目标上,所以体能训练不能偏离网球运动专项。

(2)技术、战术练习是网球专项训练的重要内容之一,体能训练为技术、战术训练提供基础。掌握先进的技术是发挥训练水平的重要前提,因此,体能训练要和网球专项技术、战术相结合。

(3)结合网球专项进行体能训练,能使运动员在身体形态以及机能方面对网球运动项目的特殊要求产生适应,有利于网球专项成绩提高。

(4)许多网球运动员年轻化的趋势也迫使体能训练必须紧密结合网球运动发展的实际。

总之,贯彻该原则必须科学地确定一般体能训练和网球专项训练的比重;要确定和充分发展与网球专项有关的最重要的运动素质和机能,做到有针对性地练习;体能训练的内容与手段必须突出重点,并紧密结合网球专项需要。

(二)网球专项体能训练原则

1. 发展速度素质

速度素质是人体某部位快速运动的能力。在各运动项目中,运动员不论从事哪一个项目，最后所追求的都是要获得尽可能高的速度水平。因此速度素质是体能训练中的基础。如网球运动中运动员的击球速度，快速变向的能力等。因此，速度能力的提高永远是网球运动员素质训练内容中的重中之重和永恒的主题。在速度训练中，应贯彻以下几个原则。

(1)多种能力相结合。速度素质受到多种因素的影响，是一种综合能力的体现。因此，在进行速度素质的训练时，要注意多种能力的培养，如力量、爆发力、协调性甚至是心理训练等，都可以为速度素质的提高起到重要的辅助作用。

(2)合理安排练习时间和负荷。速度训练对运动员神经和肌肉系统的灵活性要求很高，刺激强度也较大。因此，在训练中要做到以下几点：第一，尽量安排在网球运动员体力充沛、兴奋性和运动欲望较强的情况下进行，以保证训练质量；第二，要严格控制好量与强度及练习与间歇等方面的关系，防止运动损伤和疲劳的出现。

(3)注意与网球专项特点相结合的原则。动作结构不同的练习所获得的速度不会向网球专项中转移，因此在训练中，一定要根据网球项目特点和技术动作要求，采取有针对性的方法手段。只有这样才能取得事半功倍的训练效果。

2. 提升力量素质

任何体育运动是由作为主动运动器官的肌肉以不同的负荷强度、收缩速度进行工作而带动被动运动器官骨骼的移动来完成的，如果没有肌肉的收缩和舒张产生的力量牵拉骨骼进行运动，则连起码的行走和直立也不可能，更不要说进行体育活动了。网球运动员要想在比赛中跑得快就需要具有较好的腿部后蹬力，想要跳得远就要有较好的弹跳力，想要提高击球速度就需要发展上肢爆发力。力量素质是人体最基本的身体素质，是进行一切体育活动的基础。

为此，在体能训练中，要以力量素质为核心进行训练。需要注意的是，在进行力量训练时应遵循以下几个原则。

(1)全面、系统地开展训练。在进行专项体能训练时，要注意选择合理正确的练习方法和手段，不仅要使大肌肉群和主要肌肉群得到训练，而且还要注重小肌肉群和远端肌肉群的发展，使它们得到同步和协调发展，也就是说训练要全面和系统。否则，不仅不利于运动成绩的提高，还容易造成运动损伤。另外，力量训练还要注意遵循由浅入深的原则，否则就无法取得理想的训练效果。

(2)要有针对性地进行训练。在身体素质全面发展的基础上，根据网球运动专项的特点，有针对性地发展网球专项所需要的力量素质。既要注重小腿、大腿、臀、躯干、肩、手、腕关节和前臂等部位的大肌群和主要肌群的训练，也要发展薄弱小肌群的力量。不仅关注重点部位，也要考虑次要部位的肌肉平衡。

3. 拓展耐力素质

耐力素质是人体的基本身体素质之一，很多因素影响和限制网球运动员的比赛成绩，疲劳便是其中之一。根据网球运动自身的特点，网球比赛基本上是5～10秒的爆发性运动，后接20～90～120秒左右的间歇，网球运动属于间歇性的无氧运动。通常一场比赛持续时间是1～3个小时，因此，运动员需要具有很好的有氧耐力基础，保证在分与分之间和交换场地时体力得到充分的恢复，支持长时间的比赛。

耐力素质的训练要注意以下几点原则。

(1)提高呼吸效率。氧的摄取是通过提高呼吸频率和加深呼吸深度来实现的，在训练中应着重培养运动员以加深呼吸深度为主的供氧能力，以提高呼吸效率，节省体力。此外，还应注意呼吸节奏与动作节奏的协调性。

(2)以有氧耐力训练为基础。有氧耐力是无氧耐力的基础，因此在进行无氧耐力训练之前，应该先进行有氧耐力训练，使运动员的心脏容积增大，每搏输出量增多，从而为无氧耐力训练奠定必要的基础。

(3)结合网球专项需要。不同项目对耐力的需求也有所不同，训练的内容与方法也要有所区别，要结合网球运动专项的特点，合理安排有氧训练和无氧训练的时间比例，以此来达到所需要的训练效果。

4. 提高灵敏协调素质

灵敏与协调能力对网球运动技能的形成与发展起着重要的支配作用，是运动员迅速、准确、省力、流畅地掌握和完成网球运动技能的基本能力和保障。协调性不好的运动员，是很难达到较高运动技术水平的。因此，灵敏与协调性的训练，也是体能训练的一个不可忽视的重要内容。进行灵敏与协调性训练应注意以下几点原则。

(1)合理安排训练的时间。灵敏协调性练习对运动员的兴奋性、神经系统要求较高，一般不宜放在大运动量的训练课后进行，练习的次数和时间也不宜过多、过长，并应保证足够的间歇时间，否则会影响训练效果。

(2)采取多样化的训练方法。练习的方法手段要灵活多样，注意其调节性、娱乐性和趣味性，以利于运动员在保持较高兴奋性的前提下，提高各种分析器的功能水平。

(3)注意年龄特征。灵敏协调素质是人体各种能力的综合体现,而这些能力在各个年龄段的提高程度并不同步,如发展平衡、反应能力的最佳时机是7～13岁,灵活性的发展则最好在6～12岁。因此,要注意在不同的年龄段的训练内容应有所侧重。

二、网球运动员体能训练的方法

(一)完整训练法

完整训练法指的是在进行体能训练的过程中,不论是技术动作还是战术配合,不分部分和环节,从开始到结束,完整地结合在一起进行练习的一种训练形式。在网球体能训练的过程中,运用完整训练法的作用在于能使运动员对技术动作和战术配合进行完整地掌握,从而保持技术动作和战术配合的完整结构以及各个部分之间的内在联系。完整训练法不仅可以用于单一动作的训练,还可以用于多元动作的训练;既可以用于个人成套动作的训练,也可以用于集体配合动作的训练。

(二)分解训练法

分解训练法指的是将完整的技术动作或战术配合过程合理地分成若干环节或部分,然后按环节或部分分别进行训练的方法。

分解训练法主要可以分为以下几种类型:一是单纯分解训练法;二是递进分解训练法;三是顺进分解训练法;四是逆进分解训练法。

在网球的技战术训练中,教练员常常把技战术训练内容分解成若干部分,分别学习、掌握各个部分环节的内容,再综合各部分进行整体学习和掌握。如快速力量训练中持重挥拍练习,第一步,持拍手持挥拍器(或重物)站立;第二步,双腿蹬地、伸膝、转髋、扭腰、挥摆。

同样的,在网球运动体能训练中,也可以把运动员的体能分解成各个部分,如分解成有氧耐力训练、无氧耐力训练;或分成力量训练、速度训练、灵敏性训练等。然后对每个组成部分进行有针对性的训练。

(三)重复训练法

重复训练法是在不改变动作结构和运动负荷的条件下,按照既定的要求反复进行练习,每一次(组)练习之间的间歇时间能使机体基本恢复的练习方法。构成重复训练法的主要因素有三个方面:一是单次(组)练习的负荷量;二是负荷强度;三是每两次(组)练习之间的休息时间。

重复训练法中重复次数的多少不同，对身体的作用就不同。重复次数越多，身体对运动反应的负荷量就越大，反之越少。如果重复次数不断地继续增加，可能使身体承受的负荷达到极限，甚至会破坏有机体的正常状态，造成伤害。因此，重复练习法每次的练习通常是以极限强度或极限下强度进行的，这样才能对提高机体的能力起到促进作用。它不仅适用于身体训练，也适用于技术和战术训练。特别是在网球运动大强度训练的情况下，重复练习能够不断强化技术动作，有利于建立和巩固动作技术。

重复训练法是以发展各种身体素质，提高身体训练水平，改进与提高运动技术与战术，培养运动员顽强、坚韧不拔的意志品质为最终目的的。因此，运用重复训练方法，关键是掌握好负荷的有效价值范围（最有训练价值负荷量下的心率），并据此调节重复次数。在重复训练中，根据训练任务、网球特点和运动员的自身素质，来确定重复练习的内容，包括距离、时间、次数、负荷强度和间歇时间等。

另外，在网球项目训练过程中运用重复训练法时，为了取得较为理想的训练效果，需要注意以下几点事项。

1. 提高重复练习的兴趣

重复训练法易产生单调乏味情绪和注意力不集中的情况，消极情绪会影响训练效果，在实施训练过程中应灵活地结合一些比赛或游戏活动，以提高重复练习的兴趣。

2. 保证充分休息

每次练习后的休息时间不固定，休息的方式通常采用静止、肌肉按摩或散步，以机体得到充分休息、达到基本恢复为准（一般应恢复到心率 110 次/分钟以下）。

3. 避免错误动作定型

重复训练用于技术训练时，一般要注意两种情况：一种是运用重复训练的方法掌握技术时，应严格按技术规范练习，而在负荷强度上不提出过高的要求。为了掌握和巩固正确动作，必须有一定的重复次数作保证。但是，如果出现错误动作，就要立刻停止动作，加以纠正，避免形成错误的动作定型；另一种情况是不仅要在重复次数上得到保证，而且还要在练习量和负荷强度上逐步提高要求，从而使训练者在较困难的条件下保证技术的正确性、熟练性，为提高技战术水平、提高运动成绩奠定坚实的基础。

4. 因人制宜

在身体素质训练中运用重复训练法时，应尽量采用简单而有实效的已基本掌握的练习作为训练手段，在确定练习数量、负荷强度、重复次数时，要以对象的实际情况为主要依据进行有针对性的安排。对身体素质训练水平较差或身体机能较差的训练者应适量降低要求，对间歇时间进行充分的安排，随着训练水平的不断提高，逐步加强练习次数、负荷强度和重复次数。

(四)间歇训练法

间歇训练法指的是在机体没有恢复到工作前起始水平时即进行训练，是一种严格控制间歇时间的训练方法，也是提高体能的主要方法。人们认为体质增强的过程是在运动中实现的，其实体质内部增强过程主要是在间歇中实现的，是在休息过程中取得了超量恢复。若是离开在休息中取得超量恢复，则运动就变成对增强体质毫无意义的事，甚至起不了作用。间歇对增强体质的作用并不亚于运动本身。间歇训练方法与重复训练方法的区别在于，间歇训练每次练习的间歇时间有严格规定，要在训练者机体机能能力未完全恢复的情况下就开始下一次练习；而重复训练的间歇时间是在训练者机体机能能力基本恢复的情况下，才进行下一次的练习。

自古以来就有以静炼身的经验，在现代科学的基础上，人类更清楚地认识到在间歇时间内有机体的各种变化，认识了保持同化优势的重要性，所以把间歇作为一种健身的基本方法。间歇法的特点是在间歇时，肌肉得到了很好的休息，而循环、呼吸系统的活动却仍然还处于较高的水平，这时开始下次练习，无疑会对循环和呼吸系统有着较高的要求。所以通过间歇训练既能锻炼肌肉，又能使内脏器官经受很好的锻炼。

间歇法分为三类：高强性间歇训练法；强化性间歇训练法；发展性间歇训练法。在网球运动员进行体能训练时，采用间歇训练法的优点在于其在能锻炼肌肉的同时，使内脏器官经受了很好的锻炼。这是因为肌肉通过间歇得到了很好的休息，而循环、呼吸系统的活动却仍然还处于较高的水平，这时开始下次练习，对循环和呼吸系统就产生了较高的要求。

在具体运用间歇训练法时，要根据不同的任务，确定不同间歇方案。一般来说，如果用间歇法来发展耐久力，每次练习的距离要长些，重复次数应多些，强度要偏小些。如果用间歇法来发展力量耐力，则采用负荷重量相对较轻，强度偏中小，练习的次数和组数则较多些。而如果用间歇法来发展绝对速度，安排的练习距离就要短些，重复次数少些，强度大些。

另外，在使用间歇训练方法时要注意以下几点。

1. 采用积极性休息

间歇时，不要作静止休息，而应该采用积极性休息，如走、慢跑放松手脚、伸伸腰腿或作深而慢的呼吸等。轻微活动可使肌肉对血管起到按摩作用，帮助血液流回和排除代谢所产生的废物。

2. 依据负荷的有效价值标准调节

负荷与休息交替进行，严格规定休息时间，在机体未完全恢复（心率为120～140次/分钟）时即进行第二次（组）练习。每次练习时间不宜过长，强度根据训练要求，可达到或超过比赛强度，也可为小强度，一般负荷时心率应达160～180次/分钟，最大时为200次/分钟以上。一般说来，当负荷反应（心率）指标低于有效价值标准时，应缩短间歇时间，而在高于价值标准时，则可延长间歇时间。通过适当的间歇，把负荷量调节到负荷有效价值范围，以追求良好的训练效果。

3. 合理安排间歇训练

以训练任务为主要依据来对间歇训练进行适当的安排。间歇训练法是由每次练习的数量、每次练习的负荷强度、重复次数、间歇时间及休息方式五个要素组成的。它们是相互影响、相互制约的关系，因此在变换或调整某一要素的参数时，要充分考虑到其他因素的影响。

4. 因人制宜

给训练者一定的适应阶段，以自身情况为主要依据来对训练方案进行适当的调整。某一间歇训练方案确定后，应经过一段时间的训练，使训练者有了适应和提高后，再根据训练任务和具体情况，适时地进行调节变换。

(五)持续训练法

持续训练法指的是在相对较长的时间里用较稳定的强度，无间歇地持续进行训练的方法。持续训练法常用于发展一般耐力素质，并有助于完善负荷强度不高但过程细腻的技术动作。

持续训练法最突出的特点是训练时间较长，总的训练量大。根据训练时持续时间的长短，通常可将持续训练法分为三种，即短时间持续训练、中时间持续训练、长时间持续训练方法。从增强体质的良好效果出发，需要间歇就停一会儿，需要连续就接二连三地进行下去，所以不能只是讲究持续，持续、间歇、重复都是在统一训练过程中实现的。持续、间歇、重复等因素都有其特有的作用,连续的作用在于促使负荷量不下降,维持在一定的水平上,使身体充分受到运动的作用。

在具体实施连续训练方法时,连续训练时间的长短,要根据运动员所从事运动项目的特点和运动员的状态,并且要将负荷价值有效范围作为依据来确定。通常认为在140次/分左右心率下连续训练20～30分钟,可使机体的各个部位都长时间地获得充分的血液和氧的供应,有效地发展有氧代谢能力。

持续训练法的作用主要体现在三个方面:第一,可使机体运动机能在较长时间的负荷刺激下产生稳定的适应,内脏器官产生良性适应变化;第二,能有效提高有氧代谢系统供能能力以及在该供能状态下有氧运动的强度;第三,能进一步提高无氧代谢能力及为无氧工作强度奠定坚实的基础。

在运用这一方法时,必须控制好负荷强度。在练习中,负荷强度太大,就会缩短训练持续时间。一般情况下,心率控制在130～170次/分钟之间,并选择恒定的运动强度,如此有利于发展一般耐力。如果要进行长时间的练习,负荷强度就不能加得太大。在实践中,要想使运动员体能训练的效果得到不断的提高,就应该调整好这对矛盾,一方面,逐渐加大训练强度,另一方面,不断增长训练时间。若要提高网球专项耐力,则可以提高强度,持续适当的时间。另外,在训练期或休整期,采用中小强度进行持续训练的主要目的是发展或保持一般耐力水平。

(六)循环训练法

循环训练法是根据训练的具体任务,建立若干练习站或练习点,运动员按规定顺序、路线,依次循环完成每站所规定的练习内容和要求的训练方法。循环训练法主要是由每站的练习内容、每站的运动负荷、练习站的安排顺序、练习站之间的间歇、每遍循环之间的间歇、练习的站数与循环练习的组数等部分组成。训练者应该按照要求完成每个练习站的训练任务,当一个练习站上的练习完成后,迅速移到下一个练习站,锻炼者完成各个练习站上的练习后,就算完成了一次循环。

循环训练法是一种综合形式的练习方法,比较生动活泼,训练过程中可以有效地提高不同层次和水平的训练者的训练情绪和积极性;可以合理地增大运动训练过程的练习密度;可以随时根据具体情况因人制宜地加以调整,做到区别对待;可以防止局部负担过重,延缓疲劳的产生,并有利于全面身体训练。

循环训练法的特点是系统、有顺序地进行两臂、两腿、腹部、背部肌肉的练习。因此,这种方法既可用于身体训练,发展训练者的一般和专项素质,也可用于一些运动项目的技术和战术训练。

练习时根据各组练习之间的间歇的负荷特征，可以把循环训练法分为循环重复训练、循环间歇训练和循环持续训练等三种方法。第一种是循环重复训练。循环重复训练方法是指按照重复训练法的要求，对各站之间和各组循环之间的间歇时间不作特殊规定，以使机体得以基本恢复，可全力进行每站或每组循环练习的方法。第二种是循环间歇训练。循环间歇训练方法是指按照间歇训练法的要求，对各站和各组之间的间歇时间作出特殊规定，以使机体在不完全恢复的状态下进行练习的方法。第三种是循环持续训练。循环持续训练方法是指按照持续训练法的要求，各站和各组之间不安排间歇时间，用较长时间进行连续练习的方法。

循环训练法对技术的要求不高，且各项目都采用比较轻度的负荷练习，比较生动活泼，练起来简单有趣，能通过综合训练达到全面发展的良好效果。此方法的优点主要体现在以下四个方面：第一，训练过程中可以有效地提高不同层次和水平的运动员的训练情绪和积极性；第二，可以合理地增大运动训练过程的练习密度；第三，可以随时根据具体情况因人制宜地加以调整，做到区别对待；第四，可以防止局部负担过重，延缓疲劳的产生，并有利于全面身体训练。

在网球体能训练过程中，为了取得理想的训练效果，在运用循环训练法时，要注意以下几个方面。

1. 结合训练的目标，确定练习内容和练习站的数量

由于练习是连续进行的，因此练习的内容应是训练者已基本掌握的、并有目的地突出重点。内容顺序应根据练习对各器官系统和肌肉部位的不同要求而交替安排，并注意与发展不同身体素质练习的相互交替。站的数量一般 7～10 个为宜。

2. 合理安排负荷

练习负荷的安排要从每站练习的数量、强度、间歇时间、循环次数等方面考虑。每站的负荷一般为受训练者所能承担最大负荷的 1/3～1/2。循环一周的时间为 5～20 分钟，各站之间间歇一般为 15～20 秒。

3. 训练形式多样化

在实践中，可根据训练者的不同情况，安排各种形式的循环练习，如流水式循环训练，即一站连一站的练习。轮换式循环训练，即将全队成员分成若干组，各组在同一时间内练习同一内容（或在同一个练习站练习），按规定

时间一组一组的轮换。分配式循环训练，即设立很多个练习站，可多达十几个，然后按训练者具体情况分配每个训练者练习内容以及练习的次数。

(七)变换训练法

变换训练法指的是在训练过程中，有目的地变换运动负荷(时间、负重量、速度)、动作组合，或变换练习环境、条件等情况下进行训练的方法。在周期性项目中主要是变换练习的速度和环境；在非周期性项目中则以变换练习的组合和条件为主。运用时要根据训练的具体任务和训练者存在的主要问题，有目的地进行变换，如变换跑的持续时间、速度和距离，以发展有机体的无氧或有氧代谢能力。

变换训练法的作用在于以下两个方面：一是能避免练习的单调。由于训练条件的变化，可使运动员的大脑皮层不断地产生新异的刺激，提高运动员练习的兴趣和积极性，培养多种运动感觉，从而提高机体对负荷的承受能力，还能提高人体对训练和比赛的适应能力。二是在实践训练中，不断地对训练的内容、时间、动作速率等提出新的要求，还可以使运动员产生新的刺激，有效地调节生理负荷，激发起较高的训练情绪，提高兴奋性，强化训练意向，克服疲劳和厌倦情绪，使机体不断产生适应性变化，进而促使神经系统处于良好的准备状态，产生强烈的表现欲望，使球类运动体能训练的质量得到有效提高。刚参加训练时，可多做些诱导性练习和辅助性练习，之后随着训练水平的提高，应加大练习的难度。

根据训练因素的变换，可将变换训练法分为三种：内容变换训练法；负荷变换训练法；形式变换训练法。

1. 内容变换训练法

内容变换训练法主要针对运动员的运动专项，训练中练习内容的动作结构可分为变异组合和固定组合两种。练习的负荷性质和练习动作的用力程度符合专项特点和要求，练习内容的变换顺序符合比赛的规律。

2. 负荷变换训练法

负荷变换训练法是一种功能独特的重要训练方法。在实践中，训练负荷的变换主要体现在负荷强度或负荷量的变换上，该方法可通过多种变量方式，包括变换练习动作的负荷强度、练习次数、练习时间、练习质量、间歇时间、间歇方式及练习组数等，对运动素质和能量代谢系统的发展起到积极的促进作用。

3. 形式变换训练法

形式变换训练方法是通过变换训练的形式、时间、气氛、路径以及环境来进行体能训练。

在网球体能训练过程中，为了取得理想的训练效果，在运用变换训练法时，需要注意以下几点：第一，在进行变换训练时，应以训练的具体目标为主要依据，有针对性地变换练习的运动负荷、技术动作的组合、练习的环境和条件等；第二，变换条件训练时，应以训练计划的基本内容为主要依据灵活采用，要对技术、技能的巩固和身体素质的发展起到有力的作用和影响；第三，在技术训练中，采用变换训练达到目的后，要注意及时恢复到正常情况下的练习，纠正错误动作，避免由于变换条件训练形成的与比赛的正式要求不相适应的动力定型，增加或减少练习的重复次数与调整间歇的时间；第四，随着训练水平的提高，应逐步增加练习的数量，提高每次练习的强度。只有这样才能够增强训练的效果，取得理想成绩。

（八）负重训练法

负重训练法是使用重物，如杠铃、哑铃、沙袋等，来进行身体运动，从而达到训练身体、增强体力的目的的一种方法。负重训练法的使用范围较广，除了可适用于网球运动员进行身体训练以及普通人为增强体质锻炼身体，还可用于加快身体疾患的康复。

由于过大的负荷可能给心血管和呼吸系统带来不良的影响，因此，网球运动采用这种方法进行体能训练时，应该采用最大摄氧量和最大心输出量以下的负荷。为了保证这种训练方法取得良好的训练作用，在选择训练运动负荷范围内可以多次重复或连续。

（九）比赛训练法

比赛训练法是指在近似、模拟或真实的比赛条件下，按比赛的规则和方式进行训练的方法。比赛训练法是根据不同的因素而提出的一种训练法，主要包括人类先天的竞争和表现意识、竞技能力形成过程的基本规律和适应原理、现代竞技运动的比赛规则等。依据比赛的性质可将比赛训练法分为四种：教学性比赛方法；模拟性比赛方法；检查性比赛方法；适应性比赛方法。

在网球运动体能训练中，通过比赛训练法进行训练的作用在于以下几个方面：第一，可以激发球类运动员的训练激情；第二，能有效提高运动负荷的强度；第三，能有效提高运动员的心理承受力；第四，使体能训练与实战紧密结合起来，从而使运动员更好地掌握和改进球类技术，提高参加比赛的能力。

(十)游戏训练法

游戏训练法是采用游戏的形式来进行体能训练的方法，提高运动员兴奋性和激发运动者的兴趣是其主要作用。除此之外，游戏训练法还是缓解疲劳、训练间歇放松的手段。

(十一)综合训练法

把分解训练法、间歇训练法、持续训练法等各种训练法结合起来运用，或者在一组训练中安排技术训练、灵敏训练、力量训练等多种内容的训练方法，就是所谓的综合训练法。通常情况下，这一训练方法要以个人实际情况为主要依据来决定训练法的组合运用。

综合训练法变化很多，组合多样，可以适应网球运动员的不同性别、年龄、身体状况、身体技能水平的需求。

第三节　网球运动巨星的体能训练情况分析

网球运动员的体能训练是网球训练中的重要部分，纵观当今网坛中的网球巨星，他们的体能训练具有共同的特性，可以将其总结为以下几点。

一、注重速度、力量的训练

网球运动比赛中需要网球运动员在不断克服自身阻力和惯性进行快速起动、急停以及各项变向运动，同时对于网球的击球质量要求具有快速的旋转和较高的球速，这对于网球运动员的速度力量素质提出了较高的要求。

塞尔维亚网球运动员诺瓦克·德约科维奇，配有三名体能教练，一个负责球员的赛前准备和赛后调整，一个负责步伐和能量代谢的训练，还有一个专门负责力量训练。

英国著名男子职业网球运动员安迪·穆雷每天都训练5个半到6个小时，在训练中使用一种名叫 Versa Climber 的训练仪器，可以锻炼腿部和手部的力量。

获得全满贯和金满贯的男子网球运动员拉菲尔·纳达尔，在巡回赛期间会进行大量的力量训练，从每分钟振动30～50次振动平台开始，可以增加血液循环、肌肉力量和灵活性、关节活动度，减少肌肉疼痛，增加恢复速度。首先赤脚站在振动平台上，过一会改为脚尖站立，锻炼小腿和其他腿部肌肉的力量；手臂伸直，身体下蹲，膝关节呈直角，保持动作，锻炼腿部和核心部位；握住振动平台的扶手，身体下蹲，单腿站立，另一条腿向后抬起，增加了每条腿的训练强度；双手不扶任何地方，单腿站在振动平台上，锻炼核心部位的稳定性和场上的平衡能力。

二、加强对耐力和肌肉的训练

在网球运动中，运动负荷大，持续时间长，一场比赛有可能持续几个小时，对运动员耐力素质的要求较高，而且网球运动是一项非周期性运动，运动员在比赛的过程中需要在场地上不断改变自己的运动方向和运动速度，采用不同的击球动作，是一项全身协调性的运动，对于运动员各个肌肉长时间承受负荷的能力要求高。

据《华尔街日报》爆料，德约科维奇的体能得益于一台名为 CVAC 的高压氧舱。这种设备可以通过模拟高海拔环境促进血液循环、提升血红细胞含氧量、去除乳酸，它可以帮助球员迅速缓解疲劳并恢复体能。德约科维奇还经常使用生物反馈装置进行压力水平测试，在参与美网期间，德约科维奇会踩单车和拉伸肌肉。

瑞士男子职业网球运动员费德勒在平时的体能训练中会进行侧弓步扭转的训练，可以增强击球时参与的所有肌肉的力量，尤其是臀大肌、腹内斜肌、躯干和核心部位。具体方法是双手紧握杠铃杆放置颈后，身体直立与肩同宽，腿部成 45 度角弓步站立。降低支撑腿，扭转躯干向左边，脚尖朝前。坚持一会，回到起始姿势，换边重复动作，每边做 10 次，觉得力量有所增长以后，可以在杠铃上逐渐增加砝码。

穆雷在所有的力量器械中也会特别选择举重来放松肌肉。穆勒有氧训练的热身活动是先选择自己喜欢的速度 500 米，然后做正弓步、侧弓步和反向弓步训练，每条腿 10 次，可以有效提高心肺技能，增强臀部和腿部的力量。接下来是 4×400 米跑步，有效去除堆积的乳酸，可以根据自身情况设定速度，间歇时间为 85 秒，休息之后再进行下一轮，重复 10 次。这些准备练习有助于肌肉做好加速燃烧的准备。

三、提高身体的柔韧性和灵敏性

在网球运动中，运动员需要发挥肩、腰以及腿部等关节的灵活性。在比赛过程中协调各个部位的运动行为，对运动员肌肉神经系统、时间空间感知能力、比赛中的环境观察能力以及适应调整能力具有较高的要求。

费德勒会进行抛药球的训练来提高敏捷以及核心部位和上身的力量，训练方法很简单，练习者和陪练者面对面站在球网的两侧，从场地的左边快速移动到右边，期间不停地向对方抛掷药球，熟练后，可以让陪练者从不同方向、角度来抛掷，距离和抛掷力量也可以随时进行调整。

前任世界球王皮特·桑普拉斯，是有史以来最好的草地球员。他非常重视柔韧性的训练，把发展爆发力作为重点，而不是为了更大的肌肉维度。一记成功的发球关键在于好的抛球和跳跃，力量源于腿和重心。

四、其他特殊的训练方式

由于网球运动员的训练时间都较为分散，需要在短时间内恢复体能、提高训练效果，网球巨星也会采用一些特殊的训练方式进行体能训练。

(一)高原训练

一些国家在中度高原(1 500～2 400 米)建立了高原训练基地，并把高原训练作为大赛前的重要训练手段，取得了显著的训练效果。中度高原空气密度只有海拔平面的 77%，氧含量只有平原地区的 3/4 左右，氧分压大于平原地区的 20%～25%。当运动员在这样的环境下进行训练时，由于“调节适应期”产生应激，呼吸频率和心率加快、溶解在血管里的部分氧气受低气压的影响不易被身体吸收，血管体积增大、血管扩张，血管壁增厚，血管变粗，通过的血量增多，从而更好地锻炼了运动员的心血管系统，提高了最大摄氧量和血色素浓度，增强了耐受乳酸的能力。在返回平原时，失去了获得性适应性条件，运动员会产生新条件的应激，在大赛前进行高原训练对运动成绩的提高效果最为显著，每次训练三周左右。非赛季期间，德约科维奇都会去阿尔卑斯山进行高原训练。

(二)混合训练方式

混合训练方式就是将各种体能的训练方法混合在一起进行训练。

非赛季时，费德勒每周至少训练 10 个小时，他平时喜欢举重，但是作为网球运动员还要进行肌肉训练、短跑、步法和协调训练，费德勒会将它们都混合起来一起练习。

穆雷的混合训练动作包括颈后深蹲，1 米箱子跳，哑铃箭步行走，箭步纵跳，引体向上，5 千克药球垂直投掷，双杠臂屈伸，5 千克药球水平投掷，侧弓步，单腿左右跳，甩大绳，举重。

第三章　网球运动专项身体素质训练

网球运动有着自己的特点和体能需求，因此进行体能训练时要以此为依据进行专项训练。本章对网球运动专项身体训练进行研究，在对网球运动员体能训练进行分析的基础上，分别对网球运动专项力量素质、速度素质、耐力素质、柔韧与灵敏素质以及平衡能力等方面的训练进行具体指导。

第一节　网球运动员的体能训练方法

理想的体能状态必须经过艰苦的体能训练过程才能达到，这需要合理的测试和训练规划。各种身体素质的提高也需要科学的训练方法，才能获得最佳的训练效果。很多人会模仿视频和体能训练高手进行各种花样的体能训练，但是往往只能模仿出基本的样子，对于各种训练方法的细节和要点却把握不足，导致训练效果不佳，甚至影响到技术动作或引发运动损伤。

每一种训练方法背后都有基本的科学原理，然后需要通过对一些训练细节的把控来达到训练效果。这些科学背景包括生物化学中能量代谢基本原理、肌肉心血管等运动系统的训练的生理学和生物力学理论等。各种训练细节包括每次训练的总时间和单组训练时间、训练组数与训练强度，以及基本姿势与动作要求等。下面将会针对每项身体素质的训练方法作出描述，包括基本的科学背景和训练细节要求。

一、热身活动与柔韧性练习

在整个比赛过程中，网球运动员不断进行爆发性、快速地移动。一个体能训练计划里面必需包括柔韧性练习，良好的柔韧性加上好的爆发力可以帮助运动员获得更好的运动成绩。单一牵拉练习也不能预防损伤和提高运动能力，但是平衡的力量和良好的柔韧性将可以预防损伤和提高运动能力。

(一)热身活动与柔韧性练习的科学背景

最近对柔韧性的认识产生了很大的变化,柔韧性练习被认为是热身时和动力性牵拉的重要组成部分。理解热身活动包括的重要因素,以及静力性牵拉与动力性牵拉的不同,对于提高运动成绩,帮助减少运动损伤都非常重要。网球运动需要运动员的全身各个部位承受运动刺激,所以有效的热身和牵拉练习必须是全身的。

柔韧性练习的好处包括以下部分。

(1)为肌肉关节在极限运动范围增加力量时提供一个结构基础。

(2)帮助软组织分散压力和力量。

(3)减少肌肉收缩的阻力。

(4)加强血液的供应与组织的新陈代谢。

(5)增强机体的平衡能力。

热身是体能训练中非常重要的一部分,应该在每一次训练和比赛之前进行。其目的是让身体组织对练习和牵拉产生较好的反应,并且能够预防损伤。运动员经常使用主动热身法,它是通过低强度的运动来提高机体的温度,增加心率,为练习做准备。主动热身法有跳跃、柔软体操、慢跑和动力性牵拉等。热身的指标就是身体微微出汗,主动热身时间在3～5分钟之间。

柔韧性就是指人体关节在不同方向上的运动能力以及肌肉、韧带等软组织的伸展能力。静态柔韧性是关节及其周围肌肉在被动活动时的运动范围。动态柔韧性是指运动过程中关节的运动范围。柔韧性的影响因素包括遗传、神经肌肉组织、软组织的温度。遗传的影响是指机体的柔韧性是先天性的。尽管很多人柔韧性不是很好,但还是有些人先天性关节松动、有超好的柔韧性。遗传因素对柔韧性的影响包括关节的形状和关节面,关节囊、肌肉组织、肌腱、韧带的组成。

(二)热身和柔韧性训练方法

最近的研究表明,静力性牵拉后肌肉力量会减小。这个现象是静力牵拉后肌肉的力量和爆发力的减小会持续1小时。专家建议在练习前进行动力性牵拉,运动后进行静力性牵拉。如果确实身体肌肉明显紧张,则在运动前至少半个小时进行静力性牵拉,随后完成动态牵拉。

网球运动中进行牵拉建议按以下程序操作:进行动力性牵拉,提高肌肉关节的动态柔韧性;专项练习或比赛;放松练习,如静力牵拉。

1. 热身活动的方法

在将动力性牵拉融入一个训练计划之前,需要进行很好的热身运动(使得体温升高的有氧运动)。热身运动是牵拉练习的必要部分之一。推荐的热身练习包括慢跑,然后逐渐加入手臂环绕练习;或者自行车、滑板等其他类型的有氧运动。热身运动应该至少3～5分钟,低强度进行练习。热身运动至微微出汗之后,就可以开始动力性牵拉活动了。

2. 静力性牵拉的方法

在开始静力性牵拉练习之前,需要大家记住一些牵拉技术的基本原则。

范围:各主要肌肉群。

顺序:下肢—躯干—臂—颈。

次数:1～2次/天,2～3组/次。

方式:静力性牵拉,放松肌肉。

强度:最大强度的30%～40%,无痛牵拉。

持续时间:20秒以上。

下面介绍的是常用的自主牵拉动作。

(1)跪姿髂腰肌牵拉。左膝跪地,收腹向前挺髋,直到感觉大腿与腹部结合处的前侧有拉紧的感觉,保持20秒,换另一侧。注意收腹,髋保持在中立位,前膝关节不超过足尖。

(2)大腿前侧股四头肌群牵拉。右足向前跨一步,左膝跪地,上提后足部,至大腿前部股四头肌感受到明显牵拉感。

(3)跪姿臀部肌群牵拉。前腿屈曲盘旋内收贴地,后腿外展后展贴地,身体向内、前、外倾斜分别牵拉臀部肌肉的内侧、中部、外侧部。注意腹部收紧,保持脊柱的平直。

(4)坐位髋与大腿内侧肌肉牵拉。坐位盘腿,双肘抵住双膝,同时下颌向足部靠近,俯身前压完成,受拉肌群有大腿内收肌、腰背部竖棘肌。

(5)仰卧位脊柱周围肌群牵拉。仰卧位,双腿伸直,一腿抬高交叉内收靠近对侧地,感受到腹部肌肉牵拉感。注意尽力保持双臂伸直及双肩、背着地。

(6)俯卧位腹部肌肉牵拉。俯卧位,双手撑地、双臂伸直、抬起躯干上部,感受到腹部肌肉牵拉感。注意腰部损伤者不宜进行此牵拉,一旦牵拉过程出现下腰部不适者立即停止。

(7)坐位脊柱周围肌肉牵拉。坐姿,双腿交叉,完成身体旋转,感受脊柱周围肌群牵拉感。注意脊柱平直旋转。

(8)大腿后侧肌肉群牵拉。坐位,双腿伸直,双手抱单足,身体前倾,感受到大腿后部肌肉牵拉感。双腿交替完成。

(9)小腿后肌肉群牵拉。俯身,双手与单足支撑,动作完成,感受到小腿后部肌肉牵拉感。

(10)肩部周围肌肉群牵拉。一侧肩部内收压在瑞士球上,俯身下压完成动作,感受到肩后外部肌肉牵拉感。双侧交替完成牵拉。

(11)胸背部牵拉。一侧肩部外展,手臂外旋压在瑞士球上完成动作,感受到前胸部牵拉感,双侧交替完成牵拉。

随后双臂伸直,前臂压在瑞士球上,俯身下压,感受到大臂后侧、侧背部肌肉牵拉感。

也可双肘压在瑞士球上完成牵拉,主要牵拉双侧背部肌群。

(12)前臂牵拉。双手分别背屈、背伸并内旋位完成牵拉动作,保持双臂伸直,分别感受到前臂前、后以及外内侧肌肉牵拉感。

(13)颈部牵拉。完成颈部屈伸,侧屈以及旋转位的牵拉,感受颈部各组肌群的紧张感。

二、力量与爆发力练习

多数职业网球运动员都在进行科学的力量训练,因为在网球运动中,想要完成快速移动,高速挥拍,强有力的击球,或要发展无氧代谢系统,没有足够的力量素质是不可能的。如果能将力量训练与技巧训练、战术训练、心理训练相结合,将产生更好的效果。

力量与爆发力练习对于网球选手的长期发展起到至关重要的作用:减少运动损伤—延长运动寿命;提高动作质量—提高运动成绩。

制订训练计划要有针对性,确定需要改进的各个方面,分别采用不同的训练方法。网球专项力量训练能恢复各肌群的力量平衡,使运动员经受高强度的比赛,减少运动损伤的发生。

(一)力量与爆发力练习的科学背景

1. 力量训练的分类

力量训练是一种让肌肉对抗某种阻力的练习手段。最大力量是指肌肉收缩时所能产生的最大力(F)。网球运动员必须拥有高水平的肌肉力量,而且由于比赛中击球和跑动动作的重复性,就需要运动员的肌肉能够在比赛中不断地完成重复收缩运动。这种肌肉或肌群重复收缩的能力就是肌肉耐力。爆发力是单位时间内肌肉所做的功,可以看作肌肉或肌群的爆发性力量,肌肉爆发力是力量与时间的比值。肌肉耐力,是指肌肉连续工作或者长时间工作的能力。针对网球运动所需的肌肉力量进行训练,必须提高力量的这三个方面：最大力量、爆发力和肌肉耐力。

2. 力量训练中的单关节运动形式和多关节运动形式

用来提高力量的各种抗阻训练无外乎两种形式，就是单关节和多关节运动。在单关节运动中，主要是一个关节和肌群参与工作，表 3-1 分析了网球运动需要用到的主要肌肉群。例如，伸膝关节练习仅仅涉及膝关节，基本的工作肌群是股四头肌。深蹲就是一个很好的多关节练习的例子，该练习在髋关节、膝关节和踝关节的参与下动用了臀肌、股四头肌、腘绳肌、小腿肌群等肌群。两种练习形式对于网球运动员都是非常有益的，但是多关节运动能够同时动用更多的肌肉和关节，理所当然也是最高效的练习。多关节练习，如深蹲和弓箭步，需要平衡控制、合理的动作与训练形式，同样它们也被认为是更加功能化的练习。

表 3-1　网球击球、截击和发球动作所动用的肌肉

正手击球和截击	
动作	所动用的肌肉
蹬地	比目鱼肌，腓肠肌，股四头肌，臀肌
躯干旋转	腹内外斜肌，竖棘肌
正手前摆	三角肌前束，胸肌，肩部内旋肌群，屈肘肌（肱二头肌），前锯肌
单手反手击球和截击	
动作	所动用的肌群
蹬地	比目鱼肌，腓肠肌，股四头肌，臀肌
躯干旋转	腹内外斜肌，竖棘肌
反手前摆	菱形肌，斜方肌中部，三角肌后束，三角肌中束，肩部外旋肌群，肱三头肌，前锯肌
双手反手击球	
动作	所动用的肌群
蹬地	比目鱼肌，腓肠肌，股四头肌，臀肌
躯干旋转	腹内外斜肌，竖棘肌
弱势侧反手前摆	胸肌，三角肌前束，肩部内旋肌群
优势侧反手前摆	菱形肌，斜方肌中部，三角肌前束，三角肌中束，肩部外旋肌群，肱三头肌，前锯肌

续表

发球和过头顶球	
动作	所动用肌群
躯干旋转	腹内外斜肌，竖棘肌
伸膝伸髋	股四头肌，臀肌
手臂摆动	胸肌，肩部内旋肌群，背阔肌，肱三头肌
手臂伸	肱三头肌
屈腕	屈腕肌群

但是，当有必要加强某一特殊肌群的力量来缓解身体某部位肌肉的不平衡性时，单关节练习就非常重要了。例如坚固的肩部稳定性，由于重复性的网球训练导致了身体前部肌肉(肩部内旋肌群)的优先发展，在反复的发球和正手球的加速阶段都会动员这部分肌群工作。而对于肩部稳定性和协助手臂减速都非常重要的肩部外旋肌群并没有得到同等的发展，其比强有力的内旋肌群弱很多，这就造成了肩部内外旋肌力的不平衡。网球运动员需要采用一些单关节的特殊训练方法来加强外旋肌群，使得优势侧手臂的肩部力量达到平衡，从而预防伤病，提高运动成绩。

在运动员和普通大众之中普遍存在着有关力量训练的一些错误观念。其中一个最为普遍的误解就是，力量训练会使运动员的肌肉体积增加，从而变得更加笨重，还会对速度和网球击球技术有负面影响。这需要对运动员进行说明教育，告诉他们进行网球专项的力量训练可以避免这些负面影响。网球专项力量训练在刚开始并不会涉及高负荷、大强度的练习，相反只以轻重量的中等强度结合相对较多的重复次数来建立力量和肌肉耐力的基础，而并不是单纯的肌肉增粗。

(二)网球专项力量与爆发力训练方案

对于任何网球运动员来说，开始网球力量训练之前需要分析网球运动到底需要什么样的力量与爆发力。这必须以网球运动专项需要为基础，决定运动员力量需求的一些因素包括：

练习动作：所动用的肌肉；关节角度；收缩形式(向心或离心)。

供能(代谢)系统：分析有氧和无氧供能的贡献比例；工作特点；间歇时间；练习持续时间；练习频率。

伤病预防：伤病最易发生的身体部位；运动员的伤病史。

1. 不同年龄运动员力量练习特点

年轻运动员(11～13岁)建议每周练习2～3次，主要利用身体重量和橡皮带进行训练，同时做些健身球和较轻实心球练习，注意增加练习的乐趣。重点放在改善肌力平衡、身体核心和关节的控制能力和稳定性。

对于下一个年龄层次的运动员，14～17岁之间，他们在生理与心理上都处在快速成熟时期，肌肉力量与体积增加最快，可增加阻力或负重，有效发展肌肉力量。以动力性练习为主，静力性练习少做，时间短，动静结合。每周的力量训练应该在3～4次，重点放在大体运动技术上比如蹲起、推、拉、举等，并逐渐进入更高阶段的专项力量与爆发力练习，以及防伤练习等。

2. 常用的力量练习方法

一般力量练习可以在健身房完成，遵循常规力量练习的原则，可以参照各种力量练习的书籍，这里就不作专门的介绍。

但是很多网球专项的力量练习可以借助橡皮带或橡皮管随时随地完成，而且这些练习可以更好地激活网球专项动力链，对于功能性力量的提高很有帮助。而爆发力的练习，主要是各式抛实心球练习与跳跃练习。跳跃练习主要是跳深练习和小栏架练习，这里主要介绍一些使用橡皮管进行专项力量练习，以及使用实心球进行爆发力练习的方法。

(1)橡皮管(橡皮带)与力量练习。

①马(弓)步推：马步(或弓步)站位，同时双臂前推，保持躯干平直或稍前倾。也可单臂分别完成，对躯干核心稳定刺激效果更好。主要锻炼胸部前方、下肢蹬伸(臀部后、大腿前、小腿后)肌肉链以及伸肘、伸腕(大臂后、小臂前)肌肉群，核心稳定肌群也会受到一定刺激作用。

马步是双腿平行站位，对躯干稳定性要求更高，弓步是前后站位，身体相对稳定。

同时前推的角度可以变化，如改成向上推或向下推，对肩部稳定、身体稳定控制力量与胸部肌肉力量的全面发展有帮助。

②马(弓)步拉：弓步(或马步)站位，同时双臂后拉，保持躯干平直或稍后倾。也可单臂分别完成，对核心稳定刺激效果更好。主要锻炼肩背部以及屈肘(大臂前)肌肉群，核心稳定肌群也会受到一定刺激作用。

后拉的角度可以变化，如改成向上拉或向下拉，对肩部稳定、身体稳定控制力量与胸部肌肉力量的全面发展有帮助。

③马(弓)步转体：弓步(或马步)站位，双臂伸直，持橡皮管从身体一侧下方开始对角线移动，向身体另一侧上方移动，同时完成转体。主要锻炼躯

干稳定与旋转力量，也可单臂完成动作。

转体的角度可以变化，如改成向下转体，对肩部稳定、身体稳定控制力量与胸部肌肉力量的全面发展有帮助。

④马步蹲举：马步站位，双手持橡皮管，蹲起同时双臂上推。主要锻炼下肢蹬伸（臀部后、大腿前、小腿后）肌肉群，同时可以锻炼伸肘、伸腕（大臂后、小臂前）肌肉群。也可以单腿蹲起完成同样动作，刺激效果更好。

⑤联合弓步推：在弓步向前下蹲的动态过程之中，完成弓步推动作，同时发展下肢力量与上肢力量，以及躯干稳定能力。

（2）实心球爆发力练习。

①原地抛实心球：击球前的准备站位，双手接球并顺势完成引拍姿势，随后加速全力抛球。抛球时，双足不离开地面。分为正手、反手、过顶，开发式、关闭式站位抛球。

②跳跃抛实心球：基本动作同上，但是转动身体加速将球出手前，为增加爆发力，双足可完成蹬伸跳跃并离开地面。同样可分为正手与反手站位。

③移动抛实心球：基本动作同上，但是需要先接近球并在移动中完成接抛实心球。可以分为正手与反手站位。

在初级训练阶段，实心球可以用软式重力球代替，不容易伤到手指。而且用小重量软式重力球还可以完成肩肘部位小肌肉群的爆发力练习。

④肩部旋转肌肉群：肩部外展屈肘90°，分别完成前旋、后旋爆发式抛球，主要锻炼肩部旋转肌肉群的爆发力。

⑤发球爆发力练习：以发球动作爆发式抛出软式重力球，主要锻炼躯干与伸肘等发球动力链的爆发力。

最后需要注意，每次网球力量训练时间不需要太长。力求高质量完成，并注意以下练习组成部分及特点。

热身，5～7分钟慢跑，然后进行动力性拉伸来增加肌肉及中心体温；随后进行一些核心稳定性练习和预防损伤的练习。

爆发力练习，包括跳跃、抛实心球等练习。每个动作2～4组，每组的组内动作重复1～10次，一般不能超过15秒，每周练1～4次。实心球的重量在0.5～3千克之间，根据个人情况选择。

一般力量练习，包括橡皮带的各种练习（或者健身房的器械练习）。每个动作2～5组，每组的组内动作重复6～12次，每周练习1～3次。注意调整橡皮管的弹性及长度来调整力量负荷。

每次力量练习之后应该安排进行恢复措施，包括慢跑和静力性的肌肉牵拉放松。有条件的时候可以增加促进恢复的营养供给，最好安排在练习后10分钟内进行。过于疲劳的力量训练不会有任何效果，而且容易引起损伤，所以整个力量训练阶段需注意观察机体疲劳恢复情况，特别是体重、食欲与睡眠的变化，一旦出现不良的表现，需要及时调整训练，并加强营养补充。

三、网球运动中的速度灵敏训练

现代网球技术的演化对运动员身体素质提出了更高的要求，主要是要求网球运动员做到以下两点。

第一，快速完成各种运动形式：这样做的目的是在非常短的时间内以及在各种不同的情况下完成动作（即：加速、减速、改变方向、击球）。

第二，精确地完成动作：运动员需要及时调整网球飞行轨迹的各种参数，确保最合理地击球，同时也需要作出高效率的反应，这样的话，动作才能协调，最节省体力。

快速反应与变向移动能力，也就是球场上的速度与灵敏，往往是运动员在球场上有神勇表现的基础。教练员经常可以观察到在运动员中存在步伐灵敏性的差异，他们中的一些人很快就能显示出高质量的步伐，而另一些人则需要在前几步、双脚的稳定性，以及在变换方向时却几乎要摔倒等方面需要花费些时间来提高或改进。

（一）灵敏性练习的基本要求

1. 网球运动员需要的移动能力

发展步伐敏捷性要求运动员在网球运动中可能出现的各种姿势下，完成有效的蹬地移动动作。一般来说，这需要以下能力。

（1）步伐姿势的精确。

（2）用脚的各个部分和支撑关节能做出更有效的动作（在击球和运动时脚的姿势），确保有节奏地运动也是一个重要因素，另一个重要因素则是运动员移动的质量。实践经验告诉我们，在网球运动中“步伐的控制”有各种差异（即：脚与地接触的时间、脚的摆放或站立的角度、减振性的角度、下推动作的角度）。其中一些移动方式更为高效、快捷，而且，通过一些特别的练习，可以使运动员在这方面有所提高，做到更好。

2. 发展运动员步伐的灵敏性的重点

（1）足部的本体感受。

（2）协调性（各种姿势/脚的摆放）。

(3)肌肉的力量(爆发力)。

(4)减速、变向、加速等基本移动技术能力。

(5)核心稳定性。

(二)网球运动员灵敏练习常用的方法

下面介绍一些场地常用的网球运动员“步伐敏捷性”练习手段,主要帮助提高网球运动员移动中的协调性与减速、变向、加速等能力,同时很多练习对于提高身体稳定控制能力有很好的帮助,而小栏架练习则对于下肢爆发力的提高有非常好的促进作用。

1. 灵敏球练习

灵敏球也叫“六角球”“反应球”“ crazy ball”等,落地后反弹不规律,需要运动员随时作出反应,对其反应能力与脚下快速移动能力的提高有很好的促进作用。

常用的练习方法如下。

(1)自己抛抓球练习。运动员自己抛球后,在灵敏球第二次落地前抓住,或在第二次反弹后第三次落地前抓住。一般落地反弹次数越多,难度越大。变化的方式有:站立位向身后抛出灵敏球,然后快速转身在第二次或第三次落地前抓球。

灵敏球练习对运动员反应能力与脚下快速移动能力的提高有很好的促进作用,如果在前期练习的基础上,加入场地的跑动,练习效果将更加专项化,对场地反应跑动能力的提高效果将更好。

(2)教练抛灵敏球练习。教练站在运动员对面,向运动员身后抛出灵敏球,运动员需转身并在球第二次落地前抓住灵敏球。变化方式:教练员站在运动员身后,向运动员身前抛出灵敏球,运动员看到球落地后,在其二次落地前抓住灵敏球。

(3)教练站在球员前两米左右距离,左右手各持一灵敏球,教练发出口令后运动员正对教练冲刺,在球员跨出1~2步后,下抛灵敏球,球员在灵敏球第二次落地前抓住灵敏球。进行3~4次练习,休息1~2分钟。

(4)同上站位,教练员持灵敏球抛向底线附近运动员身体周围1~2米的范围,运动员在球第二次落地前抓住灵敏球,并抛回给教练。连续抛球3~5个,休息2~3分钟,确保运动员状态良好时进行。

2. 绳梯练习

利用绳梯狭小的空间设计各种移动步法练习,在脚步小范围精确移动的过程中可以很好地锻炼网球运动员的身体协调性以及下肢良好的精确控制能力。针对网球运动中经常出现的各种脚步移动方式，可以进行下面几种常见的练习。

(1)侧向剪刀跳：面对绳梯纵向站立，双腿快速前后交叉跳跃，侧向移动，前足在绳梯格内，后足在绳梯格外，移动过程中保持身体的良好姿势。帮助提高身体的敏捷与协调的同时，为场上步法的变化打好基础。

(2)开合前后交叉跳：面向绳梯站立，正向移动，双腿开合跳跃同时，完成前后交叉，并向前移动。双腿分开时双足在绳梯格外，前后交叉时双足分别位于前后两格中，移动过程中保持身体的良好平衡姿势。也可用同样步法完成后退步开合跳、前后交叉跳：基本动作同上，只是后退移动。

(3)斜向滑步移动：面向绳梯纵向站立于绳梯左侧，斜向侧滑步通过绳梯到达绳梯另一侧，随后变向斜向侧滑步通过前方格子，如此成 Z 字型前进。

(4)正向前快步移动：面向绳梯纵向站立于绳梯一段，双足依次踏过绳梯的每一个格子，正向前方移动。

(5)侧向前后步快速移动：面对绳梯纵向站立，双腿快速依次踏入绳梯格，同时向内侧移动，左足在绳梯格内，右足由格外移动进入格内，同时左足后退至格子外面，随后右足跟随退出格子外。在下一个绳梯格子内重复同样移动动作，移动过程中保持身体的良好姿势。帮助提高身体的敏捷与协调的同时，为场上步法的变化打好基础。

3. 小栏架练习

小栏架高 30～40 厘米，迫使运动员腿部爆发用力跳跃，随后着地缓冲，接着进行下一次爆发用力跳跃，这是增加下肢爆发力与灵敏的最好方法之一，同时对于身体协调与稳定控制能力有很好的锻炼作用。

(1)单腿侧侧跳：单腿蹬地完成跳跃，双腿依次跳过所有小栏架(3～5个)，侧向移动，移动过程保持良好的身体姿势。

(2)双腿直线跳跃：双腿同时起跳，直线向前依次通过每个小栏架，移动过程中保持身体的良好控制与平衡。

(3)单腿直线跳跃：在很好地完成上一个练习基础上，增加难度，单腿起跳，直线向前依次通过每个小栏架，移动过程中保持身体的良好控制与平衡。

(4)Z 字斜向跳跃：将小栏架排成 Z 字形，双腿斜向跳跃依次通过每一个小栏架，移动过程中始终面朝正前方，保持身体的良好控制与平衡。在很好地完成双腿练习的基础上，可以使用单腿跳跃完成相同练习，增加难度与练习效果。

4. 小标筒组合练习

用小标筒围成各种形状，让运动员完成指定路线的固定或变化移动练习，帮助提高步伐灵敏与身体控制的技巧与能力。同时可以加入阻力带与反应练习，更好地提高运动员的场地反应爆发能力。

（1）6 标筒挥拍练习：运动员身体的两侧放置两排共 6 个标筒，运动员从中间出发，分别快速移动至标筒的外侧方，各完成一次挥拍，随后回到中心位置。可很好地发展运动员多方向快速移动能力。

变化方式：可以给 6 个标筒编号，教练员喊口令，指挥运动员分别完成挥拍。

（2）底线 4 标筒挥拍练习：底线处放置 4 个标筒，间隔两足距离。运动员站在一侧出发，小碎步移动波浪式绕过标筒，在另一侧完成挥拍，挥拍后同样小碎步移动返回并完成一次挥拍（正手侧正手挥拍，反手侧反手挥拍）。移动过程中保持身体良好预备姿势，随时准备变向移动。可很好地发展运动员多方向小碎步快速移动能力。

变化方式：可以在移动中给口令，增加反应变向能力练习。还可以侧向或后方阻力带给予阻力，增加练习难度。

（3）4 标筒环绕挥拍练习：呈菱形放置 4 个标筒，中心间距 30～40 厘米，从后方标筒处顺时针小碎步移动绕过标筒外围，并保持身体朝向正前方。移动至两侧标筒时分别完成正反手挥拍。可很好地发展运动员多方向小碎步快速移动能力。

变换方式：可以在运动员快速移动过程中给出口令，让运动员作出反应，变化移动方向。增加快速移动过程中的反应变向能力。

5. 阻力带练习

阻力带练习是增加起动爆发力与速度的最好方法之一，同时以外界阻力的干扰，帮助提高身体的动态姿势控制能力，从而提高网球运动员的速度与灵敏能力。可以在使用阻力带的同时，结合进行以上介绍的各种绳梯练习，进一步帮助提高步法灵敏与爆发力。既然在移动和击球中立脚点是依赖于步伐的敏捷性，那么就要考虑到这种类型的训练是基本的。

最后要注意的是，速度与灵敏练习属于大强度练习，主要依靠无氧无乳酸能量系统提供能量完成。所以想要取得理想的训练效果，必须遵循下面几个原则。

（1）全力大强度完成，单组练习持续时间少于 7 秒。

（2）根据强度，积极休息 30～90 秒。

(3)当操作质量下降时,结束这次训练。

要注意预防训练中运动损伤的发生,最好在个人身体状态较好,没有明显疲劳的时候进行速度灵敏练习。最好保持每周 2～3 次练习,要在保证身体有良好恢复的前提下进行练习。

四、网球运动中稳定性和动态平衡的训练

从身体位置来看,核心是最接近身体重心的中间环节(腰—骨盆—髋关节)。核心稳定力量存在于所有运动项目中,对运动中的身体姿势、运动技能和专项技术动作起着稳定和支持作用。同时也是整体发力的主要环节,对上下肢体的协同用力还起着承上启下的枢纽作用。在网球运动中,躯干与肩、髋关节复合体的稳定性是必要的,在全身运动功能的改善中起重要作用——提高网球运动员身体的控制力和平衡力,使得挥拍击球更稳定、更有控制能力;提高上下肢和动作间的协调工作效率,使得挥拍击球动作更快、更有力;提高运动员场地上的变向和急停急转速度;预防运动中的损伤。

核心稳定训练作为网球体能训练的重要组成部分,一般应该由基本的平稳地面练习开始,逐渐过渡到不平稳支撑上的练习,循序渐进进行。动作质量是核心稳定性训练的核心要求,一定要在把握训练质量的基础上逐渐增加训练难度与训练数量。

(一)从测试开始

测试方法:受试者完成腹桥、背桥和侧桥动作,测试保持腹桥、背桥、侧桥的时间。

注意事项:测试动作必须标准,保持身体核心区成一条直线,出现动作有明显晃动,不能保持稳定姿态时视为动作结束。

网球运动员理想标准:腹桥、背桥 2 分钟,侧桥 1.5 分钟。

(二)常用的核心稳定练习方法

核心稳定的练习方法很多,但是需要很好地与传统腰腹练习相区别。核心稳定练习在注重动作质量的同时,更多注重躯干深层稳定肌肉群的使用,如盆底肌、腹横肌与脊柱周围的多裂肌肉等。多数练习尽量减少外表大肌肉群的使用,如腹直肌、髂腰肌等。以下列举了部分常用的核心稳定练习方法。

1. 基础平稳地面练习

常用的核心稳定练习可以在一点支撑与多点支撑的基础上，分别进行腹桥、背桥、侧桥练习。

(1)腹桥。单点支撑练习，以臀部着地为支撑点，两头抬起控制，使得身体躯干部与地面成约30°角。变化形式，增加难度，可通过上下肢控制性做一些动作。

两点支撑练习，以上下肢不同部位支撑，身体前侧结构受力形成腹部向下的桥状动作。变化形式，增加难度，可通过上下肢控制性做一些动作。

(2)背桥。单点支撑练习，以腹部着地为支撑点，两头抬起控制，并可做上下肢控制性动作。

两点支撑练习，以上下肢不同部位支撑，身体背侧结构受力形成背部向下的桥状动作。

(3)侧桥。单点支撑练习：以臀部侧面着地为支撑点，两头抬起控制，并可做上下肢控制性动作。

两点支撑练习，以上下肢侧部位支撑，身体前侧结构受力形成侧部向下的桥状动作。

以上各种练习根据个人情况一般每组保持约10～30秒，每次完成3～5组练习。可以增加单次时间来增加负荷，同时可通过变化形式增加难度，如上下肢控制性做一些动作。但是要记住，高质量是基本要求。

2. 不平稳支撑上的练习

不平衡定支撑的核心稳定练习，难度更大，同时由于趣味性高，更加容易吸引运动员参与练习。

(1)球上支撑腹桥：腹部朝下，双手直臂支撑于地面，双脚前脚掌蹬于瑞士球上。整个过程中要求收腹，保持背伸直，不可以出现弓背、塌腰，每组保持约10～30秒，完成3组练习。

(2)平衡气垫背桥：同背桥测试动作，双肩与双足撑地，背部朝下成桥状支撑，并在双足(或双肩)下垫上平衡气垫(或放松柱、瑞士球)，背部呈直线并尽力控制身体不左右晃动。每组保持约10～30秒，完成3组练习。

(3)瑞士球上侧桥：同侧桥测试动作，肘足撑地，身体侧向成桥状支撑，并在肘部或双足下放置平衡气垫(或放松柱、瑞士球)，身体呈直线并尽力控制身体不左右晃动。每组保持约10～30秒，完成3组练习。

(4)半球上单腿支撑：单腿支撑(微屈膝)站于瑞士球(平衡气垫)上，非支撑腿保持不动，或屈膝上抬，缓慢后伸成燕式平衡。整个过程要求面朝正前方，身体呈直线。每组保持约10～30秒，完成3组练习。

在以上各项练习熟练完成的基础上，可以逐渐增加难度，常用方法就是加入部分动态平衡练习。同样动作的高质量是第一要求，只有高质量的动作，才能保证更好的效果。

(5)球上肩足支撑背桥：仰卧，肩背部支撑于瑞士球上，双腿屈膝蹬地，双脚不离地面水平侧向挪动，到位后单腿伸膝上抬(右移左腿起，左移右腿起)。根据个人情况，一般每组完成3～5个动作，每次完成2～3组练习。

(6)跪姿肘撑推拉球：跪姿，双膝并拢跪撑于地，双手屈肘支撑于瑞士球上，双手合掌，背部伸直，前臂用力慢慢向前推球，保持1～2秒，再慢慢拉球回原位，保持1～2秒。根据个人情况，一般每组完成3～5个动作，每次完成2～3组练习。

(7)球上上臂交替上举：坐姿，臀部触球，微坐于球上，借助外力抵住双足前脚掌，上体后倾(与地面约45°)，双手侧上举→单手交替下摆(肩内旋)。根据个人情况，一般每组完成3～5个动作，每次完成2～3组练习。

(8)肘撑绕圈：肘撑于瑞士球上，双脚脚尖着地，屈肘、肩部微微绕环，左右各3圈。根据个人情况，一般每组完成3～5个动作，每次完成2～3组练习。

(9)"V"字坐球伸膝：屈膝坐于瑞士球上，双手于体侧扶球保持平衡，慢慢伸膝，身体成"V"型，还原。

(10)瑞士球动态腹桥：俯撑，双手直臂撑地，双腿脚尖置于瑞士球上，单腿直腿交替上抬。注意保持躯干、肩部稳定性，避免脊柱的扭转。

以上动态核心稳定控制练习根据个人情况，一般每组完成3～5个动作，每次完成2～3组练习。

经过一段时间的练习，在身体稳定控制能力得到明显增强的基础上，可以逐渐加入负重练习，如下所示。

(11)球上负重仰卧起上体：仰卧，中下背部撑于瑞士球上(头无支撑)，双手抱实心球(或杠铃片)→起上体→还原。注意保持髋部固定。

(12)球上卧推：肩背部撑于瑞士球上(仰卧)，屈膝90°，上推杠铃，还原。

(13)肩撑瑞士球单臂轮流推胸：仰卧于瑞士球上，小腿屈并垂直于地面，挺髋使大腿与躯干成一直线。双手持铃展肩屈肘90°，交替上推哑铃。让哑铃的重量落在双肩及上背部。双肩及上背部落在球上。每侧12次。

以上只是列举了常用的部分核心稳定练习，根据个人情况与需要还可以变换出很多练习方式。但是，更多的花样不是理想训练效果的保障，高质量动作、根据个人情况逐渐增加练习难度，并保证连续系统训练才能达到最佳效果。

五、网球运动中有氧和无氧能力的训练

现代网球运动的强度非常大，它要求运动员具备高水平的有氧能力和无氧能力。比赛分析数据表明，一个持续2～3个小时的网球比赛需要运动员表现出300～500次能量的爆发。但是网球运动不仅包括高强度的爆发式的运动表现，也有持续在一个中等强度状态下的运动表现。因此，它对无氧和有氧能力都有要求。在设计运动员有氧和无氧体能训练计划上，理解基本的概念和有氧与无氧供能系统特点显得非常重要。

（一）网球的能量代谢特点

研究表明，网球比赛是有氧与无氧结合的运动，其运动强度常常以达到最大心率的百分比来衡量，最大心率往往可以通过以下公式来估算：

最大心率＝220－运动员年龄

对于20岁的网球运动员，通过公式可以得到最大心率是200次每分钟。在训练中，其训练强度就控制在这个最大强度以下。研究表明，训练中的强度控制在最大心率的60％～90％为宜，这就意味着20岁的网球选手训练时要把心率控制在120～180之间，这个心率强度与美国运动医学会(ACSM)对改善心血管机能的强度范围一致。

就网球运动生理学运动形式来看，运动员需要全面提高有氧和无氧能力才会达到最高水平。那么有氧和无氧能力具体是什么呢？

无氧代谢能力是没有氧气情况下机体供给能量的本领，它有两个供能系统，但供能单位都是三磷酸腺苷(ATP)。ATP是身体在做任何活动中都需要的东西。

无氧供能包括两个系统。第一个系统也是最快的——ATP-CP，它是通过肌肉和运动组织来直接储存能量，但ATP的数量是有限的，只能维持最大强度供能6～10秒。

在大约10秒钟高强度的工作后，占据主导供能的变成无氧糖酵解系统，糖酵解系统是机体通过复杂的化学反应和能量转化，把每日从食物中获取的碳水化合物分解并转化为能量这个过程中产生了ATP。无氧糖酵解在提供能量产生ATP的同时伴有其他的代谢产物——乳酸，在高强度的持续的肌肉工作状态下，乳酸开始在肌肉内堆积，运动员一直工作直到肌肉内乳酸的堆积引起反应超过运动员承受能力为止。

无氧糖酵解只能维持高强度能量供给2～3分钟，在这个时候，训练要停止或者用下一个能量系统进行长久但低强度的活动。最后的供能系统就

是有氧供能系统。有氧代谢供能是氧气通过肺进入身体接受气体交换，再通过血液循环输送到身体各个器官。在充足的氧气供应下，有氧代谢供能系统可以高效率地产出 ATP 并且维持很长时间的低强度、耐久性的活动，如 10 千米跑或马拉松。

(二)网球需要有氧还是无氧代谢

网球运动中需要持久的能量供应，这就可以简单地解释为什么有氧和无氧代谢的能力对提高网球运动员的成绩是非常必要的。从根本上讲，因为网球运动需要重复的肌肉收缩与动员，所以在整个比赛和训练的过程中有氧代谢能力提供了最基础的能量供应。有氧代谢能力在持久的底线对打、冲刺运动以及像网前截击或高压球这样的持续的技术中也非常重要。

无氧代谢能力在每次得分过程中对最大力量的产生起到了关键作用。在美国网球联合会进行的跑台测试和耐力跑测试中，发现优秀网球运动员都有着较高的有氧代谢能力，同时短跑和灵活性测试显示他们也拥有不错的无氧代谢能力。这就解释了为什么一个优秀运动员兼备有氧和无氧代谢的能力，它能够在底线对打中从场地一边到另一边全速跑，休息了 20～25 秒后又能够再次进行全力冲刺。有着较高的有氧代谢能力水平的运动员，能更迅速地清除体内肌肉工作时积累的乳酸。同样的，因为在肌肉中储存了更多的能量，所以有氧代谢水平较高的运动员可以跑得更快、跳得更高。

(三)网球运动的无氧训练

对网球比赛的分析表明：(1)比赛中每得一分大约需要 10 秒的时间；(2)大多数运动员每分之间的平均休息时间是 18～20 秒(规则允许的最长休息时间是 25 秒)。这就是工作休息循环。工作休息循环是网球运动中最具代表性的生理运动模式。除了工作休息循环外，特异性这个词也经常被使用。特异性是指在训练时尽量使用与实际比赛中的要求更为相近的方式。

网球运动中无氧训练运用了工作休息循环和特异性的原则。用来提高无氧能力的训练和活动按照工作休息循环进行，其中包括相对较短的、多方向的动作模式。

下面列出的是网球运动的特点，这些可以应用到网球专项训练中。

网球运动专项性的特点：网球运动中每一分经常包括 4～5 个变向；大多数网球得分持续少于 10 秒；网球运动员在场上总是拿着自己的球拍；运动员每一分很少在一个方向上跑动超过 9 米；动作模式包括加速和有控制

的减速过程。

任何训练都应该在进行了相对短时间的最大强度训练后紧跟着时间大约为训练时间的2倍的休息。常见的无氧训练方法包括：折返跑、垫步跳、袋鼠跳等。进行这些常见的无氧训练时，在手里拿着球拍(就和在实际比赛中的情况一样)更加符合专项需求。

(四)网球有氧代谢训练

网球运动员有氧训练通常包括主要肌群的参与、重复性的训练以及在重复或循环方式的训练中持续性地用力。有氧训练的例子包括：跑步、游泳、跑楼梯、滑步训练、骑车等。有氧训练的其他特点还包括：频率、持续时间、强度。美国运动医学会提供了下面几个提高有氧能力的基本建议。

持续时间：最少持续20分钟。

频率：每周最少3次。

强度：60%～85%最大心率。

保持和提高有氧代谢水平在网球运动员整个训练过程中是相当重要的一部分。

在训练过程中加入有氧训练取决于运动员对于有氧耐力所需要的程度，通常需要考虑训练时间，不要在技术主导的练习之前安排有氧训练，以免运动员过于疲劳。有氧训练应安排在技术训练、专项训练之后，应该在训练量比较轻的时候进行。

就像进行其他形式的运动训练一样，有氧训练一定要循序渐进，刚开始时一周一次或两次，并结合其他的训练内容进行。另外，要选择能够使运动员最适应的训练方式。如果一个运动员膝关节损伤或者有其他损伤，那么在他的有氧训练中增加跑动的距离可能不如骑车、游泳或者滑滑板(侧向移动动作)更加合适。使用交叉训练的原则并与有氧训练相结合可防止疲劳、鼓励多肌群参与以及增加训练的趣味性。使用测试可评价有氧能力水平和评价增长提高的程度。过度的有氧训练可能会导致过度训练综合征和占用过多宝贵时间，这些时间应该用于无氧能力和动作技术的训练。

第二节　网球运动专项力量素质训练具体指导

网球运动员专项力量素质训练主要由徒手训练、器械训练以及斜板与垫上训练组成，具体如下。

一、徒手训练

(一)抓空拳练习

抓空拳是一种很好的练习方法,当不需要手部完成任何事情的时候都可以练习。

(二)发展上肢力量

手掌撑地俯卧撑。手指可向前或向内。

(三)发展手指和手腕力量

手指撑地前进或后退。

(四)发展肩、臂力量

靠墙倒立。

(五)发展腹肌和腹内外斜肌力量

仰卧起坐接转体,仰卧,两手抱头,上体迅速抬起,右肘触左大腿,左肘触右大腿各一次。有助于发球时收腹转体的用力及其他击球动作的转体用力。

(六)发展腹肌和腰背肌力量

仰卧两头起,两手尽量触两脚背。

(七)发展腰背力量

俯卧两头起。俯卧垫上,两臂前伸,两腿并拢伸直,两臂和两腿同时向上抬起,腹部着垫成背弓。

(八)发展大腿前群肌肉

单腿蹲起。单腿支撑,另一腿平举,下蹲,起立。初做时可扶支撑物。

二、器械训练

(一)杠铃训练

1. 发展全身各部分力量,提高全身协调用力的爆发力

抓举、挺举。

2. 发展肩、臂力量

推举。

3. 增强腹内外斜肌及骶棘肌力量

负重转体，具体方法是身体直立，颈后负杠铃，两足固定，先向左转体再向右转体至极限，

4. 发展大腿及臀部肌肉

负重深蹲，具体方法是颈后负杠铃，挺胸塌腰，下蹲慢些，蹲起时挺胸抬头，腰部保持收紧。

5. 发展下肢尤其是小腿及屈足肌群力量

负重分腿跳，具体方法是身体直立，颈后负杠铃，连续快速地前后分腿跳。

6. 增强小腿后群肌肉力量

负重提踵，具体方法是身体直立，颈后负杠铃，脚前掌站于低台阶上，脚后跟尽量下压后快速向上提踵。

(二)哑铃训练

1. 发展肱三头肌和旋前圆肌

颈后臂屈伸，具体方法是身体直立、两手握哑铃、上臂固定在头侧、掌心向后，然后在此基础上完成肘屈伸动作。

2. 发展前臂肌肉

臂环绕，具体方法是持哑铃两臂同时向内或向外做屈伸环绕。

3. 发展肩带肌肉力量

直臂上举，具体方法是持哑铃两臂前伸，上举或侧上举。

4. 发展胸部肌肉

发展胸部肌肉有助于正手击球、发球和高压球的挥拍用力，仰卧上举的效果就十分显著，具体方法是持哑铃仰卧长凳上，两臂于两侧同时上举，上举时肘可微屈。

三、斜板与垫上训练

（一）斜板滚球

使宽长凳的角度为 30°，面向站在长凳低端，双手扶球在长凳上。屈膝，以两个脚掌支撑体重和身体转动轴，前倒身体双手推球向上滚球。把球滚回。重复练习以发展腹部、背部和肩部肌群力量。

（二）侧卧腿绕环

身体伸展侧卧在斜板上，上侧腿做绕环动作。尽量大幅度完成动作，换腿重复练习，可发展髋部和躯干两侧肌群力量和爆发力。

（三）侧卧提腿

身体伸展侧卧在斜板上，上侧脚的踝关节固定系在拉力器绳索或橡胶带上。拉力方向靠近身体斜下方，尽量快速向上提腿。重复练习以发展髋部和躯干两侧肌群力量。

（四）两头起

仰卧在垫子上，身体充分伸展，双臂贴在头两侧伸直。用肌群力量快速屈体，使手和脚在空中接触。重复练习可有效发展腹部肌群力量和爆发力。

四、网球运动员上肢爆发力训练

（一）快推杠铃

训练目的：提高动力链能量的传递效率，提高爆发力，提高上下肢协调发力感觉。

起始姿势：双脚开立与肩同宽，双手正握杠铃于胸前，握距稍比肩宽（图 3-1）。

动作步骤：

（1）双手快速向前 45°推出杠铃，同时双腿成分腿姿势（图 3-2）。

（2）手臂伸直后，快速回收杠铃至胸前，同时双腿成并腿姿势。

（3）回到起始位置，重复规定次数。

图 3-1

图 3-2

(二)高拉杠铃

训练目的:提高能量传递效率,提高爆发力,熟悉发力顺序。

起始姿势:双脚开立稍比肩宽呈下蹲姿势,双手正握杠铃,握距稍比肩宽,置杠铃于小腿胫骨前(图 3-3)。

动作步骤:

(1)匀速站起,同时竖直拉起杠铃(图 3-4)。

(2)杠铃过膝后,迅速地伸髋、膝和脚踝,髋、膝、踝充分伸展的同时快速耸肩,并且提拉杠铃至锁骨位置。

(3)回到起始姿势,重复规定次数。

图 3-3

图 3-4

注意事项：

(1)注意发力顺序，预防上下肢动作脱节。

(2)膝关节不要过脚尖或内扣。

(3)保持肘关节高于手，杠铃贴着身体。

(三)高翻杠铃

训练目的：提高动力链能量传递效率，提高爆发力。

起始姿势：双脚开立稍比肩宽呈下蹲姿势，双手正握杠铃，握距稍比肩宽，置杠铃于小腿胫骨前(图 3-5)。

动作步骤：

(1)匀速站起，同时竖直拉起杠铃(图 3-6)。

(2)快速伸髋，同时快速耸肩，屈肘提拉杠铃。

(3)肘关节抬至最高处且身体完全伸展时，翻肘翻腕置杠铃在三角肌前部(图 3-7)。

(4)放下杠铃，回到起始位置，重复规定次数。

注意事项：

(1)膝关节不要过脚尖或内扣。

(2)保持肘关节高于手，杠铃贴着身体起。

(3)提拉过程中，快速发力。

图 3-5

图 3-6

图 3-7

(四)杠铃抓举

训练目的：提高动力链能量传递效率，提高爆发力。

起始姿势：两脚开立稍比肩宽，身体直立，双手正握杠铃，握距约为 1.5

倍肩宽(图 3-8)。

动作步骤:

(1)背部挺直下蹲,当杠铃到膝关节时,快速伸膝伸髋,同时耸肩,抬肘向上提拉杠铃(图 3-9)。

(2)当身体完全伸展时,身体下蹲,同时保持肘关节完全伸直支撑杠铃(图 3-10)。

(3)身体保持稳定后,放下杠铃并置于大腿前。

(4)回到起始位置,重复规定次数。

注意事项:

(1)保持身体直立,挺胸直背。

(2)提拉时,保持肘关节高于手,杠铃贴着身体起。

(3)提拉过程中,快速发力。

图 3-8

图 3-9

图 3-10

(五)杠铃划船

训练目的:发展斜方肌、背阔肌、三角肌后束和肱三头肌。

起始姿势:俯身站立,双脚开立与肩同宽,双手正握杠铃,握距稍比肩宽,保持挺胸直背(图 3-11)。

动作步骤:

(1)肩胛骨内收,屈臂抬肘,将杠铃竖直提至腹部位置(图 3-12)。

(2)放下杠铃,回到起始位置,重复规定次数。

注意事项:

(1)保持身体背部平直,身体稳定。

(2)肘关节贴着身体起。

图 3-11

图 3-12

(六)屈臂撑

训练目的：发展肱三头肌、三角肌和胸大肌等。

起始姿势：双手撑于器械，肘关节伸直，挺胸抬头，背部平直(图 3-13)。

动作步骤：

(1)身体下降，屈臂至大小臂成 90°(图 3-14)。

(2)快速发力，撑起成起始姿势，重复规定次数。

注意事项：

(1)保持肘关节贴近身体。

(2)撑起来的速度要快。

图 3-13

图 3-14

(七)引体向上

训练目的:主要发展背部肌肉,如背阔肌、斜方肌和肱二头肌等。

起始姿势:双手正握器材,距离稍比肩宽,手臂伸直(图 3-15)。

动作步骤:

(1)保持身体与下肢稳定,通过肩胛骨下回旋,屈肘将整个身体向上拉(图 3-16)。

(2)回到起始姿势,完成规定个数。

注意事项:

(1)保持身体稳定性,减少身体晃动。

(2)身体下降时,手臂伸直。

变化:窄距引体向上,宽距引体向上,反握引体向上。

图 3-15

图 3-16

(八)TRX-背拉

训练目的:主要发展背部肌肉,如背阔肌、大圆肌、三角肌、斜方肌和肱二头肌等。

起始姿势:双手直握把手,距离与肩同宽,保证悬吊带斜挂绷直。躯干保持稳定,整个身体保持一条直线(图 3-17)。

动作步骤:

(1)肩胛骨内收,屈肘将整个身体拉起来(图 3-18)。

(2)慢速将手臂恢复原位,完成规定次数。

注意事项：

(1)由肩胛骨发力带动手臂发力。

(2)身体保持稳定。

图 3-17

图 3-18

(九)TRX-反向招财猫

训练目的：主要发展三角肌、斜方肌和背阔肌等。

起始姿势：双手正握 TRX，双脚前移，使身体倾斜成适当角度，保证 TRX 绷直(图 3-19)。

动作步骤：

(1)肩胛骨内收，肘关节与肩同高，同时肘关节成 90°(图 3-20)。

(2)肩关节外旋至双手掌心朝前。

(3)缓慢恢复初始位置，完成规定次数。

图 3-19

图 3-20

注意事项：

(1)由肩胛骨发力带动手臂发力。

(2)身体保持稳定。

(3)保持肘关节成 90°。

(十)TRX-Y 字起

训练目的：主要发展三角肌、斜方肌和背阔肌等。

起始姿势：双手正握 TRX，双脚前移，使身体倾斜成适当角度，保证 TRX 绷直(图 3-21)。

动作步骤：

(1)肩胛骨内收，手臂伸直，将整个躯干向斜上方抬起，躯干与手臂成"Y"字形(图 3-22)。

(2)慢速回到起始姿势，完成规定次数。

注意事项：

(1)由肩胛骨发力带动手臂完成动作。

(2)身体保持稳定。

图 3-21

图 3-22

(十一)TRX 胸前曲臂推起

训练目的：主要发展胸大肌、三角肌前束和肱三头肌等。

起始姿势：双手正握把手于胸前，距离稍比肩宽。身体前倾，保证悬挂带绷直(图 3-23)。

图 3-23

动作步骤：

(1)保持身体稳定，屈肘，身体下降(图 3-24)。

(2)快速推起身体，回到起始位置，完成规定次数。

注意事项：保持身体成一条直线，保持身体稳定。

图 3-24

(十二)马步后拉

训练目的：主要发展斜方肌、背阔肌、肱三头肌和三角肌后束等。

起始姿势：双脚开立稍比肩宽，屈膝屈髋成半蹲姿势，双手正握把手(图 3-25)。

动作步骤：

(1)肩胛骨内收，屈臂将拉杆向后拉至下胸部(图 3-26)。

(2)伸直手臂，回到起始姿势，重复规定次数。

注意事项：

(1)保持挺胸抬头，身体稳定。

(2)后拉过程中，不要耸肩。

(十三)直立屈臂伸

训练目的：主要发展肱三头肌以及稳固肩关节等。

起始姿势：双脚开立稍比肩宽，双手屈臂握住把手(图 3-27)。

动作步骤：伸直手臂，回到起始姿势，重复规定次数(图 3-28)。

注意事项：保持挺胸抬头，身体保持稳定直立。

图 3-25

图 3-26

图 3-27

图 3-28

(十四)瑞士球上俯卧撑

训练目的：主要发展肱三头肌、三角肌的力量以及肩关节和核心部位的稳定性等。

起始姿势：身体俯卧，将双脚置于瑞士球上，根据情况调整双脚和小腿在球上的位置(图 3-29)。

动作步骤：

(1)从起始姿势然后屈肘完成俯卧(图 3-30)。

(2)用肱三头肌与三角肌用力将身体撑起，然后重复数次。

注意事项：

(1)保持身体的协调发力，控制身体的平衡。

(2)注意撑起快、下落慢。

图 3-29

图 3-30

(十五)瑞士球曲臂伸

训练目的：主要发展肩关节前后侧肌群的力量与柔韧以及肩关节的灵活性。

起始姿势：身体后背躺在瑞士球上，两手臂伸直持重物于头的正上方，腰腹以及髋关节保持紧张并与地面平行(图 3-31)。

动作步骤：从起始姿势开始，双手手臂向后伸到最大幅度，然后还原到起始姿势(图 3-32)。

注意事项：

(1)控制身体的稳定，腰腹、臀部保持紧张。

(2)调整好呼吸，后伸吸气、还原呼气。

图 3-31

图 3-32

(十六)战绳系列

1. 前臂上下摇

训练目的:发展肱二头肌和肱三头肌的肌肉力量;同时二者相互协调配合的收缩,另外对手腕的活动幅度和力量要求比较高。

动作步骤:两腿左右分开比肩稍宽,身体稍蹲,两手握住战绳把手,上半身稍前倾,固定肘关节上下摇绳,注意保持身体重心稳定且不要晃动(图 3-33、图 3-34)。

图 3-33

图 3-34

2. 弓步大臂上下摇

训练目的:发展上下肢的协调配合能力,尤其是三角肌前束、后束以及腿部力量的锻炼。同时增加了肩关节的活动幅度。

动作步骤:双手握绳正弓步准备(图 3-35),弓步交换前后脚跳起,同时双手一起向上摆动(图 3-36),然后循环交替进行。

图 3-35

图 3-36

变换:加强上下协调同时加入左右协调配合,更加增强了大脑支配能力的协调性(图 3-37、图 3-38)。

图 3-37

图 3-38

五、网球运动员下肢爆发力训练

(一)TRX 保加利亚蹲

训练目的:主要发展臀大肌、股四头肌和腘绳肌等。

起始姿势:单腿直立站姿,左腿置于悬吊带中(图 3-39)。

动作步骤：

(1)保持身体稳定，臀部向后，右腿屈膝下蹲到大腿与地面平行(图 3-40)。

(2)快速站起，回到起始姿势，完成规定次数。

图 3-39

图 3-40

注意事项：

(1)保持身体稳定。

(2)支撑腿膝关节不要超过脚尖，小腿垂直地面，脚后跟不要抬离地面。

(二)侧拉龙门机

训练目的：主要提高身体旋转爆发力、动力链能量的传递、身体旋转稳定性等。

起始姿势：身体侧对龙门机，左脚向左前方 45°迈出一步距离，脚尖指向右前方，身体稍蹲，两手握住龙门机一侧把手(图 3-41)。

动作步骤：

(1)后脚蹬地旋转并依次转腰转肩。

(2)伸直手臂向身体左侧斜上方发力至双手平行地面(图 3-42)。

注意事项：

(1)保持挺胸抬头，身体稳定。

(2)动作过程中不要单纯靠手臂发力，注重蹬地转体的协同发力。

图 3-41

图 3-42

(三)单腿持球跳台蹬起

训练目的:主要发展股四头肌以及膝关节、踝关节周围的肌群力量。

起始姿势:胸前持球面向跳台,一条腿置于跳台上,另一条腿支撑在地上(图 3-43)。

动作步骤:从起始姿势开始在跳台上的一条腿主要发力同时带起整个身体,另一条腿屈膝勾脚尖,同时屈髋至最大幅度,然后还原(图 3-44)。

注意事项:

(1)控制身体的稳定平衡。

(2)蹬起的速度要快,调整好呼吸。

图 3-43

图 3-44

变换一:肩部扛杠铃(图 3-45)。

变换二:双手头顶上举持球(图 3-46)。

图 3-45

图 3-46

变换三：侧向跳台蹬起（图 3-47、图 3-48）。

图 3-47

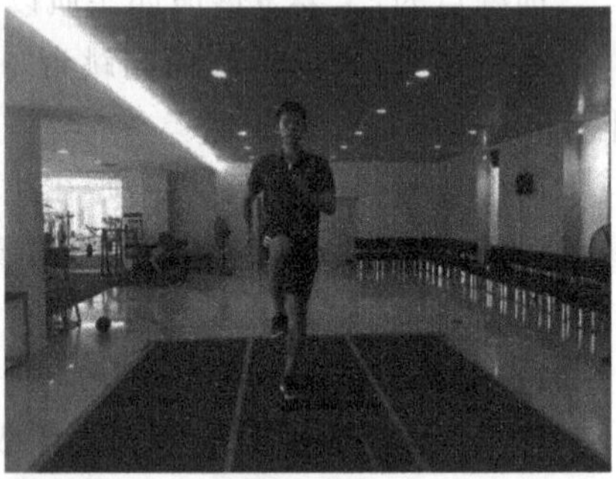

图 3-48

（四）跳台小侧步

训练目的：主要发展下肢的快速力量以及上下肢的协调性，提高快速侧向移动的能力。

起始姿势：身体侧向跳台，一条腿在跳台中间，另一腿在跳台一侧准备（图 3-49）。

动作步骤：从起始姿势开始快速蹬地使跳台上的脚跳到跳台另一侧，跳台一侧的脚跳到跳台中间，快速不间断地持续 10～15 秒（图 3-50）。

注意事项：

（1）保持身体放松，注意力集中。

（2）注意上肢的协调配合。

图 3-49

图 3-50

(五)双脚跳上台

训练目的:主要发展下肢爆发力以及髋、膝、踝等关节的稳定性。

起始姿势:两脚开立与肩同宽,身体面对跳台半蹲,两手臂后摆准备,重心在前脚掌(图 3-51)。

动作步骤:从起始姿势开始,双脚快速起跳,同时两臂向上摆动带动身体,跳上跳台,半蹲姿势缓冲,两手臂于胸前控制身体的平衡(图 3-52)。

注意事项:

(1)控制身体的稳定,注意力集中。

(2)爆发式用力,要在精神状态最佳的时候训练。

图 3-51

图 3-52

(六)增强式跳台训练

训练目的:主要发展下肢爆发力以及髋、膝、踝等关节的稳定性。

起始姿势:连续的两个跳台,双脚自然站立在第一个上面准备(图 3-53)。

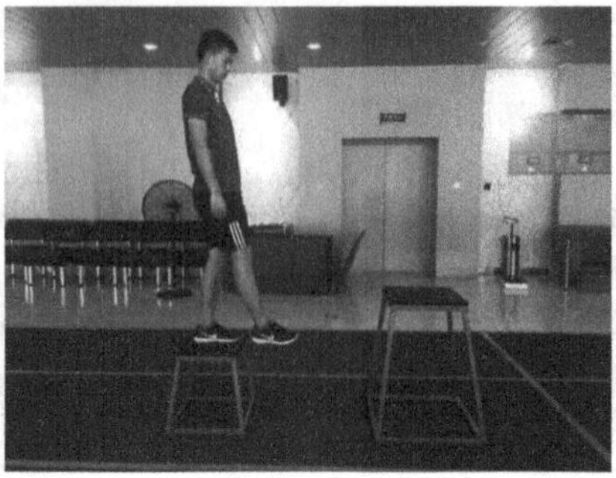

图 3-53

动作步骤：从起始姿势开始，一只脚迈出一步，另一只脚紧接着自然跳下(图 3-54)，然后立即跳上前面的第二个跳台，然后半蹲进行稳定缓冲，双手控制身体平衡(图 3-55)。

注意事项：

(1)自然下落后碰到地面立即跳，不要有停顿。

(2)注意力集中。

图 3-54

图 3-55

(七)跳台单腿起立

训练目的：主要发展下肢的力量尤其是股四头肌，提高髋、膝、踝周围肌群的稳定性。

起始姿势：单腿支撑在跳台上，另一只脚悬垂在跳台的一侧准备(图 3-56)。

动作步骤：从起始姿势开始单腿下蹲，下蹲至最大幅度，两手臂前伸控制平衡，然后起立(图 3-57)。

注意事项：

(1)控制身体的稳定，注意力集中。

(2)支撑腿膝盖不能超过脚尖。

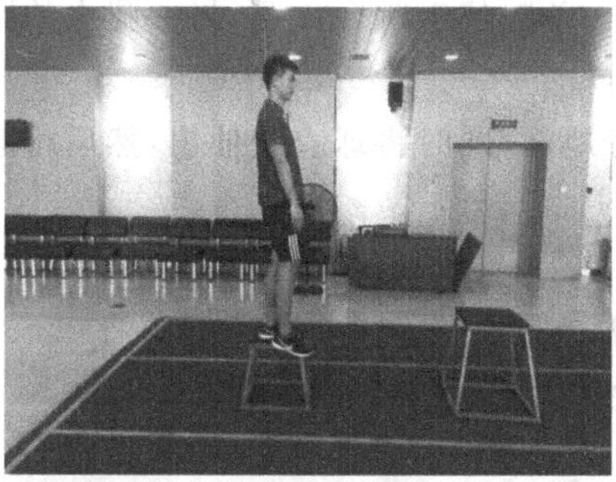

图 3-56

图 3-57

(八)跳台持球正弓步蹲

训练目的：主要发展下肢爆发力，股四头肌和臀部肌肉以及髋、膝、踝等关节的稳定性。

起始姿势：双手直臂持球于胸前，后脚置于跳台上，前脚向前跨一步呈高弓步准备，膝关节角度大约 160°左右(图 3-58)。

动作步骤：下蹲至后腿膝盖靠近地面，同时双手持球靠近腹部，前腿的大腿平行地面，然后蹬起还原到起始姿势(图 3-59)。

注意事项：

(1)控制身体的平稳，腰背挺直，另外跳台高度不要超过膝盖。

(2)蹲的幅度要大，起的速度要快。

图 3-58

图 3-59

(九)跳台持球侧弓步蹲

训练目的:主要发展下肢股四头肌和臀肌以及髋、膝、踝等关节的稳定性。

起始姿势:双手持球于胸前,其中一条腿位于跳台一侧,另一腿大约距离跳台一腿长的距离支撑站立(图 3-60)。

动作步骤:下蹲至支撑腿大腿平行地面,同时将球直臂伸出,然后蹬起还原到起始姿势(图 3-61)。

注意事项:

(1)控制身体平衡稳定,跳台高度要超过膝盖。

(2)蹲的幅度要大,起立速度尽量快。

图 3-60

图 3-61

六、网球运动员核心力量训练

(一)TRX 平板支撑

训练目的:加强身体的核心稳定性,主要发展腹横肌、腹直肌和髂腰肌等。

起始姿势:俯卧姿势,双肘屈肘 90°,支撑于肩部正上方,双脚固定于 TRX 把手内,身体保持一条直线(图 3-62)。

动作步骤:在规定时间保持起始姿势。

注意事项:保持挺胸直背,腹部收紧,身体成一条直线。

图 3-62

(二)TRX 肘撑提膝

训练目的：加强身体的核心稳定性，主要发展腹横肌、腹直肌和髂腰肌等。

起始姿势：俯卧姿势，双肘屈肘 90°，支撑于肩部正上方，双脚固定于TRX 把手内，身体保持一条直线(图 3-63)。

动作步骤：

(1)保持躯干稳定，同时屈髋屈膝至大腿垂直地面(图 3-64)。

(2)保持身体稳定的同时缓慢回到起始位置。

注意事项：

(1)保持挺胸直背，腹部收紧，身体成一条直线。

(2)身体不要晃动。

图 3-63

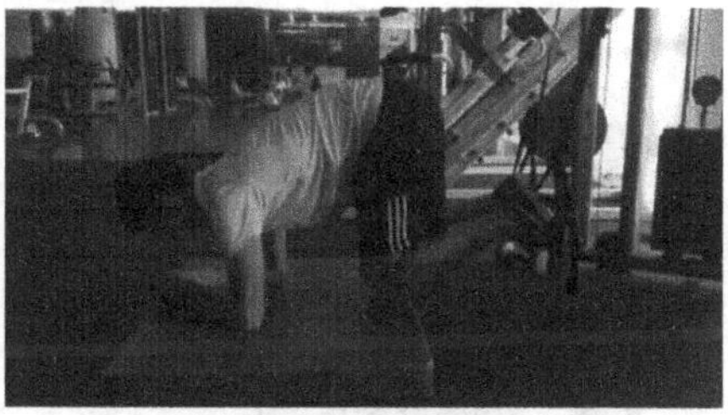

图 3-64

(三)屈臂撑悬垂举腿

训练目的：主要发展腹肌下部、髋关节屈肌等。

起始姿势：双手屈臂撑在器械上，保持放松直立悬垂(图 3-65)。

动作步骤：

(1)下腰部、腹肌下部主动发力将双腿举起(图 3-66)。

(2)尽量保持双腿平直状态，举起至大腿与地面平行。

注意事项：

(1)保持身体稳定，不要左右晃动。

(2)举起或者下放还原都要注意速度缓慢，切忌利用惯性摆动。

图 3-65

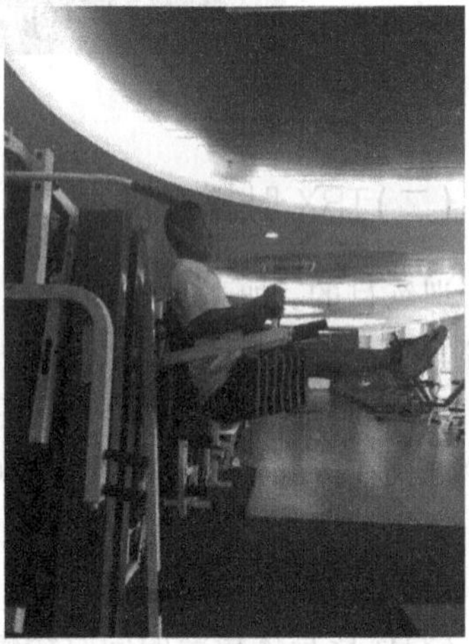

图 3-66

变换一：屈膝抬腿(图 3-67)。

变换二：屈膝或直腿斜前方抬腿(图 3-68)。

图 3-67

图 3-68

其中变换一为简单的变式练习，而变换二有难度，更多的是注重发展肋间肌、腹内斜肌、腹外斜肌等。

(四)俯卧两头起

训练目的：主要发展后腰、背肌、背阔肌、臀大肌、大腿后侧等。

起始姿势：身体俯卧在垫子上自然放松，肘关节屈曲，双手置于头部两侧(图 3-69)。

动作步骤：

(1)下腰部、后背部和臀部肌肉发力将上半身和双腿迅速抬起(图 3-70)。

(2)在身体柔韧范围内加大动作幅度，回到起始姿势，重复规定次数。

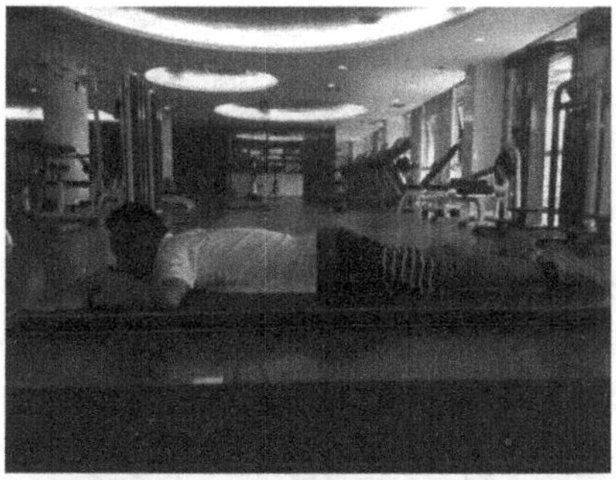

图 3-69

图 3-70

注意事项：

(1)保持身体的协调发力，不要晃动。

(2)抬起快还原慢，切忌快起快落。

变换：异侧手腿同时抬起下落，然后换另一侧完成同样的动作，有助于提高大脑对上下肢的协调支配能力(图 3-71)。

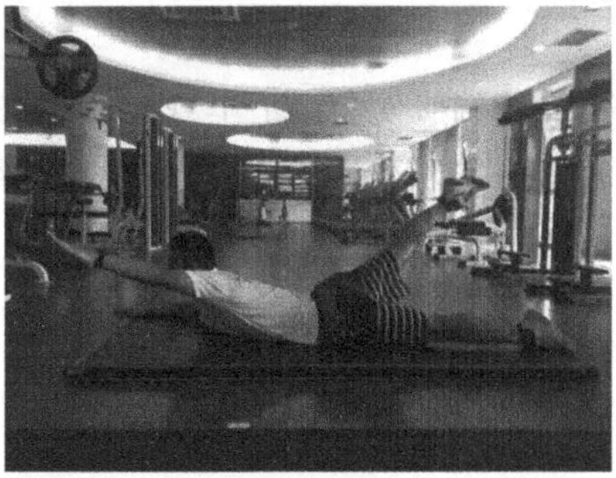

图 3-71

(五)俯卧瑞士球抬腿

训练目的：主要发展后腰、下背肌、臀大肌等。

起始姿势：身体腹部俯卧在瑞士球上自然放松，两手撑地，两腿在地上保持平稳(图 3-72)。

动作步骤：

(1)屈肘，同时下腰部、后背部和臀部肌肉发力将双腿抬起(图 3-73)。

(2)在身体柔韧范围内加大动作幅度，回到起始姿势，重复规定次数。

注意事项：

(1)保持身体的协调发力，控制身体的平衡。

(2)抬至最大幅度保持两秒。

图 3-72

图 3-73

(六)俯卧瑞士球背起

训练目的：主要发展上背部、背阔肌、竖脊肌等。

起始姿势：身体腹部俯卧在瑞士球上自然放松，两手撑地，两腿靠近固定物在地上保持平稳(图 3-74)。

动作步骤：

(1)上背部、竖脊肌、背阔肌发力将上半身抬高(图 3-75)。

(2)在身体柔韧范围内加大动作幅度，回到起始姿势，重复规定次数。

注意事项：

(1)保持身体的协调发力，控制身体的平衡。

(2)抬至最大幅度保持两秒。

图 3-74

图 3-75

(七)跪撑旋转稳定

训练目的：主要发展核心控制、上下肢以及左右侧的协调控制等。

起始姿势：身体跪撑在垫子上，背部保持平稳，双手、双膝、双脚接触垫子(图 3-76)。

动作步骤：

(1)将一侧手臂和异侧腿抬至与地面平行(图 3-77)，然后缓慢收回使肘部接触膝盖(图 3-78)。

(2)重复一定次数之后换另一侧进行。

注意事项：

(1)保持身体的协调发力，控制身体的平衡。

(2)注意调整呼吸。

图 3-76

图 3-77

图 3-78

(八)瑞士球上大平板、小平板

训练目的：主要发展肩关节、腰腹部核心稳定等。

起始姿势：双手或者双肘撑在瑞士球上，身体保持在一条直线，其中双手撑为大平板，双肘为小平板(图 3-79)。

动作步骤：保持起始姿势一定时间(图 3-80)。

注意事项：

(1)保持身体的平稳，控制身体的平衡。

(2)根据情况教练干扰破坏平衡，锻炼受训者恢复平衡的能力。

图 3-79

图 3-80

(九)瑞士球上小平板提膝

训练目的：主要发展核心控制，肩关节、腰腹部和髋关节屈肌的能力等。

起始姿势：双肘和前臂撑在瑞士球上，身体保持在一条直线(图 3-81)。

动作步骤：

(1)一侧腿的膝盖接触球,保持两秒后还原(图 3-82)。

(2)重复一定次数之后换另一侧,也可以两侧依次交换。

注意事项：

(1)保持身体的协调发力,控制身体的平衡。

(2)注意平稳的呼吸。

图 3-81

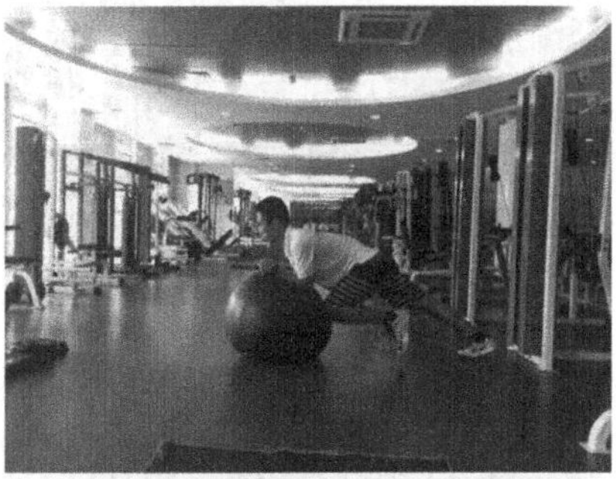

图 3-82

(十)仰卧瑞士球转体

训练目的：主要发展核心控制及肋间肌、竖脊肌以及肩关节的稳定性等。

起始姿势：上背部仰卧在瑞士球上,双手持重物于胸前,双脚撑在地面,腰腹部平行地面(图 3-83)。

动作步骤：

(1)将身体上半身转向一侧,旋转大约 90°,保持 2 秒然后还原起始姿势(图 3-84)。

(2)重复一定次数之后换另一方向,也可以两侧依次交换。

注意事项：

(1)保持身体的协调发力,控制身体的平衡。

(2)注意平稳的呼吸。

(十一)俯卧瑞士球屈髋

训练目的：主要发展下腰部肌群、屈髋肌群以及核心稳定肌群等。

起始姿势：身体俯卧,将双脚以及小腿下半部分置于瑞士球上(图 3-85)。

动作步骤：

(1)从起始姿势开始,然后屈髋,使瑞士球向前顺势滚动(图 3-86)。

(2)伸髋还原到起始姿势,然后重复数次。

注意事项：

(1)保持身体的协调发力，控制身体的平衡稳定。

(2)注意身体不要随意晃动。

图 3-83

图 3-84

图 3-85

图 3-86

(十二)仰卧屈膝顶髋

训练目的：主要发展臀肌、腰背部、髋部屈肌以及腹肌等肌肉群。

起始姿势：身体躺在垫子上，两手放在身体的两侧，然后屈膝(图 3-87)。

动作步骤：

(1)从起始姿势开始使髋部屈肌、腰腹部等肌肉协同发力将髋关节顶起，膝关节角度达到 90°(图 3-88)。

(2)保持两秒钟然后还原，重复数次。

注意事项：

(1)控制身体的稳定，臀部保持紧张。

(2)调整好呼吸，顶起快，下落还原要慢。

图 3-87

图 3-88

变换一(图 3-89、图 3-90)：

图 3-89

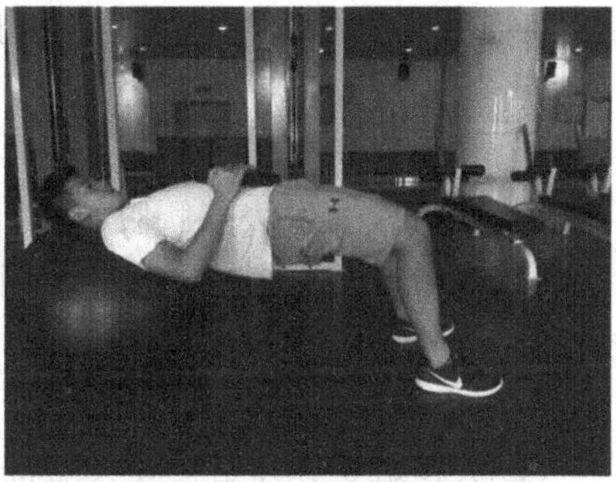

图 3-90

变换二(图 3-91、图 3-92)：

图 3-91

图 3-92

变换三(图 3-93、图 3-94)：

图 3-93

图 3-94

三个变换练习都增加了瑞士球,增加了练习难度的同时对深层肌群以及稳定肌群的训练效果更好,同样有利于发展核心稳定性以及核心控制能力。

(十三)仰卧传接瑞士球

训练目的：主要发展腰腹核心肌群。

起始姿势：身体躺在垫子上,用两脚夹住瑞士球离开地面,双手向后伸放在垫子上(图 3-95)。

动作步骤：

(1)从起始姿势开始腰腹收缩将两腿抬起,同时上半身抬起接住瑞士球(图 3-96)。

图 3-95

图 3-96

(2)双手与双脚都还原接近地面,但不要放在地上(图 3-97)。

注意事项：

(1)控制身体的稳定,腰腹部保持紧张。

(2)调整呼吸。

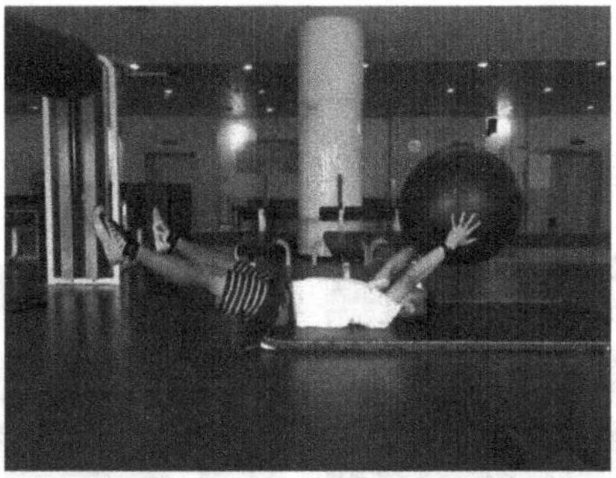

图 3-97

(十四)仰卧两头起

训练目的：主要发展腰腹部的核心力量以及核心控制的协调性。

起始姿势：身体仰卧在垫子上，两手臂向后放在垫子上自然放松(图 3-98)。

动作步骤：从起始姿势开始同时将上体和两腿抬高并向中间靠拢，然后还原到起始姿势(图 3-99)。

注意事项：

(1)注意协调发力，起的时候要迅速，还原要慢。

(2)调整好呼吸，保持双腿伸直。

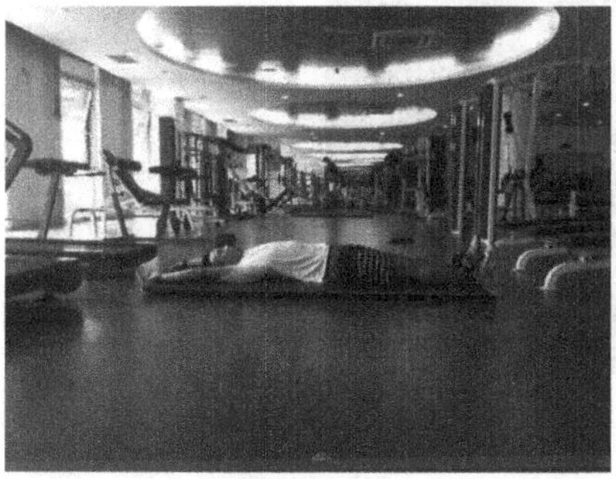

图 3-98

图 3-99

(十五)仰卧举腿

训练目的：主要发展腰腹部的肌肉力量以及髋关节屈肌肌群，另外增加髋关节的柔韧性。

起始姿势：身体仰卧在垫子上，双腿以及双脚稍微离开地面(图 3-100)。

动作步骤：从起始姿势开始抬高双脚至最大幅度，然后还原起始姿势

(图 3-101)。

注意事项:

(1)保持腰腹部的紧张稳定。

(2)调整好呼吸,举高快、下落慢。

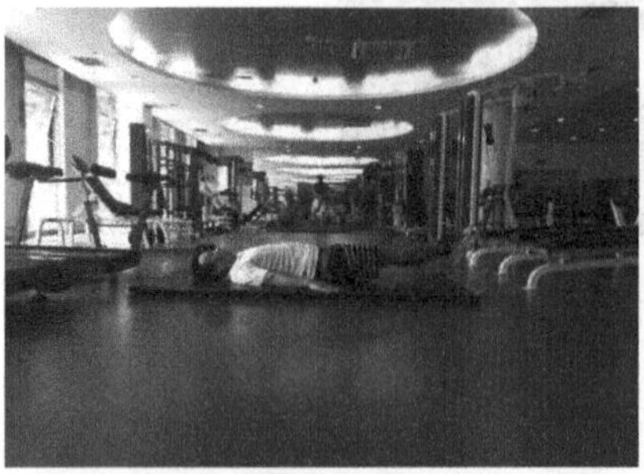

图 3-100

图 3-101

变换一:仰卧交叉举腿。增加力量的同时更加注重神经对下肢的灵活控制。

变换二:仰卧蹬单车(图 3-102)。增加腰腹力量的同时更加注重协调控制以及对肌肉的持续性刺激。

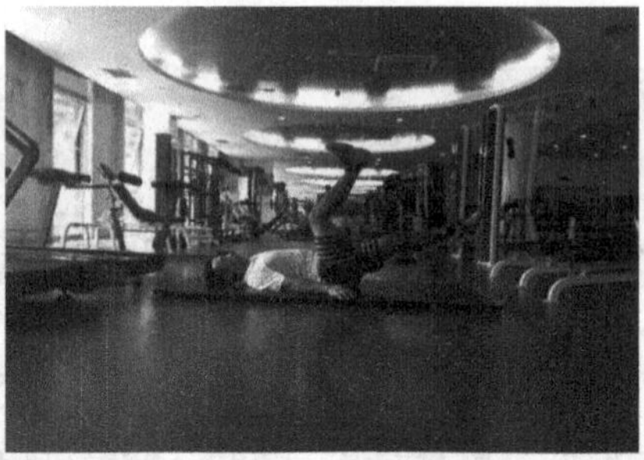

图 3-102

(十六)侧卧撑举腿

训练目的:主要发展大腿外侧肌群的力量以及分腿能力的灵活性,另外提高身体的核心稳定肌群。

起始姿势:身体侧卧在垫子上,用肘关节撑起上半身,两腿上下稍微分开(图 3-103)。

动作步骤:从起始姿势开始将上面的一条腿抬高到最大幅度,然后还原(图 3-104)。

注意事项：

(1)保持身体的稳定，不要晃动。

(2)抬高快、放下慢。

图 3-103

图 3-104

(十七)平板支撑

训练目的：主要发展身体核心部位的力量，整个腰腹部接连上肢与下肢的稳定以及力量传递的功能。

动作步骤：双臂屈肘撑在垫子上，双脚立在垫子上，然后保持整个身体在一条直线上。

注意事项：

(1)保持腰腹部的紧张稳定。

(2)调整好呼吸，保持好姿态。

(十八)侧平板支撑

训练目的：主要发展身体两侧的核心区域的力量，有助于防止脊柱侧弯。

动作步骤：身体用肘关节侧撑，另一手臂向天花板举高，双脚上下叠在一起，其中下面脚的侧面作支撑，将整个身体撑起呈一条直线(图 3-105)。

注意事项：

(1)保持两侧核心区域的紧张稳定。

(2)调整好呼吸，保持姿态。

(十九)药球俄罗斯旋转

训练目的：主要发展腰腹部肌群与肋间肌的力量。

起始姿势：采用坐姿，以臀部为中心，上半身挺直与大腿呈 90°，双脚离开地面(图 3-106)。

动作步骤：从起始姿势开始上半身转体到一侧带动球移动到身体一侧，然后紧接着转到另一侧(图 3-107)。

注意事项：

(1)保持腰腹部收紧，转动幅度尽量大。

(2)调整好呼吸。

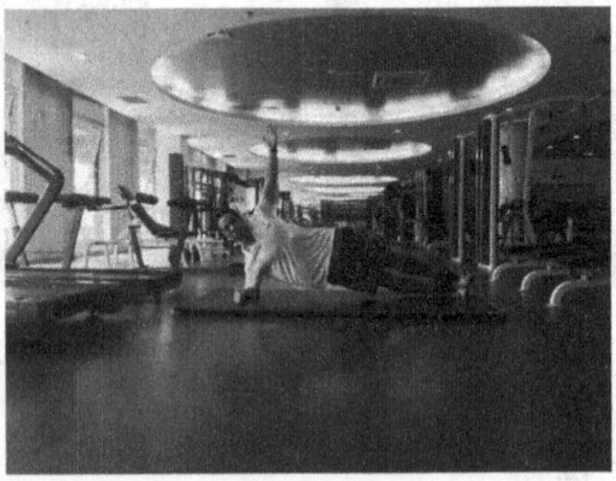

图 3-105

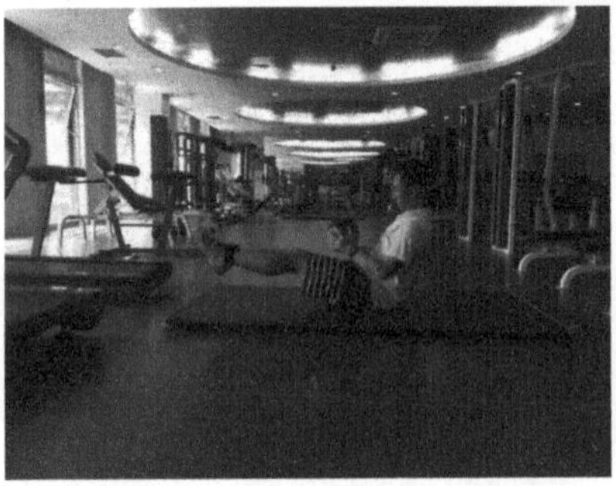

图 3-106

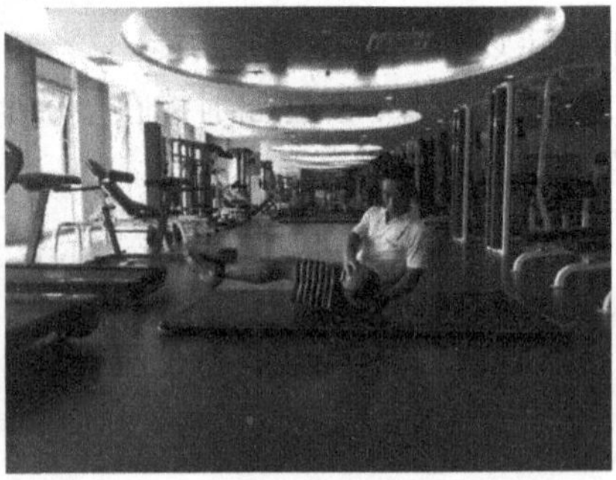

图 3-107

第三节　网球运动专项速度素质训练具体指导

网球比赛中需要运动员快速移动击球。根据统计，在硬地场地上平均每得一分的时间是 5～7 秒，在红土场地上每得一分持续时间也就是 7～10 秒。另外运动员在每分之间有 20 秒的间歇，每局之间有 90～120 秒的间歇。全年都可能参加比赛的运动员，在网球速度训练中应坚持以下的原则。

(1)全年进行训练。在一般训练期、专项训练期和赛前训练期都应该进行速度训练。每周可进行两次，并在力量和耐力训练之前进行。

(2)在专项技术训练(特别在网前)时加入反应速度的练习,训练方法既要能够提高速度能力,同时还要能够促进灵敏、协调、无氧耐力等能力的提高。

(3)连续动作训练是提高网球运动员各项身体素质的理想方法。设计连续动作训练时要注意动作顺序的正确安排,确保各部分的肌肉都得到锻炼。

(4)实施训练计划前,教练员应通过已制定的专项素质测试法评估运动员的身体素质水平。训练结束后,每3个月应对运动员进行一次定期测试,以评估运动员的身体素质,同时让运动员了解自己。

一、反应速度和动作速度的专项训练

根据网球运动的特点,网球的反应速度和动作速度训练可参考以下建议。

(1)练习强度:100%最大强度或次极限强度。

(2)练习负荷:时间最多8秒,练习重复8～15次。

(3)重复组数:3～5组。

(4)组间休息:2～3分钟。

(5)每周训练:1～3次。

(6)训练周期:4～6周训练,随后1～2个月休整,接着又是3～5周以上训练。以此方式循环进行。

网球运动员反应速度和动作速度的专项训练方法如下。

(一)仰卧快速阻击

1. 练习方法

在无预判情况下,运动员躺在垫子上,手和脚离开垫子,教练员对着运动员抛球,运动员用手或手脚并用快速阻击球。

2. 练习变化

教练员可以控制抛球的速度和方向。

(二)墙前快速阻击

1. 练习方法

运动员面对墙前1.5米站立,教练员在运动员身后1米连续快速对墙抛球,运动员用手快速阻击球。这是无预判情况下提高反应速度和动作速度的练习，其难度要使运动员有1/4的球不能碰到。

2. 练习变化

教练员可以控制抛球的速度和高度，在地面反弹一次，或用一个墙角的反弹。运动员仅能用脚或手，或手脚并用，或使用球拍阻击球。

(三)快速接球

1. 练习方法

运动员站在网前并背对球网，教练员在运动员身后抛球过运动员头顶，运动员看到球后快速向前跑动并接球。运动员起动前要降低身体重心，用前脚掌跑动。

2. 练习变化

(1)运动员可以直接接球或在球反弹一次后接球。

(2)教练员在抛球时可给运动员声音信号提示。

(四)连续拦截

1. 练习方法

运动员和教练员隔网站立，教练员连续快速给运动员送10个球，运动员尽可能地用球拍拦截球。教练员控制击球的方向，并控制在运动员可能的移动范围内。

2. 练习变化

教练员利用手腕很隐蔽地击球给运动员。

(五)网前射击

教练员在网前，运动员隔网站立在T线附近。教练员对着运动员的身体快速击球，运动员用球拍拦截来球，尽可能地拦截过网。教练员控制击球的高度，注意安全。

(六)一对二截击

一名运动员在网前，另两名隔网站立并距离很近，一对二截击。同一方的两名运动员要果断截击中间位置的球。截击15～20次后运动员变换位置。

(七)影子移动

1. 练习方法

一名运动员按特定路线,或自由地移动,或跑动并完成滑步、上步、交叉步等移动,或转身、急停、做各种击球动作的练习。另一位运动员跟在其身后模仿动作。运动员保持身体的低重心,移动的速度要快。

2. 练习变化

可以确定相互间的距离;运动员之间可以用一根绳子拎着。

(八)发球活靶

1. 练习方法

一名运动员在发球区内(至少在发球线上),另一名在隔网对面的底线后。底线后的运动员对网前的运动员发球,并不确定击球的方向,而网前的运动员要拦截来球,不能后退。

2. 练习变化

开始时网前运动员要拦截,此后运动员要截击过网。练习数次后要交换位置练习。

(九)波浪式攻击

一对运动员在网前,另三对运动员在底线。底线运动员攻击网前运动员,网前运动员截击,如果底线运动员攻击失误,换成另外一对运动员击球。以比赛的形式进行练习。网前运动员在网前拦截 10～15 次失误后交换位置。

(十)快速接球

1. 练习方法

教练员站在发球线前背对球网,运动员在底线后面对教练员,双方相距3米左右。教练员双手各拿一个球,向侧方向抛球,运动员判断抛球的方向,快速向侧前移动接球,接球后抛回给教练员并回到原位。教练员要隐蔽抛球,运动员要判断并快速移动。

2. 练习变化

(1)教练员和运动员之间的距离可以加大,并可让球在地面反弹一次。

(2)教练员和运动员面对相距 4～5 米站立。教练员向两侧 45°方向的地面滚球,运动员向侧前方以交叉步移动 2～3 米,跨步捡球并抛回给教练员后回到起点。整个动作过程保持身体的正直。

(十一)穿越和截击

一名运动员在底线,另一名在网前。教练员送球给网前运动员,运动员截击球到底线,底线运动员则穿越击球,双方以比赛的方式练习。

(十二)截击挑高球和高压

1. 练习方法

四名运动员在网前进行双打截击练习,教练员给运动员喂球。运动员截击数次后,一方突然挑高球,另一方则立即后退高压。挑高球不能太远。一方高压时,另一方不能后退或躲避。

2. 练习变化

运动员按顺时针方向交换位置。

(十三)发球和接发球

一名运动员在发球线后发球,另一名接发球。接发球运动员站在发球线和球网之间接发球,以增加接发球的难度,强化预测和判断能力。练习 20～30 次后运动员交换位置。

(十四)发球上网

一名运动员发球后上网截击,另一名接发球并穿越。10～15 次练习后互相交换位置。

(十五)网前截击

四名运动员在网前截击,以比赛方式决出每一分。教练员在运动员的身后喂球。

(十六)挑高球和高压

一名运动员在底线,另一名在网前,教练员送球给网前运动员。网前运动员截击球到底线，底线运动员则挑高球，此后双方以高压和挑高球比赛的方式来练习。底线的运动员要快速移动，尽可能碰到球。10 次练习后运动员换位。

(十七)底线击球

1. 教练员喂底线深球

运动员必须向后退，回击直线球穿越网前的运动员。

2. 教练员喂短球

运动员快速向前移动。当击球点高于球网时，回击直线穿越球；当击球点低于球网时，回击斜线穿越球。

3. 教练员喂中等距离的球

运动员快速移动，大幅引拍，大力击球直线穿越网前运动员。

二、位移速度的专项训练

根据网球运动的特点，网球位移速度的训练可参考以下建议。

(1)练习强度：最大或次最大强度。

(2)练习负荷：依练习而定。

(3)练习变化：根据训练的最大和次最大强度，或通过练习方法、时间和空间而变化。

(4)重复组数：3～5 组，组间休息 2～3 分钟。

(5)每周次数：1～3 次。

(6)训练时间：4～6 周训练后休整 1～2 个月，然后再训练 4～6 周，依此方式循环进行。

(7)训练方式：在网球专项技术中练习。.

网球运动员位移速度的专项训练方法如下。

(一)快速蹬踏

1. 练习方法

运动员降低身体重心，上体保持紧张，踝关节收紧，两脚连续交替以极限的快速度频率蹬地。

2. 练习变化

可以平躺练习，双脚在空中蹬踏。

(二)高抬腿

运动员上体保持正直，抬高重心，连续交替抬起或降低两腿，膝关节抬起至少要到达水平面的高度。支撑腿要伸直，两腿交换速度要尽可能快。

(三)抬腿组合

将上面的练习按一定顺序组合起来，听信号变换练习。

(四)后踢腿

运动员上体保持正直，膝关节弯曲，用脚后跟向后踢。两腿后踢交换速度要尽可能快。

(五)小步跑

1. 练习方法

运动员上体保持正直，抬高重心，连续交替抬起或降低脚后跟，即用前脚掌扒地小步跑，以提高移动速度。练习中保持身体的平衡，不能晃动。膝关节抬起不能太高或太低。

2. 练习变化

可以用拍手掌来控制速度变化；可以穿沙袋背心练习。

(六)交叉步

1. 练习方法

运动员上体保持正直，两腿在体前交叉，快速向侧面移动。

2. 练习变化

侧向移动时只是一条腿在另一条腿前交叉，前后腿可以不交替。

(七)侧向移动组合练习

将两个侧向移动的练习组合起来(一般不超过两个)，如果运动员的速度下降，则要缩短练习时间。可通过视觉或触觉信号改变练习。

(八)跑梯子

1. 练习方法

将布梯子放在地面(约20格，每格约30厘米)，运动员降低重心，膝关节稍稍弯曲，快速跑过梯子。

2. 练习变化

可以后退跑，交叉步跑，单脚前跳或后跳。

(九)滑步

1. 练习方法

运动员上体保持正直，一条腿并向另一条腿，快速向侧面滑动。两腿滑动的速度要尽可能快。

2. 练习变化

可以右脚在前，也可以左脚在前滑步。

(十)抗阻力跑

1. 练习方法

教练员用一根橡皮筋套在运动员的腰上，运动员听到教练员口令后快速向前跑动，教练员用一定的力量牵引并跟随跑动。

2. 练习变化

运动员可以后退跑，侧向滑步。

(十一)手投发球

1. 练习方法

运动员跪在垫子上，腰腹部保持紧张，以发球动作向前上方投掷球，掷球的速度要快。球的重量为50～200克，并要保持一定的数量。

2. 练习变化

可减轻或加重投掷球，如运动员投掷 1 000～3 000 克的球 6～10 次，速度尽可能地快，随后用球拍发球(中枢神经系统适应原来的速度)。或运动员先投掷 50～200 克重的球 10～12 次，速度尽可能地快，再用 300 克的球拍发球，就可以产生速度延缓的作用(中枢神经系统适应记录或储存原来的速度)，提高肩关节和手臂加速的能力。

(十二)对墙拍球

运动员手持排球、健身球等，手上举伸直，对墙近距离拍球。

(十三)拳击练习

运动员跪在垫子上，腰腹部保持紧张。运动员用冲拳、左右勾拳、上勾拳快速击打前方。

(十四)手拍桌子

1. 练习方法

两手掌交替以最快的速度轻轻拍击桌面。身体重心降低(坐在凳子上)，上臂保持紧张。

2. 练习变化

可以双手在体前交叉练习。

三、速度爆发力的专项训练

(一)原地跑

运动员两人面对面，相隔 1 米远，原地跑。鼓励他们向上抬腿，大幅度摆动双臂，保持双肩齐平、平视同伴。重复 3 组。

第 1 组，1/2 的速度，20～30 秒，用 60 秒恢复。

第 2 组，3/4 的速度，20～30 秒，用 60 秒恢复。

第 3 组，7/8 的速度，10～15 秒，用 60 秒恢复。

(二)加速冲刺训练

运动员逐渐加速,从摆动起跑,经过慢跑到大幅步跑,直至达到最大速度。随着速度的提高,这种训练对掌握冲刺动作的技术要领尤其有益。冲刺是每次少于5秒的跑,运动员处于像比赛中一样的不同的起跑位置。为了适应变化,力求从躺姿、坐姿或跪姿起跑冲刺。

(三)助力冲刺和阻力冲刺训练

(1)助力冲刺训练,如踏车式跑可帮助提高节奏。

(2)阻力冲刺训练包括上坡跑和沙丘跑,它们不仅能提高速度,而且还能增强力量以及有氧耐力和肌肉耐力。

(3)在场地上用带拍套的拍子练习击球动作和移动是提高速度和灵活性的最好的训练手段,同时有助于增强臂力。

(四)间隙冲刺训练

采用短暂冲刺,然后用放松跑或慢跑恢复。例如,加速跑30～50米,慢跑30～50米,再加速跑30～50米,然后走100～150米恢复;慢跑30米,冲刺10米,然后重复做10次。慢跑40米,冲刺15米(重复做10次),慢跑60米,冲刺20米(重复做10次),慢跑80米,冲刺25米(重复做10次)。随着运动能力的提高,增加慢跑和冲刺的距离。这种训练方式有助于提高一般的身体素质,因为每组训练中安排了不同的速度和节奏。

(五)重复冲刺训练

包括用恒速(极限速度的75%～100%)跑规定的距离,有足够的恢复时间,使运动员能维持良好的状态。

四、速度耐力的专项训练

(一)侧垫步

准备4只塑料锥体,其中沿底线放置3只锥体。第4只锥体置于发球线前面1.2米处。练习开始,要求运动员从左侧或右侧开始环绕锥体。环绕结束后,向前冲刺并向前面的锥体横跨步。然后向起点区的锥体的相反一侧回跑。重复这一练习直至完成6趟横跨步。

(二)侧向绕

准备3只塑料锥体,并放置在底线上。其中,中间的一只锥体放在底线中点。另外两只锥体放在第一只锥体的两侧90～120厘米处。练习开始,要求运动员从锥体的一端开始侧垫步,从左侧或右侧环绕锥体,然后朝相反方向移动。环绕所有锥体3趟后,做交叉步向边线冲刺,触边线。然后沿底线垫步返回并朝相反方向环绕,总共做3趟。然后做交叉步,向另一侧的边线冲刺。重复这一练习直至左右边线各触3次。

(三)单人梭式跑练习

运动员以网球场宽度为距离,以从一边拣球放到另一边为目的,在左右间快速移动。采取计时比赛,并逐渐增加拣放球个数。

(四)不停地拦网练习

在球场每边的运动员交互喂球,而由网前球员截击,涵盖单打球场的宽度。打每次截击时,网前球员是在连续压力之下完成动作。

(五)不停地高压练习

教练在底线不断挑高球给运动员,运动员不断高压,必须在每一高压间跑上前并以球拍接触网带。

(六)曲径移动练习

运动员手持球拍在端线外双打边线处等待,开始后队员手持球拍沿着双打边线快速跑动至网前,用球拍触及球网后,沿着单打边线用后退步回到端线。向前跑至发球线时,变成垫步跑至发球线中央,再沿着发球线向前跑,用球拍碰网,然后用后退步跑至发球线。侧垫步到另一单打边线,向前跑用球拍碰网,沿着单打边线后退至端线,沿着双打边线向前跑至网前。在整个练习过程中记录一下每次跑动的时间,争取创造最好的成绩。此练习的目的是让运动员掌握短距离、快速的停—起步移动方法,从而提高变向移动的能力。

(七)碰线移动练习

要求运动员从双打边线外开始向前跑,用手碰最远端的线,然后用后退步至开始时的位置,再向前跑动用手碰场上所有的线:双打边线→单打边线→发球中线→另一单打边线→另一双打边线→单打边线→发球中线→单打边线→双打边线。此练习可两人分别站在半场内同时练习，两人也可比赛，也可通过计时来看谁的成绩好一些。此外，还应注意快速移动步法，同时改变前后移动方向。

（八）调换

准备 3 只塑料锥体，在底线上放置两个锥体，在发球线上放置一个锥体。从底线上开始。练习的运动员拿起一个锥体并准备向发球线冲刺。听到“跑”的口令时，向发球线冲刺并调换锥体。先放下第一个锥体，然后拿起第二个锥体。冲刺返回底线并调换锥体。重复这一动作 30 秒，计算拿起锥体的次数，记总成绩。

（九）4 球移动练习

在双打边线外放 4 个球，练习的运动员拿着第一个球快速冲刺至最近的边线，把球放在线上，然后快速跑回拿第二个球，冲刺至下一条线上，同样把球放在线上。重复同样的动作，直至把 4 个球都放在不同的线上。也可把所有的球都放在线上后，运动员跑到最远的一条线上，把球一个个地捡回来，放在同一处。此练习要求运动员在快速地移动中变换方向，是对速度素质比较系统的锻炼。同时也可用计时来鼓励运动员。

（十）蛇形环绕

准备 6 只塑料锥体，并沿底线放置 6 只锥体，锥体间相隔 90～120 厘米。要求运动员从一端开始，用侧垫步环绕锥体。重复 3 次，并计时。

（十一）交叉

准备 5 只塑料锥体。运动员开始时朝前跑向中心锥体前的一点，侧向垫步变向，开始绕锥体做 8 字形跑。侧向垫步通过所有 3 只锥体后，向前加速，绕前面的锥体跑，折回至起点结束。教练在一旁计时，以观察用多长时间通过整个线路。此训练也可采取交替练习的方法，如要求运动员重复向左和向右的绕锥体做 8 字形的练习；让运动员连续三次重复练习以增强无氧耐力。

（十二）高压拦网练习

一个在网前的运动员必须高压及拦网以对抗两个底线运动员喂给他的连续交互抽球及高吊球。

(十三)四角移动练习

在发球线与中线相交处摆放 4 个球,在单打半场的四个角上画上圈。运动员从双打边线外发球线处开始跑入放球处,然后捡起一个球,放在前面的一个角上后返回中场放球处,再捡第二个球,把它放在另一个角上返回。重复上述动作,直至在四个角上都放上一球。然后反方向依次把所有的四角的球都收集起来一起放在中央处。放完后,马上返回开始起跑的地点。此练习可以用计时方法让每个运动员都争创好成绩,计时从离开起点时开始到回到起点时为止。其目的是训练运动员的速度与灵敏性,锻炼腿部力量,同时使其适应场上的方向变化。

(十四)围追堵截

在场地中间画两条平行线,相距 2 米,将运动员分为人数相等的甲、乙两组。面对面站在线旁,在场地两端各画两条终点线,与平行线相距 20 米。当教练吹哨 1 次(或喊 1),两组队员原地不动,教练吹哨 2 次(或喊 2),甲组队员迅速跑动去追拍乙组队员,乙组队员立刻起身向本方终点线奔跑。最后抓获较多队员的一方为胜方。教练吹哨 3 次(或喊 3),乙方则去追拍甲方,方法相同。但是要注意,一名队员只能追拍对应的一人,一方队员不能继续追拍已跑到终点线的对方队员。如果某方输了,可罚原地高抬腿跑 20 次。此练习的目的在于培养运动员快速反应能力以及加快移动速度的能力。

五、与协调性、判断、反应、步法和精力集中有关的网球速度素质训练

(一)改进步法和提高反应时、协调性与灵活性的练习

要求运动员从“T”字的两个球筒之间开始。当听到“侧身”的口令时,运动员侧向转身,用交叉步移动至底线内 1 米处,做一个高压动作。从高压动作复原后,运动员必须快速跑向“T”字。教练向此处的左侧或右侧迅速低手抛出一球。运动员必须做出反应并用击球手模仿截击动作触球;当听到“向后”的口令时,运动员向后跑模仿打高压球的准备。模仿高压动作结束后,重复以上动作;当听到“转身”的口令时,运动员转身并向前跑向底线模仿救高球的动作。击落地球的模仿动作结束后,运动员冲刺上网,模仿截击动作。值得注意的是,为了有效地提高运动员的协调性、反应能力和灵活

性，教练应送出非常难以截击的球。

（二）提高反应能力和协调性的练习

教练站在“T”字上，面向运动员，两只手各拿一只球，然后双臂前伸。运动员俯卧在底线上，下颏靠在紧握的双手上。教练轻轻地将一只球置于空中。当运动员看见教练手臂移动时，立即做出反应，并在球落地两跳前将它接住。

六、场地上进行的力量和速度连续动作训练

一组动作可以变动，以适合每个运动员的训练要求。在网球场上进行的这组连续动作是专为网球运动员设计的收效快的训练方式。在这一组动作的训练中，每项动作用 30 秒钟完成，接着是 15 秒的休息期。整组动作重复 3 次。准备活动，连续动作的训练，整理活动，全过程需要的时间为 30～45 分钟。具体动作如下。

（一）俯卧撑

两手分开同肩宽。从伸臂开始。身体下降直至大臂与地面平行。身体伸直，保持在一条线上。

（二）箭步

原地做几组箭步动作，好像准备回击来球(持拍或不持拍)。

（三）侧垫步

沿发球线向两侧垫步。面对前方(持拍或不持拍)。

（四）屈臂

屈臂，再伸臂。使用轻的哑铃。

（五）半蹲

从立姿开始，双腿屈膝 45° 成半蹲姿势，然后回到立姿。背部保持挺直。

（六）持哑铃做发球动作

使用轻的哑铃做发球动作。挥臂的速度应为实际发球时的速度的 75%。

(七)持哑铃做击落地球动作

使用轻哑铃和实际挥拍的75%的速度模仿正反手击落地球的动作。

(八)正面弓箭步

向前跨一大步。当后腿膝盖触地时,前腿膝盖与前脚保持在一条线上。换腿重复这一动作。也可持哑铃做这一动作。

(九)抬脚

开始时双脚平放在地面。用脚尖将哑铃抬起。还原至开始的姿势。继续保持至网前作为平衡训练。

(十)侧转体触膝

仰卧起坐,交替用肘部触另一侧的膝部。

七、网球运动员下肢移动速度训练

(一)抗阻力跑

训练目的:主要发展下肢的爆发力,提高前冲跑的移动速度。

动作步骤:穿戴好训练设备,然后站立式起跑姿势准备,以最快的速度短距离冲刺(图3-108)。

注意事项:

(1)结合手臂摆动,降低重心。

(2)调整好呼吸。

图3-108

变换一：发展侧向移动的下肢力量与速度（图 3-109）。

变换二：发展后退跑的下肢力量与速度（图 3-110）。

图 3-109

图 3-110

（二）推重物跑

训练目的：主要发展下肢的爆发力，提高前冲跑的移动速度。

动作步骤：双手推着设备的扶手以最快的速度推着重物跑（图 3-111）。

注意事项：重心要低并且稳定，不能晃动。

图 3-111

（三）标志筒绕“8”字

训练目的：主要发展下肢灵活性以及移动能力。

动作步骤：身体采用稍蹲准备姿势，两腿分开与肩同宽，身体稍微前倾（图 3-112）。

横向绕“8”字（图 3-113、图 3-114、图 3-115）。

纵向绕“8”字（图 3-116 至图 3-119）。

图 3-112

图 3-113

图 3-114

图 3-115

图 3-116

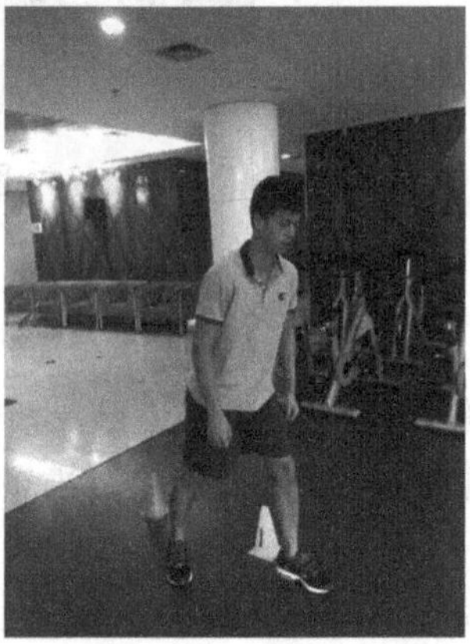

图 3-117

图 3-118

图 3-119

第四节　网球运动专项耐力素质训练具体指导

一、网球专项有氧耐力训练

(一)法特莱克训练法

1. 在场外进行法特莱克训练法

(1)放松跑的准备活动 5～10 分钟。
(2)用恒速快跑 1 000～1 500 米。
(3)快步竞走 5 分钟。
(4)放松跑,突然冲刺 60～70 米,照此重复直至出现疲劳。
(5)放松跑,偶尔加进 3～4 步快步跑。
(6)全速跑 175～200 米。
(7)快速跑 1 分钟。
(8)绕跑道低强度地跑几圈结束训练。

2. 在网球场上进行法特莱克训练

(1)运动员绕场慢跑 5 分钟(心率为 130 次/分钟)。
(2)运动员在场地上按照教练员的口令从一侧移向另一侧,移动 3

分钟。

(3)慢跑 5 分钟,结合 10 米距离的后蹬跑。

(4)教练站在网前偶尔打出一个轻吊截击球。运动员在场上移动将球回击给教练。要求运动员即使知道可能够不着球,也必须冲刺救球,重复这一练习 3 分钟。

(5)轻跑 5 分钟。

(6)在场地上移动对打截击球 3 分钟。

(7)慢跑 5 分钟。

(8)在场地上移动对打击球 1 分钟,接着进行 30 秒的截击—高压训练。重复这一组动作总共 6 分钟。

(9)慢跑结合轻快的竞走 5 分钟。

(二)间歇性训练法

间歇性训练法能够快速发展运动员的有氧耐力,并且已经在训练实践中被证明是成功的。根据上述训练变量,间歇训练方法如下。

1. 在场外进行间歇性训练

(1)方法一

①10 分钟跑,心率为 120 次/分钟。

②5 分钟冲刺—大强度运动结合小强度恢复运动。

③上体环绕运动。

重复这组动作 4 次,总共进行 40 分钟的有氧跑和 20 分钟无氧跑型耐力训练。

(2)方法二

①冲刺跑 30 米。

②跳起摸高 10 次。

③侧步交叉跑 30 米。

④变向跑 30 米。

⑤碎步跑 30 米。

⑥蛙跳 15 米。

⑦高抬腿跑 30 米。

将这些练习组合在一起进行 30 分钟的练习。

(3)方法三

①冲刺 100 米。

②慢跑 100 米。

③再冲刺 100 米。

这种练习应持续 20～25 分钟。

2. 在网球场上进行间歇性训练

(1)教练站在网前向一名运动员连续送出斜线球，该运动员开始站在底线中点，每次击球后必须回到中点。要求运动员重复这组训练 2 分钟，运动量约为极限的 85%。然后休息 2 分钟。重复 5 次。

(2)教练在网前送球，运动员在教练送到的各个位置上击球，然后绕网球场在各点做训练。

(3)教练在场上描定 5 个点用以练习 5 项基本运动，2 分钟后休息片刻，让运动员按顺时针方向轮换。

(三)跑的练习

1. 楼梯跑

楼梯往返跑训练，跑步登梯，然后慢速跑回起跑点(或与此相反)。

2. 原地跑

包括有时慢速并抬腿至腰高，有时尽量快速(双脚刚刚离地)。练习时保持用脚前掌跑。开始时，做原地跑计数 50 下为一组，然后休息 15 秒。随着身体素质的提高，增加触地次数，缩短恢复的时间。

3. 踢足球(或骑自行车、游泳、篮球等)

持续进行 30 分钟以上激烈程度适中的踢足球(或骑自行车、游泳、篮球等)活动。

4. 变速跑

主要包括加速跑 30 米，慢跑 70 米；加速跑 50 米，慢跑 50 米；加速跑 100 米，慢跑 50 米；也可根据自己的情况和场地条件，自己组合练习内容，跑 5 组。

5. 爬坡跑

进行 100～200 米大强度有氧耐力训练和 50～60 米大强度无氧耐力训练。

6. 长跑

包括 1 000 米跑、1 500 米跑、3 000 米跑和 3 000～5 000 米的越野跑等。这些练习每周至少进行一次。

(四)跳的练习

1. 跳绳

跳绳项目是提高腿部爆发力的有效方法之一,也是提高耐力的重要手段,并有趣味性。有计时,记数的前后(左右)跨跳、高抬腿跳、交叉开合跳、双摇跳、单足(交换)跳、蹲跳、交叉跳等。

2. 连续跨步跳

在跑道上做连续向前跨步跳,每组 30 次。

3. 左、右跨步跳

两脚开立,左腿蹬地,右腿向右跨步,然后右腿蹬地,左腿向左跨步,依次连续进行。每组两腿各跨 30 次。

4. 台阶交换跳

运动员在台阶前站好,按一定的节奏跨上和跨下一级台阶,左脚上后右脚下,左脚下后右脚上,连续练习 5 分钟,然后换成右脚先上或先下,同样练 5 分钟。

5. 抬腿跳

要求运动员依次提起左腿和右腿,同时双手在腿下击掌一下,每组练习 1 分钟,每次练习 5～10 组。

6. 连续跳高台

要求运动员在楼梯或看台上做双脚连续跳上高台的练习。跳楼梯时每组次数可达到 40 次,跳看台每组次数 20 左右。

(五)场上移动练习

(1)向单打边线右侧移动,急停转向移动至另一侧边线,然后再向另一侧移动,连续不断地左、右来回移动。

(2)向对角线方向移动到右场区(像正拍击短球移动),然后,向后移动回来,再向对角线方向移动到左场区(像反拍击短球移动),然后再向后退回出发点。

(3)向前朝向球网方向移动,并迅速地在网前附近停下。然后再向后朝向围栏方向移动,当移动到达围栏附近位置,停止移动,并再反过来朝前方移动,如此反复5个来回左右,移动中保持快速向前,急停转向的动作。

(4)全场各点的移动(向前、后、左、右方向移动),像被对方牵制着向全场范围移动,直至出现第一疲劳征兆。

二、专项无氧连续动作训练

(一)方法一

1. 俯卧撑

两手分开,在10秒内用100%的强度,多做有质量的俯卧撑。

2. 3~4米的灵活性往返跑

在一条直线上放置若干个锥体,锥体的间距约1米。要求运动员绕锥体往返做S形运动。在10秒内往返跑的次数越多越好。

3. 从场外返回的练习

在底线"T"字上开始。成对角线向后向右移动至单打线的假想延长线后约3米处。用后脚蹬地的同时,模仿一个正确的击落地球动作,用同一只脚先落地。冲刺回至起跑点。向左侧重复这一动作,但是用另一只脚蹬地和落地,然后冲刺返回至起跑点。在10秒内尽可能多地重复这一动作。

4. 滚接球练习

教练或同伴离练习者约3米处站立送球。教练将球滚向或扔向运动员的任一侧,练习者必须接住球并回传。教练继续不定点送球,练习者在10秒内,力求尽可能多地回传。

5. 发球区训练

从发球区的一个角开始。面对球网,在10秒内尽可能多地完成发球区训练的连续动作。

6. 正手和反手掷球

要求练习者离墙或同伴约 2 米处站立。练习者(模仿正手击落地球动作)将一只 1～1.2 千克的实心球扔向同伴,同伴再将球回掷给练习者,练习者快速将球掷回。此时模仿双手握拍反手击落地球的动作。在 10 秒内尽可能多地重复这一动作。

(二)方法二

1. 侧步冲刺

从发球线的“T”开始。向右侧单打线侧跨步(面向球网),用球拍触右侧单打线并快速向左侧单打线侧跨步。在 7 秒内尽可能多地重复这一动作。

2. 格拉芙式侧身正手击球练习

在底线开始,成“C”字形跑向 3 米开外的一个锥体并模仿一个侧身正手击球动作。快速垫步返回起跑点,面向球网。在 7 秒内尽可能多地重复这一动作。

3. 高压和低截击练习

拿一只海绵网球,从一个发球区的右前角开始。后撤至发球区的左后角,跳起模仿侧身正手打高压球的动作。将球掷出,越远越好,快速向前移动力求在球两跳前用执拍手将球抓住。在 7 秒内尽可能多地重复这一动作。

4. 击落地球 V 字形练习

从底线的“T”开始移动,向左侧成对角线向前冲刺 3 米并做一反手击球动作,反撤至起跑点,向右侧成对角线向前冲刺 3 米。后撤至起跑点以前,做一正手击球动作。在 7 秒内尽可能多地重复这一动作。

5. 迂回练习

相隔约 4 米处放置两只实心球(锥体或球拍袋)。要求运动员手握拍向右冲刺,用球拍轻触第一只球的背面。然后突然起动,向左冲刺轻触另一只球的背面。在 7 秒内尽可能多地重复这一动作。

6. V 字形移动低空截击

要求运动员成对角线向前移动模仿一个正手低空截击动作，然后立即成对角线向左移动，模仿一反手低空截动作。快速向后垫步至起跑点。在7秒内尽可能多地重复这一动作。交替使用正反手截击。

7. 单双打线区的跳跃

这是模仿恢复步动作。要求运动员站在单双打线区的一边跳起，次数越多越好。从单双打线区的一条线跳至另一条线。落地时，外侧腿用力弹起落至另一条线。在7秒内尽量多地重复这一动作。

8. 随球上网击球的冲刺

要求运动员冲刺4米，做一卡里奥卡步，同时模仿一个反手削球上网动作。在4米的尽头，做一稳定的双脚跳（横跨步），然后绕一锥体转一圈回到起跑点，同时模仿正手削球随球上网击球动作，在7秒内尽可能多地重复这一动作。

第五节　网球运动专项柔韧与灵敏素质训练具体指导

一、网球运动员专项柔韧素质训练

（一）网球运动员上肢柔韧素质训练

1. 手臂肌肉的牵拉

掌指向上，肘伸直，用另一只手将手腕振动后压；随后，手指向下，用另一只手将手腕向后压。两手交替练习。这两个练习可以有效地提高手臂前、后部肌肉的柔韧性。

2. 肘部的牵拉

单臂朝头后伸直，用一手按住另一手的肘部，停止不动，保持10秒。

3. 肩部的牵拉

用左手抱住右肘，将其向胸部拉压，持续 5 秒。左右肩交换练习。

（二）网球运动员躯干柔韧素质训练

1. 体前屈练习

两腿开立，两腿伸直，两手抱住踝关节，上体下振，振到一定程度时上体贴住两腿停留 15～20 秒。逐渐加大振幅。

2. 体后屈练习

两腿开立，上体挺腹，后屈，脚跟提起，双手触及地面后还原成直立，反复练习。

3. 体侧屈练习

双脚左右开立，双手交叉举过头顶向上伸臂。呼气，一侧耳朵贴在肩上，体侧屈至最大限度。向身体另一侧重复练习。在运用这一训练手段时，需要注意：动作幅度尽量大，动作结束保持 10 秒左右。

（三）网球运动员下肢柔韧素质训练

1. 侧压腿练习

与网柱或高物平行站立，一腿支撑，另一只腿放在网柱或高物上，身体向网柱或高物侧倾，压腿。两腿交换练习。

2. 仆步侧压腿练习

左腿伸直，右腿全蹲，两脚掌着地，左手按左脚背，右手位于两脚间，做下振动作，逐渐加大振幅。两腿交换练习。

3. 弓步压腿练习

单腿向前跨出一大步，两手按在膝盖上，身体向前方移动，脚跟不离地。

二、网球运动员专项灵敏素质训练

(一)专项灵敏素质训练方法

网球运动员专项灵敏素质训练的方法如下。

(1)快速挥动小竹棍(带竹梢),做鞭打动作。

(2)急停急跑:根据信号在快速跑动中做起跑、急跑、急停,返回时根据信号做转身跑、变方向跑、后退跑。

(3)快速前后左右提踵跳。该动作在沙地做更好,用最快的速度做 15 秒左右。

(4)原地两脚交替快速跑。用最快的速度持续 10～20 秒钟。

(5)闪躲跑:画两条距离 30 米的平行线,每隔 6 米插一根标枪。练习者站在一条平行线后,听信号快速跑向另一线,在跑的过程中闪躲 4 根标枪。

(6)防竹竿纵跳:同伴手执一个长竹竿,沿地面画圈,练习者在侧面做防止竹竿触脚的连续快速跳动。

(7)十字交换跳:直立,双脚起跳,做前后左右十字交换跳。

(8)起跳 90°、180°、360°转动。两脚左右开立,起跳后髋部转动带动身体做 90°、180°、360°转动。

(9)迈步转髋。髋部向左转动,右腿高抬向左前方迈出,右脚落地时,髋部立即向右转,抬起左腿向右前方迈出。反复进行。

(10)传接球:两人一组,一人向不同方向传、抛网球,另一人快速移动将球接住传回。两人交替练习。

(二)下肢灵敏性练习

1. 小步跑

动作难度:小。

训练目的:发展动作速率。

练习方法:正对软梯站立,膝关节微屈,上体略前倾。前脚掌着地,一步一格快速向前跑进,手臂配合前后摆动(图 3-120)。

关键点:脚步轻盈,尽可能地减少脚掌与地面接触的时间,控制动作节奏。

拓展动作:反方向、两步一格。

图 3-120

2. 侧向高抬腿

动作难度:小

训练目的:发展侧向移动动作速度。

练习方法:侧对软梯站立,支撑腿前脚掌蹬地,摆动腿大小腿充分折叠,高抬大腿至90°,手臂配合前后摆动,髋关节前送,两步一格依次循环向前跑进练习(图 3-121)。

关键点:上体保持正直,摆动腿积极下压,尽量减少脚掌与地面接触的时间。

拓展动作:一步一格。

图 3-121

3. 垫步高抬腿

动作难度:小。

训练目的:培养节奏感,发展动作速率和下肢屈伸肌的灵活性。

练习方法:正对软梯站立,摆动腿高抬,大小腿充分折叠,同时支撑脚垫步,摆动腿下压到第二个格子,左右腿交替高抬,手臂配合前后摆动,交替循环向前(图 3-122)。

关键点:腰背挺直,动作轻松协调。

拓展动作:侧向垫步高抬腿。

图 3-122

4. 侧向高抬腿前交叉

动作难度：中。

训练目的：培养节奏感，发展动作速率，提高大腿屈伸力量。

练习方法：侧对软梯站立，摆动腿高抬，前交叉积极下压，触地瞬间支撑腿边框外跟进前移，手臂配合自然前后摆动，依次循环向前练习(图 3-123)。

关键点：下摆快速有力，支撑腿自然跟进，不做高抬。

图 3-123

5. 单脚侧跨前移

动作难度：中。

训练目的：提高脚步变向起动速度。

练习方法：正对软梯站立在第一个格子的左侧；右脚向右迈步到第一个格子内，触地瞬间，左脚抬起，左脚原地落下，右脚跟进；左脚向前迈步到第二个格子的框外，触地瞬间右脚迈步进入第二个格子，手臂配合前后摆动。

依次循环向前(图 3-124)。

图 3-124

6. 侧向进退步

动作难度:中。

训练目的:提高脚步侧向移动的速度。

练习方法:侧对软梯站立;以左脚先行为例,左脚迈步进入第一个格子,右脚迅速跟进;左脚后退,右脚跟进左脚开始迈步进入第二个格子(图 3-125)。依次循环侧向移动。

图 3-125

7. 正向框内框外前移

动作难度：中。

训练目的：提高变向速度，增强脚步的灵活性。

练习方法：正对软梯站立，双脚依次迈步，左脚移出到左边框外，右脚移出到右边框，触地瞬间，左脚右脚依次迈步进入第二个格子内（图 3-126）。依次循环向前。

图 3-126

关键点：左右脚交替前移；整个动作过程要求连贯没有停顿、节奏清晰；脚与地面接触的时间越短越好。

拓展动作：正向框内框外后移；弹力带框内框外前移。

8. 滑步后移

动作难度：中。

训练目的：发展后退变向速度。

练习方法：背对软梯站立在第一个格子左侧；双脚依次进入第一个格子，触地瞬间左脚、右脚依次移出到右边框外；左脚右脚依次迈步进入下一个框内（图 3-127）。循环向前。

关键点：整个动作过程要求连贯不停顿，避免不均衡发展，左右脚交替先行。

图 3-127

9. 开合跳

动作难度：小。

训练目的：发展下肢反应性力量。

练习方法：正对软梯，屈肘双手置于体侧；双脚同时蹬地跳起落在第一个格子两侧，成左右开立，触地瞬间跳起双脚合并落在第二个格子内。依次循环向前跳，然后再向后跳（图 3-128）。

关键点：上体保持正直，熟练以后逐渐加快速度。

拓展动作：弹力带开合跳。

图 3-128

10. 开合前交叉跳

动作难度：小。

训练目的：发展下肢协调性，增加大腿内侧肌肉动作速度。

练习方法：正对梯子，双脚开立站在第一个格子的两侧，屈肘双手置于体侧；双脚同时跳起在空中交叉，依次循环向前（图 3-129）。

关键点：尽量缩短脚与地面接触的时间，注意控制动作节奏。

拓展动作：开合交叉向后跳。

图 3-129

11. 开合后踢跳

动作难度：中。

训练目的：发展下肢动作协调和控制能力。

练习方法：正对软梯，双脚开立站在第一个格子两侧，双手置于体侧；双脚跳起左脚落于下一个格子内，同时右腿屈曲后踢，触地瞬间左脚蹬地向前跳，双脚分开落在下一个格子的边框外，再次前跳右腿支撑落在下一个格子内，左腿同时屈曲向后踢。依次循环前进（图 3-130）。

关键点：初学者可以从单脚后踢开始，逐渐过渡到左右交替后踢，蹬地有力，注意控制动作节奏。

拓展动作：开合后踢向后跳。

图 3-130

12. 开合触脚跳

动作难度：中。

训练目的：发展下肢肌群的协调、柔韧性。

练习方法：正对软梯两脚开立。双脚同时前跳，左腿支撑落于第一个格子内，右腿高抬膝关节外展，左手触碰右脚踝，触脚后积极下压打开落在第二个格子边框外；换右腿支撑，左腿高抬膝关节外展，右手触碰左脚踝。依次循环向前（图 3-131）。

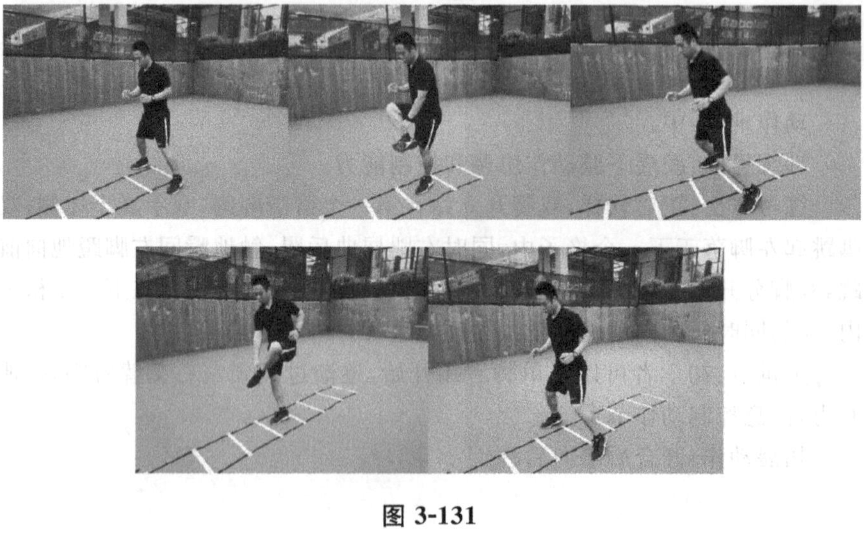

图 3-131

关键点：初学者先做单侧腿的练习，熟悉后逐渐加快动作的速度；注意背部保持挺直，膝关节高抬充分外展，动作轻盈快速，节奏感强。

拓展动作：开合触脚向后跳。

13. 双脚跳

动作难度：小。

训练目的：发展踝关节、小腿肌肉爆发力，预防踝关节损伤。

练习方法：侧对软梯站立；前脚掌用力蹬地，踝关节爆发式跳起进入下一个格子，采用双臂摆臂配合。循环向前跳跃(图 3-132)。

关键点：尽可能缩短脚掌接触地面的时间，体会脚掌触地快速反弹的感觉。

拓展动作：双脚折返跳，注意控制身体重心。

图 3-132

14. 侧向双脚前后跳

动作难度：小。

训练目的：发展反应性肌肉力量。

练习方法：侧对软梯站立；双脚同时蹬地跳进第一个格子内，再次跳起向右后方进入第二个格子的边框外，触地瞬间跳起向前方跳到第二个格子。依次循环向前(图 3-133)。

关键点：尽可能缩短脚掌接触地面的时间，体会脚掌触地快速反弹的感觉。

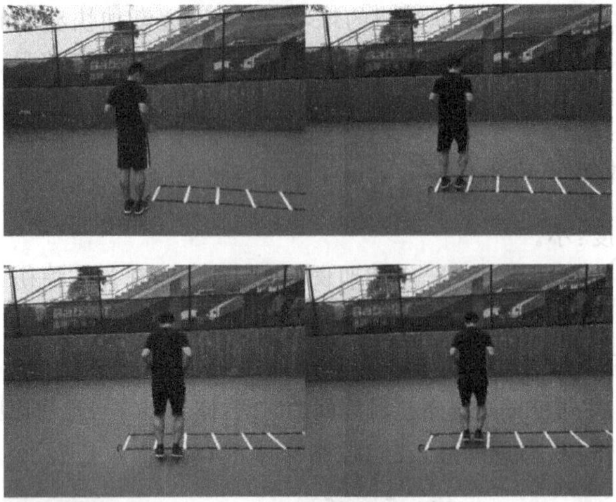

图 3-133

15. 侧向双脚 Z 形跳

动作难度：小。

训练目的：发展反应性肌肉力量。

练习方法：侧对软梯站在第一个格子的边框外以右侧先行为例；双脚同时蹬地跳起来进入第一个格子内，触地瞬间向右后方跳至第二个格子的下边框外；跳起后前进进入第二个格子内，继续后退跳出到第三个格子的下边框外，前跳进入第三个格子内，手臂配合前后摆动。一前一后成 Z 字形循环向前（图 3-134）。

图 3-134

关键点：体会前脚掌触地快速反弹的感觉，缩短脚部与地面的接触时间。

16. 双边 Z 形双脚跳

动作难度：小。

训练目的：提高起动急停速度，以及改变方向时控制身体平衡的能力。

练习方法：侧对软梯站在第一个格子边框外，双脚跳起进入第一个格子内，触地瞬间跳起到第二个格子边框外，再次起跳进入第三个格子内，再次起跳到第三个格子外。依次循环向前(图 3-135)。

关键点：在整个动作过程中，达到最大速度。

拓展动作：单边 Z 形双脚跳、单脚 Z 形跳。

图 3-135

17. 侧向循环跳

动作难度：小。

训练目的：加强下肢力量，动员深层肌肉参与运动，维持身体平衡，提高肌肉的空间感知觉能力。

练习方法：侧对软梯，向右跳起至第一与第二个格子内，左脚进入第一个格子，右脚进入第二个格子，屈膝半蹲，停顿 1～2 秒钟；稳定重心后反向环转 180°，右脚进入第二个格子，左脚进入第三个格子内，依次循环进行(图 3-136)。

关键点：头部和双肩自然放松，注意动作的节奏性，强调转体的正位。

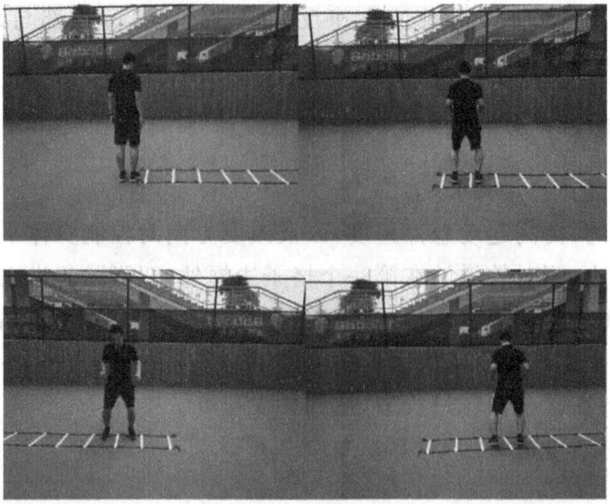

图 3-136

18. 方形跳

动作难度:中。

训练目的:提高髋关节多方位运动能力和协调性。

练习方法:侧对软梯,一脚在格子内,一脚在格子外,膝关节微屈;右脚蹬地向左前转体 90°;双脚触地瞬间继续左前转体 90°;左脚进入下一个格子,触地后左脚蹬地向右前方转体 90°。双脚触地瞬间继续右前转体 90°。依次循环向前(图 3-137)。

图 3-137

关键点：头部和双肩自然放松，强调转体的正位，每次转动后保持头、肩、髋、双脚正对转动方向。

19. 侧向支撑前移

动作难度：中。

训练目的：增强核心、上肢肌肉力量，协调四肢肌肉力量。

练习方法：侧对软梯呈俯卧支撑姿势。双手置于第一个格内；右手前移进入第二个格子内，同时右脚平移一步，触地的瞬间左手左脚跟进。依次前行至终点(图3-138)。

关键点：身体始终保持斜平面，手脚节奏保持一致。

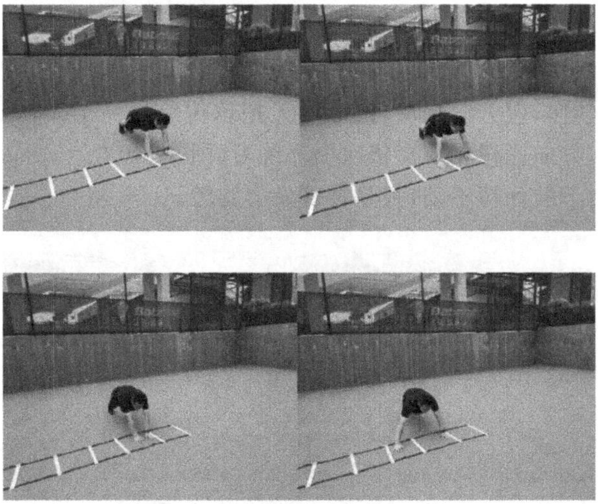

图 3-138

20. 抱球下蹲

动作难度：小。

训练目的：增强下肢力量。

练习方法：双手抱球正直站立，然后慢慢下蹲至臀部与大腿平行(图3-139)。

关键点：身体上半身始终保持正直，膝盖不能超过脚尖。

图 3-139

21. 双人结合传球

动作难度:小。

训练目的:练习协调以及腰部转体。

练习方法:两人背对背正直站立,其中一人双手抱球正直站立,然后两人同时向后转体,但方向相反,抱球的人把球传给另一个人,然后两人再同时向前转体,方向同样相反。依次循环练习(图 3-140)。

关键点:下肢保持不动,只是腰部发力旋转。

图 3-140

22. 弓步抱球转体

动作难度:中。

训练目的:练习腿部及腰部力量。

练习方法:抱球正直站立,右腿向前迈一步成弓步,同时上半身持球向右转体，保持 1～2 秒钟，接着身体跳起转变成左腿在前成弓步，同时上半身持球向左转体。依次循环练习(图 3-141)。

关键点：下肢支撑稳定，持球转体时身体保持稳定。

图 3-141

23. 抱球换脚下腰

动作难度：中。

训练目的：练习腿部及协调能力。

练习方法：抱球单脚站立，把球高高举起，跳起变换支撑脚，同时持球下腰(图 3-142)。

关键点：下肢支撑稳定，转换支撑脚时要迅速。

图 3-142

24. 抱球侧下腰

动作难度：中。

训练目的：进行腿部拉伸。

练习方法：抱球正直站立，双脚略比肩宽。持球下腰向一侧腿靠近，然后转向另一侧腿(图 3-143)。

关键点：膝盖不要弯曲。

图 3-143

25. 抛球

动作难度：中。

训练目的：练习协调发力。

练习方法：抱球正直站立，双脚略比肩宽。持球慢慢向右后方转体，然后协调发力单手把球抛出去（图 3-144）。

关键点：膝盖微屈，协调发力。

图 3-144

26. 持球下砸

动作难度：小。

训练目的：练习腰腹发力。

练习方法：抱球正直站立，双脚略比肩宽。把球高高举起，然后腰部发力把球用力砸向地面（图 3-145）。

图 3-145

关键点：腰部发力，球的落地点应在距离身体一定距离的正前方。

27. 持球上抛

动作难度：小。

训练目的：练习弹跳能力。

练习方法：抱球下蹲，双脚略比肩宽。然后双脚发力跳起，同时把球抛向天空（图 3-146）。

关键点：腿部发力，身体在空中保持稳定。

图 3-146

28. 球上俯卧撑

动作难度：大。

训练目的：练习上肢、腰腹以及控制能力。

练习方法：呈俯卧撑姿势摆好，然后在一只手的下方放上一颗球，然后做俯卧撑（图 3-147）。

关键点：保持身体的平衡以及稳定，身体呈一个平板。

图 3-147

第六节 网球运动专项平衡能力训练具体指导

一、跪立瑞士球

训练目的：主要发展腿部以上对身体的平衡控制能力等。

起始姿势：双膝跪在瑞士球上保持稳定，双手侧平举控制身体平衡（图 3-148）。

图 3-148

动作步骤：保持起始姿势一定的时间。

注意事项：

(1)保持身体的平稳，控制身体的平衡。

(2)根据情况教练干扰破坏平衡，提高受训者恢复平衡的能力。

二、波速球持药球深蹲

训练目的：主要发展大腿前后肌群、臀部肌群以及稳定肌群等。

起始姿势：双手持药球于胸前站立在波速球上自然放松，两眼注视前方（图 3-149）。

动作步骤：

(1)从起始姿势然后缓慢下蹲，保持上身直立。

(2)蹲到大腿与地面平行的位置停留两秒然后起立，重复一定次数（图 3-150）。

注意事项：

(1)保持身体的协调，控制身体的平衡。

(2)身体不要晃动。

图 3-149

图 3-150

变换一：直臂胸前持球蹲(图 3-151)。

变换二：直臂头上持球蹲(图 3-152)。

图 3-151

图 3-152

三、波速球上持球绕“8”

训练目的：主要发展全身协调稳定的肌群的力量以及稳定性，另外增强肩关节周围肌群的力量以及柔韧性。

起始姿势：双手胸前持球稍蹲在波速球上(图 3-153)。

动作步骤：

(1)从起始姿势开始直臂伸出双手绕“8”字(图 3-154)。

(2)两个方向循环练习，正绕与反绕(图 3-155)。

注意事项：

(1)控制身体的平衡稳定、保持稍蹲姿势。

(2)绕的时候注意速度不要太快，匀速绕写“8”字。

图 3-153

图 3-154

图 3-155

四、波速球转体砸球

训练目的：主要发展肋间肌、腰腹部旋转肌群、肩关节周围肌肉的爆发力，另外加强膝关节的稳定以及全身的协调发力。

起始姿势：双手头上持球稍蹲站在波速球上(图 3-156)。

动作步骤：从起始姿势开始转体向左侧或右侧地面砸球并接住反弹球(图 3-157)。

注意事项：

(1)控制身体的平衡稳定、保持稍蹲姿势。

(2)注意转体幅度尽量最大。

图 3-156

图 3-157

五、榴莲球单脚站立

动作难度：大。

训练目的：练习平衡协调能力。

练习方法：摆两个榴莲球，之间的距离与肩同宽，两脚正直站立在榴莲球上面，慢慢抬起左腿，并且双手抱膝。停顿一段时间之后换右腿（图 3-158）。

关键点：保持身体的平衡以及稳定。

图 3-158

六、榴莲球燕式平衡

动作难度：大。

训练目的：练习平衡协调能力。

练习方法：摆两个榴莲球，之间的距离与肩同宽，两脚正直站立在榴莲球上面，然后身体前倾慢慢抬起一条腿。双手向正前方伸直，使身体成一个平板（图 3-159）。

关键点：保持身体的平衡以及稳定，身体保持一个平板。

图 3-159

七、最伟大拉伸

动作难度：大。

训练目的：进行身体拉伸，激活身体器官。

练习方法：摆两个榴莲球，之间的距离与肩同宽，一只脚踩在榴莲球上面，一只脚在地面成弓步，然后一只手撑地一只手半屈，手肘尽量触碰脚尖，整个前半身积极下压。起身之后紧接着做单腿拉伸（图 3-160）。

关键点：注意做弓步时一定要把双脚打开。

图 3-160

八、榴莲球上伸臂

动作难度：大。

训练目的：进行身体平衡练习。

练习方法：摆两个榴莲球，榴莲球要反着放，之间的距离与肩同宽，两只手撑在榴莲球上面，膝盖跪地，然后把一只手臂抬起往前伸，同时身体姿势保持不变（图 3-161）。

关键点：身体姿势一直保持不变，尤其是背部要保持平直。

图 3-161

变换一：四个榴莲球上伸臂(图 3-162)。

图 3-162

注：增加两个榴莲球在两个膝盖处。身体背部同样要保持平直。

九、榴莲球上臀桥

动作难度：大。

训练目的：进行身体核心与平衡练习。

练习方法：摆两个榴莲球，之间的距离与肩同宽，双脚踩在榴莲球上，整个身体平躺在地上，双手自然摊开，臀部向上顶起，以肩、双脚为支撑点(图 3-163)。

关键点：臀部加紧，腹部收紧。

图 3-163

十、榴莲球上伸手

动作难度:大。

训练目的:进行身体的平衡练习。

练习方法:摆两个榴莲球,之间的距离与肩同宽,双脚踩在榴莲球上,双腿微微下蹲,双手自然下垂至身体两侧,然后双手上举,夹紧耳朵(图 3-164)。

关键点:背部保持平直,双手上举时要夹紧耳朵。

图 3-164

变换一:榴莲球上展臂(图 3-165)。

图 3-165

注:手臂平直外展,上半身同样要保持平直。

十一、榴莲球上俯卧撑

动作难度：大。

训练目的：进行身体的平衡与核心练习。

练习方法：摆两个榴莲球，之间的距离与肩同宽，双手按在榴莲球上成俯卧撑开始姿势摆好，然后开始做俯卧撑(图 3-166)。

关键点：背部保持平直，腹部收紧，身体呈一个平板。

图 3-166

变换一：四个榴莲球上俯卧撑(图 3-167)。

注：四个榴莲球两个在手下，两个在脚下，手下的正常放置，脚下的反过来放。注意背部保持平直，臀部加紧，腹部收紧。

图 3-167

十二、榴莲球上跪姿平衡

动作难度：大。

训练目的：进行身体的平衡练习。

练习方法：摆四个榴莲球，距离与肩同宽，双手双脚四点支撑在榴莲球上，大腿与身体呈 90°，背部保持平直，然后伸出一只手和一只脚（异侧），保持一定时间（图 3-168）。

关键点：背部保持平直，腹部收紧，身体呈平板状。

图 3-168

第四章 不同阶段的网球运动训练

网球运动是一项兼具时尚性、健身性的重要运动项目，其对于大部分人们来说都是非常适宜学习和参与的。但是，由于参与网球训练的人年龄上存在差别，在训练时所选定的训练目标、训练内容以及相应的意见和标准也会有所差别。通常情况下，以人体生长发育规律和网球运动的特点为主要依据，可以将网球专项训练分为不同阶段，比如，基础训练阶段、发展训练阶段、衔接训练阶段、高级训练阶段以及最终的职业网球运动员训练等。本章主要对这些内容以及不同年龄段的身体练习指导加以研究和阐述。

第一节 网球运动基础训练阶段

网球运动的基础训练阶段，通常会分为两个具体阶段，一个是4～7岁，一个是7～10岁，具体如下。

一、基础训练阶段Ⅰ(4～7岁)

(一)阶段特点与要求

这个年龄段的小运动员第一次实现了运动肌肉的整合，这种整合主要是通过一定数量的运动和少量高质量的运动，还有经常性的随意运动来实现的。

需要强调的是，这个阶段运动员的体能具有较为显著的特点，即协调能力和有氧耐力欠缺，肌肉发展还不充分。所以对这个年龄段的孩子来说，用训练这个词是不恰当的，小运动员们应该得到与他们这个年纪相适应的多方面的运动锻炼，还有适合他们的比赛游戏。因此，这就要求在训练中应该采用比较合理的运动形式和训练要求，具体表现在以下几个方面。

第一，激励性训练。

第二，以个别或小组方式开展训练。

第三，不需要大型的组织措施，花费较少。

第四，对训练设备要求不高。

关于注意力方面，这个年龄段的小运动员不能承受长时间的训练，这就要求在整个教学过程中必须形式多样，不断变换。更重要的是，必须给小运动员们合适的选择机会，从而使他们的意愿得到较好的满足，并且将他们的创造力激发出来。

(二)训练目标和内容

对于4～7岁的小运动员来说，他们的训练目标和内容主要有以下几个方面。

(1)小运动员训练方法的选择中，必须把全方位、多方面、整体性的基础训练，一般的多样性的游戏以及复杂的全身肌肉的训练放在第一位。

(2)训练内容主要为：音乐舞蹈、儿童体操、柔道、武术、乒乓球、羽毛球、不同的投掷、体育游戏等。

(3)在网球的练习中，必须开始对小运动员们进行击球的基本技术动作以及相关知识的逐步、细微的介绍。在这当中，击球的概念并不是指击球的完全技术要求，而是对球和球拍的控制训练以及不同的协调性训练。如果这个阶段标志着开始对实际网球技术介绍的话，那么最好通过开展短暂和小型的迷你网球运动形式来实现。

(三)训练计划方面的建议

针对4～7岁的小运动员来制订网球训练计划时，主要提出以下几个方面的建议。

(1)训练的时间必须计划周到，我们通常所说的训练计划，不应照搬到这个年龄段中来。快乐、享受、即兴发挥才应该是主导的元素。

(2)基础训练尤为重要，具体的网球训练在全部的训练时间中应不超过30%，即网球或与网球相似的训练只占全部课程的一小部分。

(3)每星期训练2～3次。

(4)每年训练5～7个月。

(四)比赛方面的建议

针对这一阶段的网球比赛，可以采纳以下两个方面的建议。

(1)根据特定的设施，无论以什么方式组织比赛，网球在不同的比赛(组合比赛)中只占一部分，网球成绩在最终的结果中也只能占一小部分。

(2)比赛规则必须适应儿童的特点及其身体发育状况。

二、基础训练阶段Ⅱ(7～10岁)

(一)阶段特点与要求

这个年龄段包括一个身体的协调发展阶段以及身体的分化时期。学习能力的快速增长，协调技能的发展，反应时间和速度的进一步提高，还有移动和有氧能力的改进在这个阶段都能得到充分体现。不过长时间的针对注意力集中和运动能力的训练还是要严格控制。

这个年龄段，网球的具体训练可以开始了，但这并不意味着从此以后，大部分的时间只涉及网球。恰恰相反，基础训练仍是这个阶段主要的训练内容。这个阶段，或是下一个发展阶段(第三阶段)，被称之为最佳的运动学习年龄段，应该为以后的网球训练打好基础。因此，一方面在持续性的全面和整体训练中要不断增加强度；另一方面，必须强调击球的质量。特别要注意的是，现在所学到的不需要将来费力、费时地去改变。重视网球技术的质量，实际上就是注重奔跑、跳跃、投掷技术以及其他方面的重要运动训练过程，这一切对取得网球的优异表现是非常重要的。

(二)训练目标和内容

1. 训练目标

这一阶段的训练目标主要有以下几个方面。

(1)学习网球基本的专业技术(这一切是建立在大脑发育成熟度大约90%的良好基础上的)。

(2)对反应以及速度频率的科学训练(同样依靠中枢神经系统)。

(3)对整个运动系统的多方面的训练，重点是协调能力(比如平衡能力、识别能力、节奏等)。

2. 训练内容

(1)训练内容必须和网球的具体运动技能相关，特别是一般和专门的活动与运动技能，这些训练包括观察、预判能力、平衡能力、脚步移动和球感等。

(2)特别要注意的是,在这个阶段中对网球技术的教学只是全部训练的一部分。

(三)训练计划方面的建议

针对这一阶段的小运动员制订训练计划时,可以有针对性地采纳以下几个方面的建议。

(1)训练和比赛计划在这个年龄段还不是主要要求。

(2)必须制定中短期和训练课的目标,要特别注重训练计划(比如技术和肌肉的发展)。

(3)纯粹的网球训练必须包含在50%的总体的训练当中。

(4)每周训练3~5次。

(5)每年训练6~8个月。

(四)比赛方面的建议

针对这一阶段的小运动员的网球比赛来说,可以采纳以下几个方面的建议。

(1)应该开展迷你网球(短式网球),这能为将来学习网球更好地锻炼协调技能。对迷你网球比赛的结果不应该过分高估,最重要的是带给小运动员们和对手竞争的快乐,激励他们,给予他们第一次战术上的基础训练以及强化他们的智力。

(2)网球成绩仍然起较小的作用,此时更应该教授小运动员团队合作的精神。

(3)这个年龄的比赛采用淘汰制是不可取的,淘汰赛只能在网球比赛最后阶段采用。建议让小运动员参加一些小型俱乐部比赛(在两个或更多俱乐部之间),或一个地区内的比赛就足够了。由于运动员年龄上的限制,长途跋涉去参加国际性的比赛几乎是毫无意义的,在国内跨省市参加全国性比赛也同样没有太大的意义。

(4)在这个水平上参加锦标赛是不可能的,最多只能安排全省或地区的比赛,全国性甚至是国际性的锦标赛不应该开展,小运动员们不应该承受压力去追求成功,竞争对他们来说应该是意味着趣味,没有副作用。

(5)不要排名,排名会导致小运动员对成功、环境产生过早成熟的压力,这对将来的发展没有预测性的作用,它们的作用只能是消极的。

(6)比赛结果只能用来检测训练结果,不能过高估计,不然是非常危险的。

(7)在比赛中,排除来自父母、教练员以及官员的压力,让小运动员知道他们是允许失败的。

(8)在冬季,参加 2～4 次比赛。

(9)在夏季,每月参加 1～2 次比赛。

(10)比赛训练:发展战术能力,规范战术训练和比赛训练是必要的。

第二节　网球运动发展训练阶段

一、发展训练阶段 I(10～13 岁)

(一)阶段特点与注意事项

这个年龄阶段是运动学习能力最好,协调能力发展和分化过程最好的时期,是肌肉内部协调、反应速度、移动速度,还有部分速度力量方面快速增长的阶段。但是,最大力量和无氧乳酸能力相对来说是较弱的。

抓住这个阶段的训练对以后的表现来说是第一个决定性的阶段。现在,必须追求高质量的基本技术。虽然最终的完美技术还不能达到,但技术的基本框架已经完成。

所有基本的击球技术在 12 岁以前必须定型。以年龄为主要依据,直线和斜线击球、上旋和下旋球、抽球上网和截击球、高压球和截击球,其中任何形式的两种技术必须在比赛中综合运用。这意味着在这个阶段下半时期网球的专项成分渐渐地变得重要。当然这并不意味其他内容的训练变得次要,仅仅是因为训练必须和网球的专项要求相适应,所以在考虑身体训练时要突出相关性。协调能力训练以及其他身体训练必须支持和优化运动员的网球专项要求。

在这一阶段进行训练时,需要对以下几个方面的事项加以注意。

(1)这个年龄段的小运动员几乎只打网球。网球技术应该是这个阶段的重要部分,但不是唯一的内容。

(2)小运动员参加了过多的比赛,且比赛赛程与年龄不协调。

(3)相对于小运动员的协调能力发展而言,教练员、父母以及官员过多地看中成功。

最后需要强调的是,在这个年龄段拥有成功固然美好,但那并不是最重要的,因为这并不能为小运动员的将来指明方向。

(二)训练目标和内容

这个年龄阶段的中枢神经系统已经发育成熟,协调能力已得到发展。其训练目标主要有以下几个方面。

(1)完成网球中所有击球以及高质量的技能训练(到 12 岁时,学习所有网球技术必须完成)。

(2)随着肌肉间相互协调技能的发展,必须注意肌肉内部的协调(比如,速度力量的产生)。

(3)安排一定的时间,练习快速反应和移动速度。

(4)随着技术的日趋完美,训练重点应转移到战术方面。

需要强调的是,在最大力量(此时骨骼系统不稳固)和无氧乳酸供能能力的发展还不成熟的情况下,必须避免负荷过重的训练,比如长时间的抽球练习。

(三)训练计划方面的建议

针对这一阶段的小运动员制订训练计划时,可以适当采纳以下几个方面的建议。

(1)要有年度训练计划,年度计划应具体化,包括每个月、每个星期和每次的训练计划,避免即兴发挥。

(2)在这个训练量增加的阶段对小运动员们有决定性意义的是:正确的训练、恢复、比赛、训练之间的匹配,小运动员们必须逐步适应这种生物学上的节奏变化。

(3)每星期训练 4～6 次。

(4)每年训练 8～9 个月。

(四)比赛数量方面的建议

针对这一阶段的小运动员来说,当他们参与比赛时,在比赛数量上,要参考以下几个方面的建议。

(1)在这个年龄段必须将一个明智的比赛计划制订出来。事实上,它意味着一个限制性的计划,因为小运动员们不应该承担过多负担,也不应该面对困难的比赛。如果小运动员们要参加比自己年龄高组别的比赛,他们必须表现良好,并且有胜利的机会。

(2)比赛应促进技战术的进步:在比赛中必须尝试训练中的各种技战术,在比赛中反映出来的技战术方面的问题必须在以后的训练中解决。

(3)要使小运动员通过比赛衡量他们自己,以提高比赛热情。因为永无止境的训练会使小运动员们丧失前进的动力。

(4)在比赛中,小运动员们可以学习如何克服各种各样的压力,而在训练中,比如克服内部紧张、环境影响以及外部干扰等问题并不能真正得到解决,这些只能在实际的比赛环境中学会。

(5)不应该过分强调比赛结果。再次重申,这个年龄段比赛结果对未来的发展有重要的作用,小运动员们在比赛中一心争胜,竭尽全力。如果失败了不应该成为一个包袱,而应该理性分析,把它看作通向未来发展的必要而且正常的一步。

(6)每年比赛次数控制在40~50场,另外再加上双打。

最后,需要强调的是,在这个年龄段,双打必须时常进行。在双打中各种技术细节得到练习,这对现代网球单打比赛来说也是非常重要的。

二、发展训练阶段II(13~15岁)

(一)训练特点与注意事项

青春期身体和心理发生了变化(身体加速增长,荷尔蒙变化,重建运动能力和技巧,运动学习能力降低等),有时会影响技术发展暂时的停滞不前,出现心理以及身体和其他的个人问题。无论如何,这个年龄段的运动员对每个教练员来说都是一种挑战,因为按照规律,他(她)第一次面对反抗、对立、纪律等问题。荷尔蒙变化可导致性别差别加速或迟延发展,因此,飞速进步或停滞不前的表现都有可能发生。

对成功的女运动员来说,她们肩负尽快融入成人以及职业比赛的压力,是需要加以关注的重要方面。

(二)训练目标和内容

在这一阶段,运动员的技术和能力还需进一步深化,需要新的训练内容,比如,开始有意识地锻炼肌肉以及提高无氧代谢的能力。这一阶段的训练目标主要有以下几个方面。

(1)在这个阶段,速度力量和耐力训练必须加强,必须引进正确的训练方法,换句话讲,就是不断增强力量训练(一般和专项)和肌肉的平衡训练。

(2)这个阶段速度的发展较为缓慢,所以移动速度、动作速度、反应速度以及速度力量必须在训练计划中重点强化。

(3)在技术方面,所有的技术训练必须高质量进行。必须进一步挖掘运动员的潜能,进一步增加技术训练的复杂程度。

(4)必须增加比赛情景的应用以及成功的概率,技术的完善,使得战术训练变得更为重要。

(5)在这个年龄段,不同性别在运动能力上产生了很大的差别:女孩成熟得更快,凭着技术和训练的进步,不断加快的身体和智力的发展,在适应训练方面显示出优势,而脂肪的增加导致体重的增长,又减缓了进步的优势。因此,更多的注意力必须放在女孩以及年轻女运动员的营养上。男运动员往往在性成熟方面比女运动员迟一到两年。

(三)训练计划方面的建议

针对 13～15 岁小运动员的网球训练制订训练计划时,需要对以下几个方面的建议加以采纳。

(1)年度的训练计划与分阶段计划必须非常细致。没有具体的计划,包括严格的训练课,取得最佳成绩是不可能的。

(2)随着训练负荷和强度的增加,比赛日程的增多和加长,强化积极的休息和恢复也是必不可少的。

(3)每周训练 4～8 次。

(4)在这个阶段的后期,每天要进行两次训练课,因为训练的范围和内容增加,并且表现出更多的变化。

(5)每年训练 8～10 个月。

(四)比赛次数方面的建议

针对 13～15 岁的小运动员来说,在参加网球比赛方面,次数上要有所限制,具体可以采纳以下几个方面的建议。

(1)在这个阶段,比赛被看作是运动训练的一种反馈,但不应该仅为追求胜利而强加压力。比赛必须确保训练方法、内容、范围、强度等的正确性。

(2)比赛质量要符合 1/3 的原则:运动员必须和比较弱的对手打 1/3 的比赛;和实力相当的对手打 1/3 的比赛;和强于自己的对手打 1/3 的比赛。和较弱的对手较量,必须甩开对手一段距离,因此他们学会了如何保持优势地位,克服失败的恐惧,准确估计对手的水平和建立自信。和他们实力相当的对手较量时,必须学会如何战斗,在比分落后的情况下,永不放弃,接受外部环境的变化,改变相应的技战术和改变令人不满意的外部条件等。和强于自己的对手较量时,可以自由开放地打,超能力地发挥,发现自己未知的表现能力,使用新的战术或新的击球方式,体验击球速度或新的击球变化。这种 1/3 的原则(两场胜利,一场可能失败)使运动员们得到世界优秀职业选手所经历的心理历程体验。

(3)在这之后,年轻的女运动员基本可以步入职业网球行列。大约 1/3 的比赛可以在较年长的组里进行,约 2/3 的比赛在她自己的年龄组里进行。

(4)个别实力最强的初级男运动员和女运动员可以参加国际性比赛以及团体比赛,因为在这个年龄段的青年人必须适应精神上的压力,这些压力存在于国际大赛当中,同时能熟悉其他对手的比赛方式和不同的风格。当然团体比赛对促进团队精神尤为重要。

(5)以个人的基础水平为依据积极参加青少年比赛以及年长组的比赛。参加年长组的比赛(尤其是国际性的比赛),取决于技能特长,身体和精神发展程度,设定的目标、经济和组织上的可能性。总体上讲,只有通过比赛才能积累经验。但如果参加的比赛水平太高,成功的欲望或自信的感觉就不会出现。

(6)建议每年参加约 60 场比赛,另外再加双打。

第三节　网球运动衔接训练阶段

网球运动的衔接阶段,主要是指 15～18 岁。

一、网球训练特点与注意事项

在网球运动中,衔接训练阶段对于运动员未来的发展是第二个决定性的阶段,也是所有阶段中最为重要的一步。对这个年龄的运动员不仅要采用职业化的正确训练计划,而且还有前面已经描述的系统化长期发展的前提。从青年人发展的角度来看,他能够在青春期身体素质增长的基础上,承受更高的训练强度和负荷,所有的领域可能都应该包括在训练中。

这一阶段对运动员的个性发展同样至关重要,包括完善技战术能力和比赛中的职业道德。正由于这个原因,高强度的比赛尤为必要,同时也到了比赛结果起重要作用的时候了。至今为止,比赛结果和名次不只是起提供训练控制的一种反馈形式,而且为将来事业的成功提供了一定的参考标准和前提。运动员现在必须成功地将他们长期训练获得的能力发挥到比赛中去。

要完成对临场技术的熟练运用,必须在训练中面向运动员的个人需要。在这之后,集体训练只在个别情况下使用,或者只在训练的某些方面使用。

需要强调的是,身体训练、协调训练、技战术训练必须以运动员的特点为依据来区别对待,训练的体系必须对个人优点和弱点进行充分考虑。每位成功的运动员都有他自身的特点，无论谁错过了这个阶段中关键性的训练，都将很难有机会达到网球运动的顶峰，在对过去几十年全世界运动员进行的分析报告中证实了这一点。然而，上面提到的事实只不过是建议而已，并不能保证你出人头地。为了达到这一目标，在接下来的几年中，有很多事情必须要做，而且要做得正确。

对低年龄女运动员来说，现阶段正是向职业网球运动员转型的时候。为了在后一个阶段踏入成人网球世界，低年龄女运动员必须达到更高的要求。

在 15 岁和 17 岁之间，大多数成功的女运动员期望成为职业网球运动员。但是，往往存在着这样那样的问题，比如，当大多数的低年龄女运动员有能力在职业网球世界竞争时，却不能适应职业巡回赛对身体和心理上的压力，这是多数女运动员放弃的原因。极少数的非常成功的低年龄女运动员不能成为评价的标准，她们只是例外。对于过度劳累和半途而废的情况，对比赛成绩的合理控制是克服此类问题的良方。

二、网球训练和教育之间存在冲突

成功并有竞争力的年轻运动员是要经常参加全国(国际)青少年锦标赛或是系列赛的，这就会导致他们经常缺课，因此他们会落下很多的学业，最后很难赶上其他同学。

国内大多数不同项目的运动员在体校里学习和训练，虽然这里的教学安排有一定的针对性，但不同的体育项目竞赛时间和要求不同，特别是参加网球比赛的频率和地点特殊，与文化课的学习必然要发生冲突。鉴于这种情况，提出以下建议：运动员接受私人(或个体教学)课程，每天拿出 3～5 个小时用于训练或比赛，9～10 个小时用于睡眠，9～12 个小时用于自学，做家庭作业和个人事务，再留一些空闲时间。不过这种方式要求运动员非常自律、准时、坚韧以及负责，这一切也是他以后成为一名网球高手所需要的品质。如果运动员对胜利的渴望快速增长，那么他必须长时间地参加比赛，这时他可以考虑是否把更多的时间放在网球上。

三、训练目标和内容

对于这一阶段的网球运动员来说，他们的训练目标主要有以下几个方面。

(1)这个年龄段的运动员应使所有的技术达到具有艺术欣赏力的水平，达到以强化适应性训练，提高解决困难情况的能力，通过自己的技术获得成功的能力，以及把不断增加的击球速度和比赛能力为重点的训练目标。在这个阶段中最后目标必须达成，因为在前面的阶段基础已经打好。

(2)必须强调的是，要采用竞技性的训练方法，进行以赛代练式的训练，要做到技术和战术遇到的困难必须在训练中解决。这就要求经常训练而不仅仅是在比赛当中直接应用，因为一个人只有依靠千百次的训练以及储存在他记忆里的东西，才可能把它成功运用到比赛中去。

(3)与其紧密相连的是所谓的“抗压力训练”，它是另一个训练的重点。比赛中出现的压力在训练中很难模仿。不过，运动员可以通过不断增加训练难度来克服压力状态(在强风中使用差的或者是不同的球训练，在噪音或烈日下训练，在一个训练课中使用不同的场地训练，在大运动量的艰苦体能训练后比赛)，当然这不能经常采用，这有负担过重产生过度疲劳的危险。

(4)不断增加肌肉力量的训练。现代生物学对肌肉力量的训练可以给予一定指导。例如，实现快速移动、快速击球，就必须加强反应和力量训练。

(5)有氧供能能力的训练和无氧 ATP 供能能力训练必须提高。虽然网球运动员较少在运动中乳酸积累达到一个很高的程度，但同样应该进行无氧训练。在这个阶段必须给予生理学上的训练指导。

四、训练计划方面的建议

针对这一阶段的网球运动员制订训练计划时，可以有针对性地采纳以下几个方面的建议。

(1)从 11 月或 12 月初开始，大约六七个星期的冬季训练计划必须启动，当然这个阶段可以准备得早一些或晚一些，但不能缩短，因为必须保证足够的适应时间。在这个阶段有很多东西需要优化，在这之后就没有时间做这些工作了。

(2)在 5～7 月还要执行一个相似的阶段计划，一般需要 3～4 个星期。在这么短的一个阶段，大的改变或调整是不可能的，在转换各地的比赛中所有多余时间必须用于进一步训练。

(3)因为比赛时间现在被分成一块块，所以要特别重视恢复的价值。我们不能忘记年轻人并非完全能够承受一切。相比有经验的成人运动员，年轻人在比赛中要耗费更多的精力，尤其当他们表现得很成功的时候。因此，年轻运动员需要更多的恢复时间。

(4)每周训练 6～12 次。

(5)每年训练 9～10 个月。

五、比赛方面的建议

这一阶段网球运动员在比赛方面应该采纳的建议主要有以下几个方面。

(1)不断增加比赛次数:在这个年龄段,应该有更多、更频繁的比赛。以成绩提高为目标的阶段结束,运动员现在必须显示出他能成功地将训练中获得的能力表现到比赛中去。制定一个渐进的合理的比赛计划,伴随着现实的目标以及可实现的成功目标,慢慢增加比赛难度水平。此时的个人训练计划也要符合比赛的实际需要。

(2)在这之后,低年龄运动员开始在高年龄组比赛或是与成人比赛。建议进行分割:大约 1/3 的比赛放在高于同年龄组里进行;根据比赛强度,2/3 的比赛在相同年龄组里进行。当然特别成功的低年龄运动员应更多地参加国际青少年比赛。

(3)低年龄女运动员向成年女运动员过渡时,建议 1/3 的比赛在她们自己的年龄组进行,其他 2/3 的比赛在成年女子组进行。

(4)对男运动员而言,特别有天赋和能力的,已远远超出自己的年龄组,应该更早地(和女子完全地相同)参加成人比赛,但是只能以他们在低年龄组的比赛中几乎无对手,或者已经在和成人的比赛中表现出色为前提条件。根据规律,一名不成熟的运动员、急于获取经验或得到积分而过早地参加高组别比赛,会受到不良的影响。这种影响会随着不断的失败而导致失意、害怕失败、丧失自信,以致筋疲力尽,最终可能半途而废。

(5)每年参加约 70 场比赛,另外再加上双打。

第四节　网球运动高级训练阶段

网球运动高级训练阶段,主要是指 18 岁以后。

一、训练特点

从生物学角度来说,16～19 岁即进入成年并且身体发育成熟。网球运动员的高级训练阶段从此开始,一直延续到运动生涯的结束。这时,运动员的训练量以及技战术水平的稳定性都应达到高峰,最迟应在 25～26 岁的时候完成。当然基础必须打好,而且能够持续。

在这个宝贵的阶段，必须进行系统而又长期的身体素质的训练。运动员的技术实现了从“完美”到“精湛”的转化，运动员的个性在训练过程中也得到体现。

二、训练中需要考虑的重要问题

(一)必须考虑的重要问题

在这一阶段的网球运动员的训练中，必须对以下两个方面的问题进行充分考虑。

(1)参加更多的比赛和训练时间的日益减少是网球运动的一个特点，这和通常的训练理论是有冲突的，无论运动员喜欢与否，都必须面对这个现实。整个训练计划的制订必须适应比赛的要求，即训练必须在比赛中继续进行，这就需要教练员对正常训练理论及其变化有丰富的知识。

(2)通过长期的训练，有机体对训练的刺激具有很强的适应能力，这实际上就是训练的目标。保持以前的运动量、持续时间、运动强度、训练方式等老一套，将不会带来附加的适应过程，因此也就不会获得额外的成绩增长。此时，应该发掘新的方法使比赛成绩得到新的增长。由于生理方面的原因，许多训练方法正变得陈旧和效益低下，这就是必须更频繁地变化训练方法和手段，同时也需要有广博知识的教练员的缘故。

需要强调的是，运动员必须小心翼翼地控制比赛，这样才能使比赛成绩得以提高。这个层次的比赛，气氛非常紧张。不能及时采用持续的、新的、合理的训练理论和实践，这是许多天才运动员(20～25岁)成绩长期停滞和未能有效发展的主要原因。

(二)需要考虑的特殊问题

除了上述两个重要问题必须要进行考虑之外，还有一个较为特殊的问题，也要进行考量，具体如下。

1. 从初级网球运动员转变为高级网球运动员

从初级向高级网球运动员转变的重要性往往被低估，很多人认为青少年时期的成功在成年时能自动延续。实际上，在低级别网球比赛和高级别网球比赛之间有很大的差异。变化的比赛环境，巨大的比赛压力，长时间的旅途，缺少训练搭档等，所有这一切都使运动员必须了解网球比赛中的特殊压力、智慧、常规与变化，并慢慢地适应。

2. 参加比赛的途径艰难

运动员要参加国际网球比赛，首先要通过希望赛或巡回赛等一系列的预选赛(资格赛)，才能进入正选赛。每一个预选赛都是一个独立的困难比赛，运动员需要取得3～5场胜利获取正选赛的资格积分。然后在正选赛中运动员们往往在第一轮遇到种子选手，这种情况不仅要求运动员有一个最佳的身体状况，而且需要精神动力，巨大的抵抗力以及意志力，尤其当第一轮就被击败的时候。当运动员获得的比赛积分达到一定的数量后，才能为下一步的更高级别的比赛奠定基础。

3. 私人教练员的问题

由于网球比赛要经常到世界各地巡回进行，所以网球运动员需要一个好的私人教练员。一般运动员可能负担不起费用，而且世界范围内有限的好教练员已经被聘用了。由于这个原因，年轻运动员只好请那些缺少经验和较为廉价的教练员，所以一般的运动员如果没有国家的网球协会或是赞助商的支持，在这个方面就有很大的问题。

4. 希望赛和巡回赛的资金问题

在资格赛阶段赚不到钱，所以整个比赛活动是在一个消极的基础上开始的。如果在网球事业的开始阶段没有赞助商，那么一开始在资金上就会非常困难，因为飞机、旅店、食物等需要一大笔开销，尤其当运动员处在一年内要参加世界范围的20～25次比赛的时候。

三、训练目标和内容

这一阶段网球运动员的训练目标主要有以下几个方面。

(1)增强个人在技战术各个方面的稳定性。年轻运动员必须参加级别更高一级的网球比赛，以尽快提高国际排名。对世界级球星的统计显示，在ATP(国际男子职业网球联合会)排名前十名的运动员，从他们职业网球生涯开始，到排名进入前一百名，需要15个月；从前一百名到前十名，平均需要19.7个月；从零到前十位需要34个月的时间。这意味着一个运动员只有做好充分准备才能实现这一跨越。

(2)训练内容包括技战术、身体素质以及心理方面。毫无疑问的是，在高级训练中，随着个人能力继续改进，存在的问题会相应减少。但从进一步向不同的技术要求转变的意义上讲，必须尝试新的训练内容，并且尽可能地体验他们的能力极限，因此，教练员需要更丰富的理论和实践知识。想要通过即兴发挥或以往的训练来进一步发展不太可能。正因为如此，在这个层面，许多年轻有天赋的运动员夭折了。

(3)模拟比赛的训练方式以及训练质量占有相当重要的地位。如果运动员已经掌握了完美的基础技术，身体训练也已经达到最高的水平，此时只能通过提高训练质量和正确的训练内容来获取进一步的发展。

四、训练计划方面的建议

针对这一阶段的网球运动员制订训练计划时，可以适当采纳以下建议。

建议不实行进一步的定向性训练计划，而是个别对待。运动员应该根据他的比赛类别和排名来组织自己的比赛计划。这个计划必须持续至少三到四周，一年两次的训练阶段，以及三到四个更长时间的恢复阶段。

需要强调的是，一味参加比赛而没有系统性的恢复，这可能在局部上会取得一些成功(比赛经验)，但是从长远来看，这意味着在实力逐渐退步以及在表现能力方面的衰减。

五、比赛方面的建议

关于这一阶段运动员参加比赛的建议，主要有以下几个方面。

(1)在青春期，高水平的少年运动员必须参加比赛，最终应该将注意力集中到同职业运动员的较量上来。那些还没有成为顶尖高手的年轻运动员必须根据他们的自身情况，参加足够多的青年比赛以获取更多的比赛经验。运动员的最终目标是在青年和成人比赛之间实现合理的匹配。

(2)每年参加 70～80 场比赛，另外再加上双打。

(3)最后要强调的是，由于运动员的实际情况不一样，所以在制定网球长期发展规划时，应该是有区别的。

第五节　职业网球运动员的培养

对网球运动而言，所谓的天才，实际上就是相对于同龄人显示出高人一等的能力或表现，体现出更多的基因方面的特征和适应环境方面的能力的年轻选手，在网球运动中能够有高质量的表现，这是运动员在职业网球运动中取得成功的基础。

网球运动员的能力和技术、一般和专门的协调技能，在学习上、心理上、智力上以及在网球相关领域上的出色表现，在一定程度上依赖于运动员的天赋。如果预料到运动员有天赋，再经高水平的教练员给予充分的关注和调教，那么他们获得成功，只要几年的时间可能就能实现了。

一、网球天才职业运动员案例

总体而言，在网球运动中比较关注比赛结果和排名好的小运动员，这样的选手一定是最有天赋的。的确，这样的例子很多，但并不完全正确，如德国的贝克尔和斯蒂希，两位是后期才成为顶级高手的。

(一)贝克尔

贝克尔直到 15 岁才成为德国青年锦标赛的冠军。10～15 岁时贝克尔在他那个年龄组里排在五六名之后，偏向于年龄组的后半部分。他三次参加欧洲青年锦标赛，但从未夺得过冠军，只有一次进入半决赛。然而，当他 15 岁的时候，却第一次获得了德国青年锦标赛的冠军。

(二)斯蒂希

斯蒂希 13 岁时与其说是个网球选手，不如说是个好的足球运动员，他很晚才参加德国网球协会青少年晋级赛，18 岁第一次获得德国青年锦标赛冠军，直到 19 岁才开始他的职业网球生涯。

以上两位优秀运动员在青少年时都不是成功的青年球星，但后来都获得温布尔登、戴维斯杯和另外许多的奖项。

二、网球职业运动员的培养步骤

在积极培养网球职业运动员时，需要按照以下步骤来进行，从而保证培养的科学性与可行性。

(1)在 6～12 岁年龄组的孩子里，注意基本能力的培养非常重要，这些能力包括更为敏捷的移动以及一种以玩耍的方式参与比赛。

(2)参加训练 3～6 周以后，以协调和适应能力为内容进行一次运动能力的测试。

(3)再过 2～6 个月后，运用生物力学的方法计算反应优势以及速度优势；用生理学的方法测试有氧、无氧的能力。

(4)与此同时，必须列出一个清单，通过主观和客观两个方面来检测运动员的能力。这些检测一方面反映特殊的运动能力，另一方面，检测运动员的心理和智力。心理能力表现如，雄心、愿望、坚韧、勤奋、自信、抗压能力、勇气、战斗精神、自律，以及对一个未来的顶级选手更多的不可缺少的前提条件（见网球运动员专项能力测试表）。当然，这些检测并不能很快出结果，这需要很长的一段时间，因为上面提到的许多素质只能在运动员能力上升期当中被发掘。

三、网球运动员专项测评

网球运动员的专项能力的测试表见表 4-1。

表 4-1　网球运动员专项能力测试

运动员姓名（出生日期）：　　　　　　　　　　教练员：训练年限：

测试日期：第一次测试日期：　　　　　　　　　最近一次测试日期：

专项能力测试内容		很好	较好	一般	较差	很差
1	身材条件					
2	协调技能					
3	速度					
4	力量					
5	耐力					
6	腿部移动能力					
7	技术					
8	战术					
9	运动智力					
10	学习能力					
11	成绩进步的速度					
12	雄心					
13	志愿的远大					
14	精神思想					
15	训练的勤奋水平					
16	自信					
17	对成功的渴望					

续表

专项能力测试内容		很好	较好	一般	较差	很差
18	抵抗压力的能力					
19	勇敢					
20	战斗精神					
21	预测能力					
22	注意力能力					
23	自律性					
24	场内和场外的行为表现					
25	与他人的协作和交往能力					

网球运动员对环境方面的测试表见表4-2。

表4-2　网球运动员环境方面的测试

环境方面的特别要求		很好	较好	一般	较差	很差
1	俱乐部或协会等					
2	教练员					
3	父母					
4	学校					
5	朋友					
6	离训练场地的距离					

四、职业运动员的发展

从上述内容种可以看出，天才职业运动员不是一件短期的或者是一时之间的事。事实上这是个长期的过程，在某种情况下能延续好几年。

由于资金或是其他条件的限制，应该选拔和培养那些有天赋的年轻人。只有更好而且更为理智地进行预选，才能在选材、训练和比赛成绩上获得更多的成绩。

第六节　不同年龄段的身体练习指导

网球运动员各年龄阶段身体练习的建议见表 4-3～表 4-6。

表 4-3　6～10 岁网球运动员的身体练习

练习内容	方法和手段
协调和灵敏 • 静态或动态的平衡	手眼协调：乒乓球、投掷、游戏和其他使用球拍的运动 足眼协调：其他运动项目、灵活性跑和障碍跑 节奏：跟着音乐做动作 身体协调：体操 网球：专项的移动步法 蛇形跑、老鹰抓小鸡游戏、跑后单脚急停、闭目单腿平衡
速度 • 反应速度 • 动作速度 • 移动速度（上下肢）	提高反应速度在这一年龄段十分重要，如对直观刺激的反应 看球坠落，迅速抓球 速度接力赛或其他娱乐性速度比赛
力量 • 一般力量 • 速度力量	徒手力量：爬绳、推车、俯卧撑、仰卧起坐和推拉等游戏 娱乐游戏：如单足跳、跳绳、投掷等
耐力	参加其他运动项目：简易篮球、足球、排球、舞蹈等。
柔韧	以娱乐方式向运动员传授伸展练习要领：如猫弓、狗伏等动作 教育运动员懂得做准备活动和整理活动的规范

表 4-4　11～13 岁网球运动员的身体练习

练习内容	方法和手段
协调和灵敏 • 静态或动态的平衡	其他的辅助性运动项目：乒乓球、羽毛球、篮球等 传授新的技能，一般的网球专项技能 其他运动项目和网球专项移动练习
速度	灵活性冲刺 5～10 米 开始横向移动速度训练：半圆移动训练、向单打线冲刺

续表

练习内容	方法和手段
力量 • 速度力量	使用自身体重练习，采用连续动作训练法 使用1.0～2.0千克的实心球进行练习 一般的和专项步法移动 持实心球轻微弹跳训练，以及轻微蹦跳练习
耐力	其他运动项目和网球专项耐力训练
柔韧	实施柔韧性训练计划：如传授“新的”伸展运动

表 4-5　14～16 岁网球运动员的身体练习

练习内容	方法和手段
协调和灵敏 • 静态或动态的平衡	准备活动：采用协调性动作和游戏的方式 节奏：有音乐伴奏和无音乐伴奏的韵律体操(如有氧运动) 平衡：网球专项训练，如运动员击球时必须将非击球手放在口袋里或放在背后。这样运动员失去平衡，迫使身体的其余部分比平常更加稳定
速度 • 反应速度 • 移动速度(上下肢) • 速度力量	用网球的专项动作保持速度的提高，如封网截击、来回截击、对穿越球的反应动作、在底线前接发球 网球的专项多球训练 增加弹跳训练，开始采用弹跳训练作为网球专项训练
耐力	采用其他运动项目，尤其是篮球 网球专项耐力训练，如任意变速跑
力量	负重训练，使用抗阻力小的重物，并强调技术的合理性
速度耐力	间歇训练，速度耐力训练，在游戏和网球训练中增加无氧训练 注意网球不是速度耐力运动
柔韧	实施柔韧训练计划时多做有同伴协助的伸展运动(PNF)

表 4-6 17 岁以上网球运动员的身体练习

练习内容	方法和手段
协调和灵敏	比赛中移动动作的专项训练
速度 • 移动速度（上下肢）	场内外的网球专项训练 采用抗阻力的练习
力量 • 最大力量 • 速度力量	使用多功能训练器和哑铃进行力量训练 将弹跳训练增加到极限 在联合器械上采用快速重复动作练习 使用 2～3 千克的实心球进行最大速度训练以提高爆发力 上坡冲刺跑和抗阻力跑
耐力	采用变速跑、匀速跑、连续动作训练法进行有氧耐力训练
速度耐力	采用间歇训练，上坡冲刺和场上大强度短距离冲刺，或模仿动作等进行大强度无氧训练
柔韧	坚持柔韧训练

第五章　网球运动赛前准备与赛后放松

在网球运动比赛开始前和比赛结束后，运动员分别要进行热身练习和放松练习。赛前热身是为了充分伸展身体各部位及各关节，调动机体的积极性，提高身体机能的适应性，以更快进入比赛状态，并预防运动损伤。赛后放松练习可有效消除疲劳，恢复身体机能水平。赛前热身和赛后放松都非常重要，网球教练员与运动员有必要将这两个训练内容重视起来。本章主要就网球运动赛前准备和赛后放松展开研究，内容包括网球运动装备、赛前热身练习和赛后放松练习。

第一节　网球运动装备

一、网球

国际网球联合会详细规定了网球的尺寸、重量、气压和颜色，具体介绍如下。

(1)网球的外表是用统一的纺织材料包裹的，比赛用球颜色应该是白色或黄色，用橡胶化合物制作，外表毛质均匀。如果有接缝，应该没有缝线。

(2)网球的直径为 6.35～6.67 厘米，重量是 56.7～58.5 克，球的弹力为从 2.54 米的高处自由落下时，能在硬地平面弹起 1.35～1.47 米高，球在气温为 20℃时，如果在球上加压 8.165 千克时，推进变形应大于 0.56 厘米，小于 0.74 厘米，复原的平均值为 0.89～1.08 厘米。

(3)指定网球的类型不止一种。每种网球当从 100 英寸(254.00 厘米)的高度落在一种平坦的刚性地面上(如混凝土地面)时，它的弹跳范围都应该是高于 53 英寸(134.62 厘米)而低于 58 英寸(147.32 厘米)。一般网球类型有 1 型球(快速)、2 型球(中速)和 3 型球(慢速)。

在购买网球时，应根据自己的财力、用途需要对筒装球或散装的练习球进行选择，并要注意外观、弹跳性和软硬度等方面是否符合自己。在练习和比赛过程中，尽量避免球碰到水，不用时将其放在阴凉干燥的地方。

二、网球拍

网球拍常见的类型有木质球拍、铝合金球拍、钢质球拍和合成材料球拍(由尼龙、石墨、碳素、钛等合成)。最早的网球拍全是木制的。20 世纪 80 年代以来,球拍制造中开始运用碳素、石墨等新的合成材料,球拍制造工艺有了新的突破。由于采用新材料,球拍的重量下降,击球时震动也减小,使网球技术也有了较大的改观。

目前,网球爱好者选择铝合金和碳素合成的球拍较多。铝合金球拍价格便宜、耐用,对初学者更适用。当技术水平有了一定提高时,应该选择碳素合成的球拍,有助于进一步提高球技。

(一)指标

1. 拍面

不同球拍的拍面有不同的特点,小型头拍需要有很精确的击球点,挥动灵活,击球力量集中;中型头拍打底线时球感较好,球容易控制,因此,大部分网球爱好者和优秀网球选手喜爱用中型头拍的球拍;大头拍的拍面较大,在网前截击时比较有把握,有些名牌大头拍的球拍弹性很好。

依据球拍拍面面积的大小,大致上可将网球拍分为以下几种类型。

(1)中拍面球拍。穿线面积小于 94 平方英寸。

(2)中大拍面球拍。穿线面积介于 95～104 平方英寸。

(3)大拍面球拍。穿线面积大于 105～115 平方英寸。

(4)超大拍面球拍。穿线面积大于 116 平方英寸。

目前,市场上最普遍的拍面大致在 110～115 平方英寸之间。

2. 重量

从网球技术理论来看,网拍的重量与选手的技术力量和能力有关,也就是随选手球技与能力的改变,应相应调整球拍的重量。

球拍的重量有以下几种类型。

(1)空拍 260 克以下。适合力量弱小的女士和中老年初级业余球手,使他们能轻易挥动球拍,将球打回去,但在回击硬球的时候,质量不足往往会导致球拍被球打翻。

(2)空拍 260～300 克。目前国内最流行的重量,适合力量中等的初、中级选手。

(3)空拍300～320克。适合力量中上的中高级球手使用。

(4)空拍320克以上。适合力量强大的高级球员使用。

初学者或初级水平的选手,应该选择拍头和拍身较轻的球拍,也就是拍头较宽大,拍头平圆为流线型的球拍。此类球拍可培养灵巧和球感性能,还可减少回球失误率。但此种网拍在职业选手使用中,对回球的加力和加速度等方面不尽适宜。

随着球技和力量的提高,可更换拍头稍重、拍身重量适中的中间型球拍。这种球拍通常拍面面积中等,拍头呈几何图形。这种球拍击球力量适中,回球时加速度较好。如上弦磅数适中,也能较好地配合上网截击和打出旋转方向的球,但对于击球精度不高的选手常有碰框、碰颈等失误。对于职业选手,较常使用拍头重沉、拍身坚硬的标准型球拍,且多用高磅数上线。

3. 拍长

对于网拍的长度,有两个选择标准,分别是使用者的身高、使用者追求的打法特点。通常来说,身高与网拍长度成反比。选手为弥补身高的不足,选用加长的网拍是适宜的。在技术风格的打法类型上也有底线型选手用加长拍,上网型选手用非加长拍之说法,但一旦按选手身高条件和打法类型确定网球拍的长度后,不应随便改动。

球拍长度有以下两种。

(1)27英寸(69厘米):标准长度。

(2)27英寸(69厘米)以上:加长球拍,一般认为加长球拍在球拍力量、发球威力方面会有优势,但在网前截击的灵活性较弱。

当一只球拍比较长而且头比较重的时候,不管当你第一次拿起这支球拍的感觉有多轻,它加长的长度和平衡点将使挥拍重量增加。这两点都可以增加击球的力量,但是这也会使球拍的灵活性变差。

4. 拍厚

一般认为,球拍越厚,力量越大,越不容易变形,但灵活性也越差。

5. 材质

现在是碳素球拍的时代,无论球拍添加了什么材料,碳素材料的质量和不同碳素材料相互之间搭配的设计依然是影响球拍质量的关键因素。

6. 硬度

球拍硬度的数值越高,说明球拍在受到网球撞击拍面的时候的变形越小，造成球拍本身的力量越大，但是这样的球拍击球时，力量越大球在拍面上停留的时间就越短，越少时间对球的方向进行控制。

力量小的初级球员的第一要求是把来球打回去，所以选择高硬度的威力球拍。力量大的中高级球员的第一要求是把球控制住，所以选择低硬度的控制球拍。

7. 挥拍速度与长度

如果对手回球的速度比较慢，而你的力量不强，就尽量选择挥拍速度偏慢和长度偏短的球拍；如果你的对手回球比较快速，而你的力量较强，就尽量选择挥拍速度偏快和长度偏长的球拍。

(二)选择

练习者要根据自己的实际情况选择合适的网球拍。握柄的粗细，握柄的尺寸大小选择和重量一样，选择自己觉得最舒适的尺寸。握柄如果选得太细，不宜抓紧，遇到强劲的球手容易松动，使拍面发生翻转。而太粗又容易产生疲劳，手感会降低，不易处理小球或截击球。尽量选择石墨、石墨玻璃纤维或碳性纤维材质的球拍，甚至高科技的钛合金以及超钢性碳纤维材料，它们弹性好，震动小，有利于保护手腕和手臂。

球拍性能一般体现在以下几方面。

1. 甜点

球拍上能送出稳定、有力、向着预定方向飞行的球的区域称为“甜点”。当球打在此处时，球拍是没有任何振动的。

甜点不是一个点，而是位于球拍网弦中心部位的一个区域。在这个区域里有三个具体的点，网拍中心的点是最佳手感点，中心点下方的一个点叫最强弹力点，中心点上方的一个点叫最大减震点。

2. 减震指数

减震指数表示击球时，拍子产生振动的消失能力，分 1～10 级。指数高(6～10)说明振动能迅速减弱到零。

3. 扭转抗力

扭转抗力是指当球击在拍框附近时，球拍的扭转程度。指数越高，球拍的质量越好。

4. 最佳击球区

分1～10级，指数越大，说明球击在更大范围的弦上仍能感觉良好。

5. 硬度指数

硬度指数表示击球者对球拍的感觉，分1～10级。指数低(1～4)是软性球拍，6～10级为硬性球拍。硬度指数越高，表明球拍的稳定性越好，力量越大。但是过硬的球拍会使使用者网球肘的症状加重。

三、拍弦

(一)材质

拍弦一般分为以下两种类型。

1. 天然肠衣弦

天然肠衣弦是用羊、猪、牛的小肠制作的，是绝大多数运动员公认的击球感觉最好的弦，但它的缺点是价格贵，并且容易损坏，对气温和潮湿较敏感。

2. 复合材料弦

复合材料弦的质量差异很大，它是指由各种纤维丝结构组成的弦，有空心和实心两种。复合弦寿命长，受潮湿的影响小，而且好的复合弦球感也非常不错。

现在有很多人喜欢使用子母弦，所谓子母弦就是竖弦和横弦分别使用不同材质的弦。横弦使用弹性较好的弦，大致分为复合材料弦、仿肠衣弦和肠衣弦三种。横弦使用肠衣弦的子母弦价格最高；竖弦一般使用聚酯弦，硬度比较大，不容易跑线。

(二)粗细

网球弦标准规格是根据美国金属线粗细标准规格而制定的。15标准规格的弦要比16标准规格的粗12%，16标准规格的弦要比17标准的粗11%。

(三)强度

拍弦的强度是指在球拍厂商的建议强度范围内，运动员所要求的强度。

弦本身的张弛、穿弦机的质量、穿弦者的技术等对弦的强度具有决定性的影响。

拍弦越紧，球拍控制越好，但是弹力越小；反之，拍弦松，球拍控制降低，但是弹力加大。现在有很多运动员为了获得更好的球感，使用不同强度的竖弦和横弦，一般横弦比竖弦紧大约两磅。

(四)选择

某种意义上而言，选拍弦比选球拍更重要。因为再好的球拍，如果没有好弦，就体现不出威力；而稍差的球拍，则可能因为好弦而体现出更大的威力。

耐用、好打是选弦的两个标准。目前市场上拍弦的粗细一般有 15 号、16 号、17 号、18 号四种型号。每一种型号表示一种拍弦的直径，型号数字越大，拍弦越细，重量越轻。有时候，拍弦上还有附加符号“L”，如 15 L、16 L、17 L。其中以 17 L 为例，它表示这根弦比 17 号细，比 18 号粗，介于 17 号和 18 号之间，也可以认为是 17 号半弦。

在拍弦的性能方面，一般来说，在同一种材料、同一种结构、同一种拉力的情况下，细弦球感较好，一般在 1.20～1.30 毫米范围内。细弦对于切球、削球都比较敏锐，弹力也佳，但不耐用、易断；粗弦虽然耐磨，但击球时，球的飞行距离较短，击球的感觉较迟钝，手感差一些，它一般在 1.35～1.45 毫米范围内。

现在最高级的尼龙弦采用了羊肠弦的制造方法。羊肠弦是以头发丝那么细的羊肠纤维，经过化学处理、水洗、上胶之后，卷成一股比较粗的弦，编成一条完整的弦，再加上保护膜。

四、网球服装

舒适、方便是选择网球服装的两个主要原则。如果要参加正规比赛还需符合规则要求。一般男子打网球常穿网球衫（T 恤衫），要求是短袖、翻领，下身穿网球裤。女子打网球常穿 T 恤衫、圆领短袖、背心等，显示青春奔放，下穿白色网球裙。

五、网球鞋、袜

(一)网球鞋

网球运动中有很多急停、扭转和启动动作，这些动作对踝关节和膝关节的冲击力很大。因此，一双合适的网球鞋对于提高打球质量、保护运动员具有非常重要的意义。随着科学技术发展，网球鞋做工和质量有了长足的进步。网球鞋鞋底的纹路不仅适于各种制动时与地面的摩擦，而且内垫也要有很强的支持力并具备良好的弹性。

挑选运动鞋要考虑以下几个要素。

(1)舒适度。不能太紧，一般比平常穿的鞋子大一码。

(2)稳定的支撑。便于向各个方向运动。

(3)缓冲好。便于保护踝关节和膝关节。

(4)一定的附着力。为运动员的启动和急停提供足够的摩擦力。

(二)网球袜

在打球时可穿两双袜子。鞋可能与脚形不一致，鞋与脚之间的空隙应该用棉线袜来补充。棉袜会充分保护脚底、脚趾和跟腱。纯棉质地的网球袜底部从脚趾到脚跟是加厚针织的，与脚掌皮肤的接触面柔软舒适，并能在脚与地面之间形成良好的缓冲层，减缓硬地产生的震荡。网球袜质地厚实，有些人认为在夏季打球穿着会热，其实除湿性能是球袜的重要特点，棉质网球袜加入了许多透气、吸汗的特殊纤维，可充分吸收汗液，控制湿度，保持双脚干爽。

六、网球背袋

网球背袋是网球爱好者必备的网球装备，网球拍、球等用品都可以放在背袋里。网球爱好者最好有两把同样型号的球拍，以便在比赛或练习过程中万一断弦可以马上替换球拍，因此，有一个大背袋就显得比较方便。球技比较好的网球爱好者背袋中一般带有两把以上的球拍，一只背袋最多可带六只左右的球拍。

七、减震器

减震器的作用就是减少击球时球拍的震动对手的冲击力。规则里明确指出此类东西必须装在弦与弦交叉的格式之外，规定横竖弦交错的地方是不可以安装减震器的。减震器对减少震动的确有一定作用，过多的震动会伤害手臂。通过安装减震器，对弹性过高的球拍也有改善作用。如果拉线的磅数高了，也可以通过减震片(条)调节。但加了减震片之后会影响击球感觉。

八、其他装备

除以上装备外，还有一些其他的网球装备供爱好者选择，如发带、护腕、网球帽等。

(一)头带

用来管束头发、吸汗。

(二)吸汗带

吸汗带一般有以下两种类型。

1. 皮革制成的吸汗带

防滑效果较好，但价格比较高，很少人使用。

2. 毛巾布制成的吸汗带

吸水能力较强，但汗水留在毛巾布上容易结块。

在打球的时候会出很多汗，手握球拍拍柄容易打滑。如果将吸汗带缠绕在球拍拍柄上，可起到吸汗、防滑的效果。

(三)护腕

保护腕关节的功能，在长时间打球过程中有了护腕，既可以防止腕关节运动损伤，又可以打球时擦汗。

(四)网球帽

在打网球时遮阳，也有固定头发的作用，有太阳的时候打球戴一顶网球帽很有必要。

第二节　网球运动赛前热身练习

一、线跳热身练习

网球运动员徒手热身主要采用线跳训练方法，其目的主要是活动踝关节，可以更快地适应训练中的快速移动，防止受伤。

(一)单脚左右跳线

快速地从线的一边跳到另一边,连续进行15秒练习控制身体的平衡。注意保持支撑腿稍弯曲(图5-1、图5-2)。

图 5-1

图 5-2

(二)单腿"丁"字跳

在"丁"字形状的空间中单腿跳来保持身体的平衡,通过顺时针和逆时针之间不断地变换,来提高前庭感觉(图5-3、图5-4、图5-5)。

图 5-3

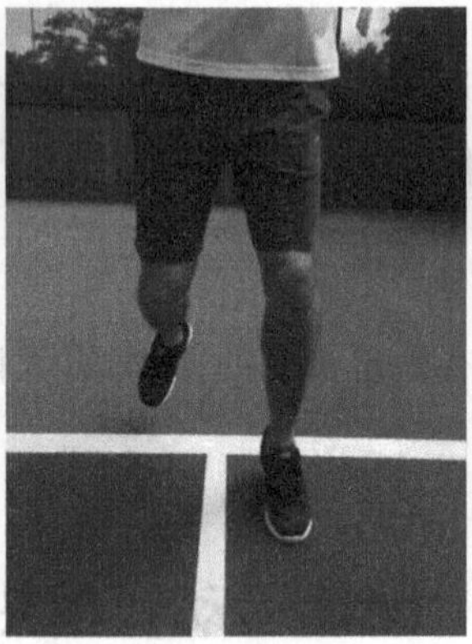

图 5-4

图 5-5

(三)单腿蹬跨跳

1. 训练目的

主要是对身体的髋膝踝等环节的肌群、韧带和软骨,以及关节处的稳定肌群产生一定的刺激。

2. 动作方法

单腿支撑站立，通过支撑腿的蹬地以及另一条腿向前、向后、向左和向右跨越出去，并通过屈膝、脚尖过渡脚跟等方式缓冲落地并且保持稳定，同时协调双手带动以及维持平衡。

左右跳，如图 5-6、图 5-7 所示。

图 5-6

图 5-7

前后跳，如图 5-8、图 5-9 所示。

图 5-8

图 5-9

(四)脚尖走(提踵走)

1. 训练目的

主要是对踝关节背曲的动态拉伸,有利于增加活动幅度,减少训练过程中出现损伤。

2. 动作方法

用脚尖接触地面放松走,尽量将身体中间提到最高,即使踝关节的背曲达到最大幅度(图 5-10、图 5-11)。

图 5-10

图 5-11

(五)后脚跟走

1. 训练目的

主要是对跟腱以及小腿后肌群的动态拉伸,加大踝关节活动范围,从而更好地投入训练或比赛,同时减少受伤的概率。

2. 动作方法

双脚采用脚跟着地的方式移动,加大踝关节背伸的能力。

(六)抱膝走

1. 训练目的

主要拉伸大腿后侧肌群以及臀部肌肉,活动髋关节屈曲的能力。

2. 动作方法

双手抱住一侧腿的膝盖地方,通过双手主动发力来增肌髋关节屈曲,同时将支撑腿体侧的后脚跟抬起(图 5-12、图 5-13、图 5-14)。

图 5-12

图 5-13

图 5-14

(七)抱踝走

1. 训练目的

主要拉伸大腿后侧肌群、臀肌、梨形肌等部位的肌肉。

2. 动作方法

双手抱住踝关节或者小腿稍下部位,通过双手主动向上发力加大髋关节活动幅度,同时将另一侧脚的后脚跟提起(图 5-15、图 5-16)。

图 5-15

图 5-16

(八)雁式平衡走

1. 训练目的

主要是对大腿前侧肌群、臀部肌群以及后背部肌群的动态拉伸,增加髋关节的活动范围。

2. 动作方法

单腿支撑,另一侧腿随着上半身向前弯曲而向后摆动来保持身体平衡稳定,注意动作缓慢并且移动到关节最大承受范围(图 5-17、图 5-18)。

图 5-17

图 5-18

(九)正弓步走

1. 训练目的

主要是对大腿前侧肌群和臀部肌群的动态拉伸以及增加髋关节屈与伸的活动范围,另外对膝关节和踝关节周围肌群同样有拉伸的作用。

2. 动作方法

保持前腿的膝关节角度为 90°,前腿膝盖不能超过脚尖,后腿膝盖靠近地面,上半身保持与地面垂直,两手臂侧平举保持身体平衡(图 5-19、图 5-20)。

图 5-19

图 5-20

(十)侧弓步走

1. 训练目的

主要是对大腿内侧肌群以及臀肌的动态拉伸。同时对髋膝踝各关节的肌群、韧带都有拉伸的作用。

2. 动作方法

保持前腿的大腿与地面平行，两脚尖朝向一侧，膝盖不得超过脚尖，上半身保持正直，两臂胸前平举维持身体平衡(图 5-21、图 5-22)。

图 5-21

图 5-22

(十一)搬脚尖走

1. 训练目的

主要是对大腿、小腿后侧肌群、跟腱、臀部以及脊柱两侧肌群的动态拉伸,增加了身体后侧链肌群、韧带、肌腱的伸展能力。

2. 动作方法

两腿保持直立状态,用双手搬住前脚的脚尖,同时保持后脚跟着地,后脚脚跟不得离开地面。两脚前后的距离大约为一个脚掌的距离(图 5-23、图 5-24)。

图 5-23

图 5-24

(十二)俯卧撑侧展

1. 训练目的

主要是使上肢更多的肌纤维参与收缩,如肱三头肌、三角肌以及胸肌等,同时发挥核心力量以及核心的控制作用,增加肩关节的活动范围。

2. 动作方法

在完成一个基础的俯卧撑之后紧接着做一个一侧手臂抬高并指向天空,同时头部转向抬高的手,保证身体是一条直线(图 5-25、图 5-26、图 5-27)。

图 5-25

图 5-26

图 5-27

3. 变换练习

(1)变换一。手臂前后支撑俯卧撑(图 5-28、图 5-29)。加强了对肩关节的活动范围以及肱三头肌、三角肌前束、后束的刺激。

图 5-28

图 5-29

(2)变换二。夹胸俯卧撑(图 5-30、图 5-31)。加强了对上肢肌肉和核心力量控制的刺激,同时注重胸肌的锻炼。

(3)变换三。击掌俯卧撑(图 5-32、图 5-33、图 5-34)。更加注重上肢爆发力的锻炼,要求快速发挥出上肢的力量。

图 5-30

图 5-31

图 5-32

图 5-33

图 5-34

(十三)面向墙壁摆腿

1. 训练目的

主要是通过弹振的方式来提高大腿的外摆和内收的幅度，增加下肢关节的活动范围。

2. 动作方法

身体面向墙壁，双手扶墙大约 1.5 倍的肩膀宽度维持身体平衡，一侧脚支撑，另一条腿在向左向右做大幅度的摆动(图 5-35、图 5-36)。

图 5-35

图 5-36

(十四)侧向墙壁摆腿

1. 训练目的

主要是发展腿向前和向后的摆动幅度以及加快关节的活动,为激烈训练做好充分的准备。

2. 动作方法

身体侧向墙壁,离墙远的一侧腿做支撑,近侧做前后的摆动,同时协调对侧的手臂前后摆动(图 5-37、图 5-38)。

图 5-37

图 5-38

二、利用球的热身练习

(一)双手抓球

1. 动作方法

两脚左右开立与肩同宽,膝关节微曲,右手体前屈臂,手心向上,用手指指跟部吻合球,将球抛起,分别在球落地前和落地后用双手抓住球(左手抛球,双手抓球)。

2. 训练要点

培养练习者的手、眼的协调能力。

(二)单手左手抓球

1. 动作方法

两脚左右开立与肩同宽,膝关节微曲,左手体前屈臂,手心向上,用手指指跟部吻合球,将球抛起,分别在球落地前或落地后用单手左手抓住球。

2. 训练要点

培养练习者的手、眼的协调能力。

(三)单手右手抓球

1. 动作方法

两脚左右开立与肩同宽,膝关节微曲,右手体前屈臂,手心向上,用手指指跟部吻合球,将球抛起,分别在球落地前或落地后用单手右手抓住球。

2. 训练要点

培养练习者的手、眼的协调能力。

(四)单人右手抛球左手接球

1. 动作方法

两脚前后或左右开立,膝关节微曲,右手体前屈臂,手心向上将球抛起,右手抛左手接球，左手接球后迅速将球给右手（5次后换左手抛球右手接球，依次类推）。

2. 训练要点

培养练习者手对球的控制能力。

（五）单人左手抛球右手接球

1. 动作方法

两脚左右开立与肩同宽，膝关节微曲，左手体前屈臂，手心向上，将球向右手抛起，球离手后右手将球接住。

2. 训练要点

培养练习者手对球的控制能力和眼部的反应能力。

（六）单人左右手抛接空中球

1. 动作方法

两手各持一球，同时将左手球抛向右边，右手球抛向左边，在空中同时用异侧手接住球。

2. 训练要点

培养练习者的自我判断能力、反应能力。

（七）单人双手抛接落地球

1. 动作方法

两脚前后或左右开立，膝关节微曲，左右手各持一球，在体前屈臂，将球同时向上抛起，落地后再用同侧手同时接住，熟练后，同时抛起在空中接住球。

2. 训练要点

抛球时球要垂直抛起，球离手时手指、手腕要略微紧绷。

(八)单人自抛90°转身接球

1. 动作方法

两脚前后或左右开立，左手将球抛向空中，分别90°转身接住落地球或空中球。

2. 训练要点

培养练习者对球的控制能力，在抛球时注意手臂平托上送。

(九)单人自抛180°转身接球

1. 动作方法

两脚前后或左右开立，左手将球抛向空中，分别转身180°接住落地球或空中球。

2. 训练要点

培养练习者对球的控制能力，在抛球时注意手臂平托上送。

(十)单人自抛360°接球

1. 动作方法

两脚前后或左右开立，左手将球抛向身后(将球向上抛起)，分别在原地转一圈后接住落地球或空中球。

2. 训练要点

培养练习者的空间感觉和手对球的控制能力。

(十一)单人自抛接球

1. 动作方法

两脚左右开立与肩同宽，膝关节微曲，右手体前屈臂，手心向上，放置两个球，先将一个球抛起，离手后再将第二个球抛起，分别在球落至腹前时用单手接住球。

2. 训练要点

培养练习者手的控制能力和眼部的协调能力。

(十二)双人抛接落地球

1. 动作方法

两人一组相距 3 米,面对面同时抛球,分别接住落地球,距离逐渐拉长。

2. 训练要点

在抛接球时保持脚部的移动。

(十三)双人抛接空中球

1. 动作方法

两人一组相距 3 米,面对面抛球,分别接住空中来球,距离逐渐拉长。

2. 训练要点

两人同时用右手抛球,抛球时手心向上并向前,在髋部将球抛向同伴,接球时用左手将球接住。并保持脚部移动。

(十四)双人护球抢球

1. 动作方法

两人一组,一人连续用手拍打球、护球,另一人去抢球、破坏球。

2. 训练要点

用身体背对破坏者尽量保护自己拍打的球,保持重心的稳定性。

(十五)拍球

1. 动作方法

左右手分别对地面连续拍打球,两手自然张开,两膝微曲。

2. 训练要点

拍击球的顶部,提高左右手平衡协调性。

(十六)目标投准

1. 动作方法

用球筐或软垫圈作为目标，直接将球投入其中，随着准确性提高，距离逐渐拉长。

2. 训练要点

在全身协调用力的基础上，通过手臂的前送动作，使球从手指抛出，保证出球的稳定性、手臂与地面的适宜用力角度，才能取得良好的效果。

(十七)对墙抛球

1. 动作方法

对墙抛球，球撞墙后不等落地，在空中分别用双手、单手将球接住。

2. 训练要点

抛球时身体重心前倾、抛球力量适中，脚步移动迅速，动作连贯。

(十八)对墙反弹地面抛接

1. 动作方法

对墙抛球，球击墙落地后先用双手接住，熟练后再用单手接住。

2. 训练要点

脚部保持移动，提高人与球的距离感。

三、步法热身练习

(一)对来球线路的预判练习

1. 动作方法

准备位置开始移动，右脚移动到来球的路线。

2. 训练要点

降低重心，快速准确地移动到来球线路上。

（二）起跳接追抛球

1. 动作方法

两人一组，面对面相距 3～4 米站立。一人直立两臂侧平举，双手各握一个网球（手心朝下），对面同伴做好起动的准备姿势（持拍击球的准备姿势）。练习时，持球者随意放开其中一个网球，同伴根据判断立即起动，在网球第二次落地前接住。练习者可以划线作为标志，根据反应效果调整两人之间的距离。

2. 训练要点

注意力集中，重心降低，快速起动，接球时站稳。

（三）交叉步

1. 动作方法

练习时要求先侧向站立，双腿与肩同宽，侧向移动过程中强调在髋关节快速扭动，以及两腿在体前快速交叉侧向移动。

2. 训练要点

练习过程注重整个身体的协调转动、用力和侧向移动路线的平直。注重发展侧向移动能力和髋关节的柔韧性。

（四）网球场左右移动计时

1. 动作方法

练习者从网球场的中线开始，首先向左滑步移动，用一只脚触及单（双）打左侧边线，折回向右侧滑步移动至单（双）打边线，练习时要求全程计时，时间越短越好（图 5-39）。

2. 训练要点

该练习以并步为主，重视移动频率及转向能力。

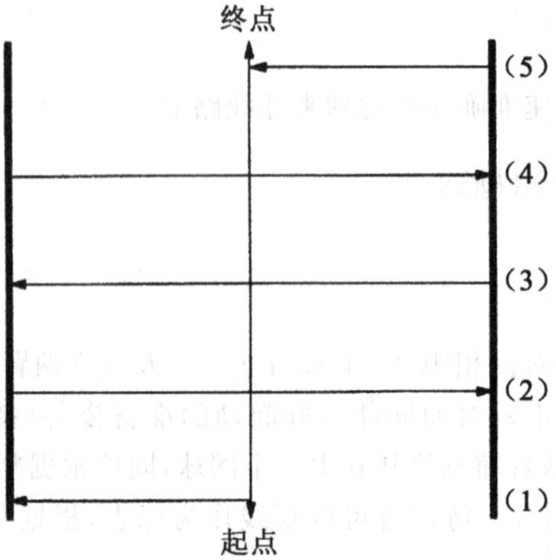

图 5-39

(五)"T"字移动计时跑

1. 动作方法

练习的起点和终点设在同一位置，练习要求全程计时，时间越短越好。练习要求先向前冲刺 10 米后，再以后退步的形式移动 5 米，然后迅速左转以交叉步的形式通过 10 米，再左转后退步移动 5 米，然后冲刺 10 米回终点(图 5-40)。

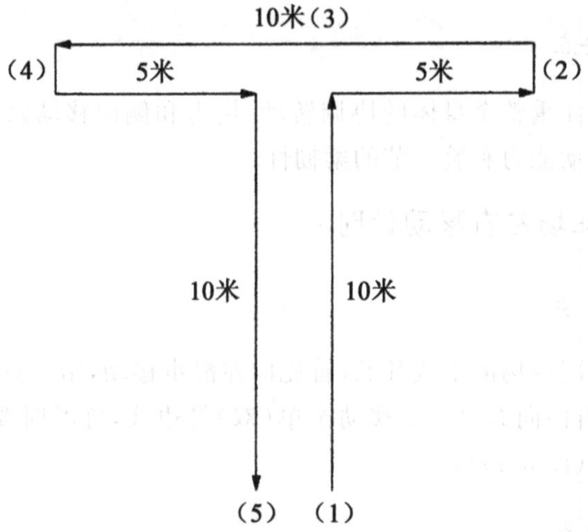

图 5-40

2. 训练要点

接近障碍物时降低身体重心、注意身体制动，主要发展变向移动及转向能力。

(六)"丁"字混合移动计时跑

1. 动作方法

身体成准备姿势，两脚前后开立，与肩同宽，从起点起跑至第一个圆圈后，快速围绕圆圈做逆时针绕圈，结束后冲刺至第二个圆圈做顺时针绕圈，然后冲刺至障碍物左(右)转至终点，练习要求全程计时，时间越短越好(图 5-41)。

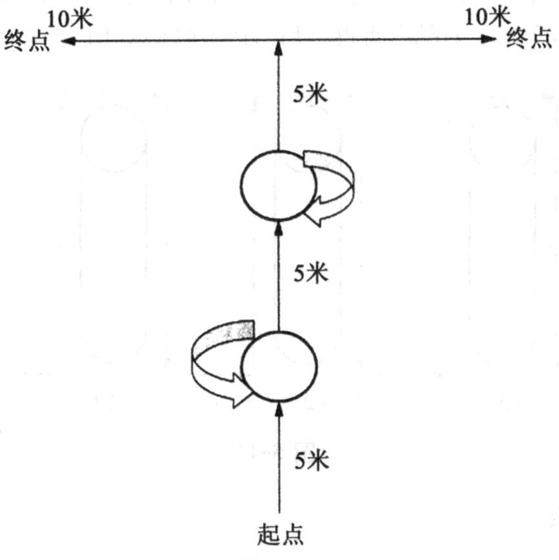

图 5-41

2. 训练要点

在绕圆圈时要靠近障碍物完整完成动作，整个练习过程注意质量。主要发展变向移动及转向能力。

(七)左右蹬跑

1. 动作方法

要求先原地进行碎步跑，当听到起跑口令时，左右脚交替向体侧蹬地。

侧方蹬地时注意蹬地时间越短越好，同时双臂协助左右用力，身体协调放松。

2. 训练要点

在做蹬地练习时，往左、右蹬地，控制前进距离。

(八)跳绳折返障碍

1. 动作方法

要求练习者在起点，手持跳绳，准备听口令。当听到口令后，练习者从起点向 5 米外的立柱 1 跳绳跑去，当跑到立柱 1 后向右折身跳绳跑 10 米至折返点转身跳绳跑到立柱 1，完成第 1 个跳绳折返跑。按照以上要求再完成向立柱 2 和立柱 3 的跳绳折返跑后，冲刺至终点(图 5-42)。

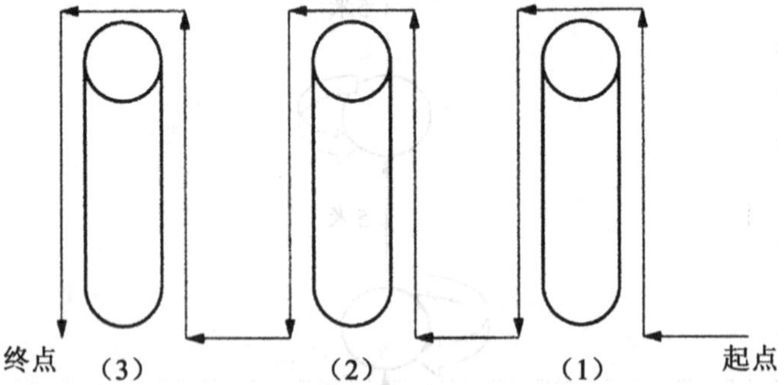

图 5-42

2. 训练要点

练习过程中注意练习质量，在跳绳跑过程中要始终保持跳绳状态完成折返跑。在练习过程中，如果有跳绳间断的情况发生，要先调整，开始跳绳后才可以继续进行练习，否则判犯规。

该练习涉及练习者的综合灵敏和协调能力，所以在完成练习时既要完成跳绳又要保持一定的速度，动作快速，轻盈协调。

(九)高抬腿跑格

1. 动作方法

两臂以肩为轴，屈臂 90°前后摆动，上体保持正直，大腿高抬，大腿与身体成直角，支撑腿充分；腿积极向前上摆到水平并稍稍带动同侧髋向前，大小腿尽量折叠；在抬腿的同时另一腿的大腿积极下压，至腿足前掌着地，重心要提起，用踝关节缓冲。

2. 训练要点

两脚平行将大腿抬起与髋同高，后腿蹬地打直，两腿交换的频率速度要快。练习时要求高重心、快频率。

(十)侧向前交叉跑格

1. 动作方法

要求练习者侧对移动方向，先在方格 1 原地做数次高抬腿后，右腿交叉左腿迈入方格 2，当右脚落地瞬间左脚立即迈入方格 3，当左脚刚落地，右脚即刻交叉左脚迈入方格 4，完成后续练习。当技术动作熟练后，以最快速度侧向交叉跑完每个方格，跑的过程要求每一步都呈现两腿交叉，并踏在相应的方格内。

2. 训练要点

练习时要求快频率，摆臂自然放松，身体保持良好协调性。当向一侧练习完成后，再向相反方向完成另外一侧的侧向高抬腿交叉方格练习，动作要求同前。

(十一)侧向高抬腿跑格

1. 动作方法

要求练习者侧对练习方向，在原地做数次高抬腿后，左腿侧向高抬腿迈入方格 1，当左脚落地瞬间右脚立即高抬腿迈入方格 1，当右脚落地瞬间，左脚即刻高抬腿迈入方格 2，然后右脚即刻高抬腿跟上迈入方格 2，按照以上要求完成后续练习。

2. 训练要点

侧向高抬腿跑的过程要求每一步踏在相应的方格内，并保持高重心，快频率，摆臂自然放松，身体保持良好协调性。当向一侧练习完成后，再向相反方向完成另外一侧的侧向高抬腿交叉跑格练习，动作要求同前。

(十二)格间快速双脚跳

1. 动作方法

练习者面对软梯,然后双腿跳入方格 1,落地后即刻跳入方格 2、方格 3、方格 4,依次完成后续方格练习。练习时要求跳入每一个方格时踝关节快速发力,着地时间短促,摆臂自然放松。

2. 训练要点

双腿跳后,用脚尖点地,落地后快速弹起,动作连贯,控制好身体重心。

(十三)双脚分腿垫步跳

1. 动作方法

练习前双脚置于软梯两侧,然后两脚蹬地迅速并拢双膝弯曲向前上方跳入方格 1 中,当双脚着地瞬间,立即左右分开置于灵敏梯(软梯)两侧,然后立即并拢跳入方格 2。用前脚掌落地,依次并拢——分开——并拢——分开向前垫步跳。按照以上要求以最快速度跳完每个跑格,练习时要求快频率,动作自然放松,身体保持良好协调性。随着能力提高,可以采用单腿着地进行以上练习。

2. 训练要点

分腿垫步是移动中急停所需要的一项重要动作,模拟前移中分腿垫步的使用,希望这项练习能帮助你在上网过程中养成分腿垫步击球的良好习惯。练习时,保持起跳节奏,由慢到快。

(十四)软梯侧向碎步移动

1. 动作方法

练习时面对终点方向,从起点迈入右腿后左腿立即跟上进入梯子,然后右腿再到梯子外后左腿碎步跟上,完成第一个右侧向移动。左侧用左腿碎步进入后右腿跟上完成左侧向移动,以此类推完成后续练习(图 5-43)。

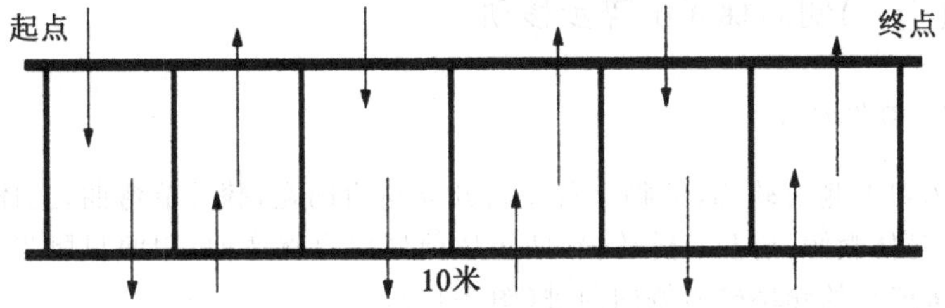

图 5-43

2. 训练要点

练习要求全程用前脚掌着地，碎步快速侧向移动，时间越短越好。

(十五)小碎步前进加上步移动

1. 动作方法

两脚平行左右开立与肩同宽，膝关节弯曲，上体保持挺直，身体微倾，肩和双臂放松，两手体前屈臂自然弯曲，用两只脚尖点地连续两次后换脚前进，依次类推，以尽可能快的频率碎步前进(图 5-44)。

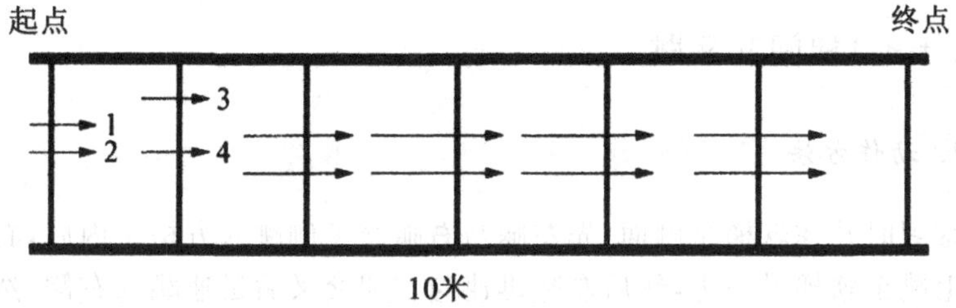

图 5-44

2. 训练要点

小碎步前进的基础上加入向前上步的动作，因为底线击球，在用碎步移动到位后要上步击球，在使用关闭式步法击球时向前上步尤其重要，决定了击球点与身体的位置必须合适，这一点对击球效果有着很大的影响，可以通过这项练习得到锻炼。

(十六)侧向梯间小碎步移动

1. 动作方法

练习者侧对软梯，两脚平行左右开立与肩同宽，膝关节弯曲，上体保持挺直，身体微倾，肩和双臂放松，两手体前屈臂自然弯曲，用两只脚尖点地，以尽可能快的频率碎步侧向前进(图 5-45)。

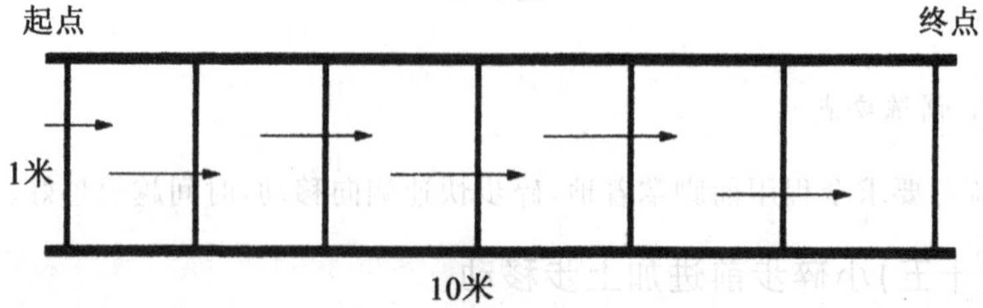

图 5-45

2. 训练要点

不同脚在侧向移动中更加细碎，在每格中两只脚都要点地一次，不是一个格子只有一只脚落地，在时间更充裕的前提下，用更精确的小碎步调整到最佳的击球位置。

(十七)梯间交叉跳

1. 动作方法

练习时站在软梯左侧面，先左腿与右腿交叉侧跳入方格 1 内后，右脚立即跟上跳至软梯另一边，然后左腿迅速与右腿交叉后迅速跳入右侧，然后右腿再次与左腿交叉跳至方格 2 内，完成第一次梯间交叉跳。以此类推，完成后续 10 个梯间交叉跳练习。

2. 训练要点

练习要求脚步轻盈，富有弹性，动作协调。

(十八)伦巴步

1. 动作方法

要求练习时面对软梯侧面，先左脚进入软梯方格 1 内后，右脚立即跟上迈入软梯另一边，然后左脚迅速左侧移动至方格2内，当左脚落地后，右脚迅速退至开始阶段软梯一侧，完成第一个伦巴步。然后左脚左移至方格3内，右脚至梯另一边，然后左脚侧移至方格4，右脚退至梯外。以此类推，完成后续10个伦巴步练习。

2. 训练要点

需要注意的是，在练习中，永远都是左脚在方格内，右脚在方格外。

（十九）蜘蛛步

1. 动作方法

练习时面对软梯侧面，先右脚进入灵敏梯方格1内后，左脚立即跟上迈入方格1，然后右脚迅速前进至灵敏梯另一侧，右后侧交叉退至方格2内，当右脚落地后，左脚迅速退至跟进，完成第一个蜘蛛步。以此类推，完成后续10个蜘蛛步练习。

2. 训练要点

降低身体重心，全程用尽可能快的碎步完成动作，动作协调有力。

（二十）斗牛步

1. 动作方法

练习时站在软梯侧面，先左腿与右腿交叉侧迈进入软梯方格1内后，右脚立即跟上至方格1内，然后迅速与左腿交叉移至左侧软梯外。当右脚落地后，左脚迅速与右脚交叉移至方格2内，右脚移至方格2内后迅速与左脚交叉移至左侧软梯外。以此类推，完成后续10个扭髋练习。

2. 训练要点

脚步灵活，频率要快。

（二十一）并腿前后跳

1. 动作方法

练习者面对练习方向，两脚并拢，双膝弯曲，向前起跳落地后迅速向后跳，动作连贯，节奏要快，控制好身体重心。

2. 训练要点

并腿前后跳，用脚尖点地，落地后快速弹起，频率越快越好，跳动距离很短，约 20 厘米，关键是脚尖落地后快速弹起。

(二十二)并腿左右跳

1. 动作方法

练习者面对练习方向，两脚并拢，双膝弯曲，沿球场上直线左右跳动，向左起跳落地后迅速向右跳，动作连贯，节奏要快，控制好身体重心。

2. 训练要点

并腿左右跳，用脚尖点地，落地后快速弹起，频率越快越好，跳动距离很短，约 20 厘米，关键是脚尖落地后快速弹起。

(二十三)蛇跳

1. 动作方法

要求练习时成半蹲状站在软梯左侧梯级间，先右转 90°至两梯方格梯级之间，再左前跳转 90°至梯右侧面梯级之间，然后左转跳至另一梯级之间，再右转跳至左侧梯级之间，以此类推，完成后续 10 个蛇跳练习。

2. 训练要点

蛇跳的过程中双脚的方向分别是前——左——前——右——前。转体跳过程强调髋部的积极转动。

(二十四)并腿快速跳

1. 动作方法

练习者面对练习方向，两脚并拢，双膝弯曲，向右前方起跳——落地后迅速向左侧跳——再向右后侧方向跳——向左还原跳(也可往顺时针或逆时针方向跳)，动作连贯，节奏要快，控制好身体重心。

2. 训练要点

双腿用脚尖点地，落地后快速弹起，频率越快越好，跳动距离很短，约

30 厘米，关键是脚尖落地后快速弹起。

(二十五)六边形双脚跳

1. 动作方法

练习者站在六边形的外延，沿一定的方向，双腿微曲，做准备姿势。前脚掌落地，快速向内外前后移动，或前后跳六边形的边长约 60 厘米。练习中身体始终面向中心方向。

2. 训练要点

提高脚步移动、改变方向和一般的协调技能。

第三节　网球运动赛后放松练习

网球运动员赛后放松练习主要采取身体肌肉静力性拉伸的训练方法，主要是为了充分放松身体各个部位与各关节，消除疲劳，促进恢复，预防损伤。

一、颈部拉伸

(一)练习一

1. 动作方法

双手叉腰站立，眼睛向前看，慢慢将你的头侧向一边，保持住。然后转另一边。肩部保持不动。

2. 训练要点

保持姿势 20 秒钟，然后换方向。

(二)练习二

1. 动作方法

两脚左右开立与肩同宽，右手抬起，头后屈臂，手掌于左侧耳朵处，向右侧拉伸。10 秒后换左侧方向，左手抬起，头后屈臂。手掌于右侧耳朵处，向左侧拉伸，左右各拉伸 10 秒。

2. 训练要点

充分伸展颈部两侧肌肉和韧带，达到放松的目的。

二、肩部拉伸

(一)练习一

1. 动作方法

右手握住左手肘部，将左手向右侧拉伸，直到左手肩膀外侧和手臂上部产生舒适的拉伸感。

2. 训练要点

保持姿势 20 秒钟，然后换手。

(二)练习二

1. 动作方法

将双肩向耳朵方向耸起，直到颈部和肩膀处产生轻微的紧张感。

2. 训练要点

保持姿势 20 秒钟，然后放松。

三、肱二头肌拉伸

(一)练习一

1. 动作方法

背朝着球场围网，将一侧的手臂上抬至肩部的高度。将肩关节向内转，拇指向下握住围网柱子(或扶墙支撑用力)。

2. 训练要点

让你的肱二头肌朝上，保持姿势 20 秒，然后换手。

(二)练习二

1. 动作方法

屈膝双膝跪地，身体前倾，手撑地手指向后对准双膝方向，肘关节伸直。

2. 训练要点

肱二头肌拉伸，保持姿势 20 秒。

四、肱三头肌拉伸

(一)动作方法

站或坐。将一侧的手臂伸向身后，尽可能地向上。同时用另一手握住一条毛巾。伸向颈后，将颈后的手臂往下伸，使下面的手能握住更多的毛巾。

(二)训练要点

保持姿势 20 秒钟，然后放松，换手。

五、手腕拉伸

(一)练习一

1. 动作方法

一只手辅助另一只手做伸的动作，伸到幅度最大位置保持不动。

2. 训练要点

保持姿势 20 秒钟，然后放松，换手。

(二)练习二

1. 动作方法

一只手辅助另一只手做屈的动作，屈到幅度最大位置保持不动。

2. 训练要点

保持姿势20秒钟,然后放松,换手。

六、背部拉伸

(一)上背部拉伸

1. 动作方法

站在一条水平横杠或一面墙前,双脚与肩同宽,手臂,腿和背部挺直,身体从髋关节处向前弯曲。双手握住横杠,呼气,身体向下压。

2. 训练要点

保持姿势20秒钟,然后换侧面拉伸。

(二)下背部拉伸

1. 动作方法

单足着地,把被拉伸的腿放在另一微曲的腿部膝关节上方,双手触摸地,也可单手扶一固定物。

2. 训练要点

注意控制身体平衡,拉伸下背部及背部肌肉。

七、腰部拉伸

(一)练习一

1. 动作方法

两脚开立与肩同宽,全身放松,双手胸前屈臂十指交叉,手心向前伸直手臂,手臂向上举起,手心向上,尽量往上伸展。

2. 训练要点

充分伸展两侧肌肉和韧带,达到放松的目的。

(二)练习二

1. 动作方法

左腿向左侧成跨步,一条腿伸直,另一条腿屈膝,身体向一侧弯曲,但不要前倾,尽量打开,控制在一个平面上。

2. 训练要点

手臂伸直,尽量拉伸肌肉,达到放松的目的。

(三)练习三

1. 动作方法

背靠墙壁,慢慢将上半身向后转,直到双手触摸墙壁。头部应转向前方,增加拉伸感。保持身体放松,维持 20 秒钟。另一边也做一次。

2. 训练要点

保持姿势 20 秒钟,然后换方向。

八、胸部拉伸

(一)练习一

1. 动作方法

站立,十指交叉放在颈后部,轻轻打开手臂,扩胸至最大位置。

2. 训练要点

保持姿势 20 秒。

(二)练习二

1. 动作方法

跪在地板上,面朝一张椅子或长凳,将你的前臂交叉在头顶上,身体向前屈,使前臂靠在椅子或长凳上,让你的头部低于这个平面。然后将你的头部和胸部往下降至最低处保持。

2. 训练要点

保证你的前臂互相平行。双手握住肘关节。保持姿势 20 秒，然后放松。

九、脊柱拉伸

（一）练习一

1. 动作方法

（小猫姿势）用手支撑双肩，跪趴在地板上。吸气，向上向前拱起后背，同时也移动你的前胸和头部。呼气，慢慢地收回后背和头，做这个动作就像一只被激怒的猫。

2. 训练要点

调整好呼吸，抬头时前胸下沉，塌腰。

（二）练习二

1. 动作方法

双膝弯曲跪在地板上，两脚背接触地面，上身坐在脚跟上，呼气，身体向前向大腿紧贴，前额着地。手臂放松并放在地板上，保持 2 分钟，呼吸自然。

2. 训练要点

身体团身紧贴，拉伸脊背。

（三）练习三

1. 动作方法

两脚开立与肩同宽，双手叉腰，抬头挺胸，身体向后慢慢舒展，吸气，头部后仰，使身体得到充分拉伸。呼气，还原。

2. 训练要点

调整好呼气，身体尽量放松。

十、臀部拉伸

(一)动作方法

坐在地面上,双腿伸直在身体前方。将一条腿向内收。用同侧的手握住膝关节。用对侧的手握住小腿。将小腿部向内收,使膝关节靠近对侧的肩关节。

(二)训练要点

保持姿势20秒。

十一、大腿内外侧拉伸

(一)大腿外侧拉伸

1. 动作方法

双脚交叉,保持双腿伸直,双手向身体一侧尽量向下。

2. 训练要点

保持20秒,然后换方向。

(二)大腿内侧拉伸

1. 动作方法

靠墙坐在地面上,双腿弯曲,两脚相互接触。放在身体前面。将你的双腿尽可能地拉向你的腹股沟的最大位置,保持背部挺直。身体从髋关节处向前弯曲。

2. 训练要点

保持20秒,然后放松。

十二、大腿前部拉伸

(一)练习一

1. 动作方法

将左膝弯曲 90°,用左手将弯曲的左腿向臀部拉住,保持姿势。

2. 训练要点

保持 20 秒,然后换腿。

(二)练习二

1. 动作方法

双腿跪在地上,双手握住脚踝,身体尽量向后坐,拉伸股四头肌。

2. 训练要点

保持 20 秒,然后放松。

十三、大腿后部拉伸

(一)练习一

1. 动作方法

将一腿伸直放在网柱上,另一脚站在地上,将双手放在脑后,呼气,同时保持背部挺直,髋关节弯曲,使身体靠近大腿。

2. 训练要点

保持 20 秒,然后换腿。

(二)练习二

1. 动作方法

躺在垫子上,抬起一只腿,伸直,用双手握住小腿,向心拉到最大程度保持。

2. 训练要点

保持20秒，然后换腿。

(三)练习三

1. 动作方法

单腿支撑着地，被拉伸的腿部膝关节弯曲，双手抱膝大腿尽量靠近腹部。

2. 训练要点

被拉伸的腿部尽量上提，注意收腹。

十四、小腿拉伸

(一)练习一

1. 动作方法

对墙站立，双脚一前一后，双手靠在墙壁上，额头枕在手上。将髋部缓缓前移，后脚脚跟不能离地，拉伸小腿肌肉。

2. 训练要点

保持20秒，然后换腿。

(二)练习二

1. 动作方法

脚尖着地站在一个平台边缘上，呼气的同时，将脚跟慢慢地降到可以忍受的程度。

2. 训练要点

保持20秒，然后放松。

第六章　网球运动体能训练测评

网球运动体能训练的科学开展不仅要实现训练过程的科学管理与监控，训练测评也是科学网球运动体能训练的重要内容。通过科学严谨的训练测评，能为网球运动员和教练员提供科学有效的参考信息，为进一步完善网球运动训练提供必要的依据。同时，良好的训练效果信息的反馈还有助于增强运动员和教练员的训练自信，以更好的状态投入以后的运动训练，不断提高体能素质水平。因此，体能训练测评至关重要。本章主要就网球运动体能训练测评的相关内容进行详细解析，以为运动员科学开展网球运动体能训练提供理论与实践指导。

第一节　体能训练的测量与评价

一、体能训练测量与评价的意义

科学的训练负荷安排是网球运动训练取得良好训练效果的关键。在网球运动中，运动负荷不合理不仅收不到好的效果，相反会有害于人体的健康。因此，一定要经常对训练者的运动负荷进行科学的评价，从而达到使人控制在最适宜的运动负荷下进行身体运动的效果。

网球运动训练负荷的评价，具有以下几个方面的重要意义。

(1)全面了解网球运动员身体运动与变化的现状。

(2)深入了解网球运动训练的内容、方法与手段的可靠性和可行性，以及网球运动员的体能训练计划的客观性。

(3)为修订锻炼计划和调整运动负荷提供可靠的信息。

(4)加强身体薄弱环节的训练和提高，减少因运动负荷不适而形成的身体伤病，提高网球运动员的运动水平。

二、体能训练测量与评价的要求

(一)体能训练测量的要求

(1)坚持客观、实用及科学测评原则。

(2)要选择与网球运动的要求相符合的测量方法,组成网球训练水平的各因素也要在测量方法中体现出来。综合考虑网球运动专项特点来确定测量网球运动员的各项体能训练内容测评方法。

(3)选择简便可操作性强的测量方法。

(4)遵守严格的操作规程制定测量的规则。

(5)综合考虑运动员的身心素质,然后再对测量时间作出安排。

(二)体能训练评价的要求

(1)采用统计学的方式处理训练水平测量的各项数据。

(2)为了正确评定运动员的网球运动训练水平,要对各项测量指标进行全面深入的综合分析。

(3)对网球运动员的训练水平进行评定的标准要客观且科学。只有科学制订评定标准,才能正确判断出训练水平的高低。

(4)训练评定结果尽量用图表表示。

三、体能训练测量与评价的方法

体能训练评价的方法有很多,在训练测评实践活动中,主要是采用定量和定性两种方法进行评价,并强调二者的综合运用。

(一)定量评价

定量评价是指可以用一定计量单位进行定量描述的评价。体能训练中,对这类指标评价往往借助于使用仪器测量获取数据,并应用数理统计来制定评价标准。

定量评价客观和准确,主要方法如下。

1. 离差法

离差法具体是指利用大数量的横剖面调查资料的平均数为基准值,以标准差为离散距,分等评价身体发育水平的一种评价方法。

使用离差法，应注意所得评价指标，应呈正态分布或基本上近似于正态分布。指标呈正态分布（或基本呈正态分布）时，平均数位于正中，其余值较对称地分布于平均数的两侧。

2. 指数法

指数法指根据人体各部分之间的比例及相互关系，并借助于一定的数学公式，将两项或两项以上的指标联系起来并结合成某种指数，用以评价身体发育水平的一种评价方法。

在当前运动体能训练评价中，指数法应用广泛，是非常实用的一种方法。

3. 普通相关法

普通相关法是一种利用多个参考指标进行综合评价的一种身体发育评价方法。具体方法操作为，先用离差法（或百分位法）对身高作分等评价，再以身高为自变量，分别以体重、胸围为因变量的回归直线为基准值，以其标准估计误差为离散距，对身高、体重、胸围等各项发育指标进行综合评价。

4. 百分位法

百分位法指以大数量横剖面调查资料的中位数（即第 50 百分位数）为其准值，以其余各百分位数为离散距分等评价的方法。

5. 标准百分法

标准百分法的方法使用原理基本同离差法，只是与离差法相比，标准百分法评价的等级分更为细致和详细。

标准百分法的使用，具体应按照正态曲线下面积分布的理论，±2.5 秒包括了 98.76％的频数、±3 秒包括了 99.7％的频数。通常来说，在制订评分表时将评分表的两级分数（0～20 或 0～100 分）规定在±3 秒范围内，往往更能反映总体的实际情况。

6. 分组指数法

运动员在身体素质和运动能力方面，不同年龄、性别、身高、体重，以及同年龄、同性别中的不同个体都会存在一定差异。

在体能训练测评中，身高和体重是制定运动员能体能训练身体素质和运动能力进行评价的重要参考指标。

7. 综合评价法

评价运动员身体素质的全面发展水平,需要进行全面的综合评价。但各项目和指标的计量单位各不相同,不能简单地相加,评价必须标准化。

目前,国外通常将测验成绩转换成标准分,我国运动员体能训练评价可以借鉴。其主要有Z标准分和T标准分两种,具体如下。

(1)Z标准分:一个Z分表示一个测验成绩得分在平均数之上或之下相当于多少个标准差。Z分的平均数为0,标准差为1。Z分有可能是负数或分数。

(2)T标准分:T分为正数,小数可四舍五入为整数。在采用T标准分进行综合评价时,将各项指标的T分累加成T总分,便可对多项综合水平进行评价。

(二)定性评价

定性指标,又称“质量指标”或“软指标”,是指有确定的测量单位的指标。定性评价是结合相应的定性指标进行的测评。

定性评价的操作实施,主要是依据专家多年实践而积累的专业经验进行评价,故又称为经验评价法。由于这种方法会对评价的有效性和客观性产生一定的影响,因此常常使用以质量学思想为基础的评价方法,如质量学对质量的定量评分方法、调查研究法等。

第二节　网球运动体能训练测评基本理论

一、网球运动体能训练测评方式

(一)主观评价

主观评价的形式主要有两种,一种是自我评价,一种是教练员评价。

1. 自我评价

通过训练,运动员精神振奋,情绪高涨,能感觉到锻炼带来的身心愉快,这是训练的最佳状态,效果最好。若深感疲劳,对所练习项目有抵触、惧怕心理，不愿再进行此类练习，表明该项目锻炼效果差。处在两者之间状态，则需要进行分析，对所选项目、练习负荷进行必要的调整。通常，当天练习带来的疲劳能在当天恢复，这种练习负荷较为合适。

2. 教练员评价

教练员精心组织锻炼过程，注意观察运动员练习情况。对运动员动作技术的掌握与提高，要及时给予鼓励与表扬；对存在的错误和问题要及时指出并予纠正。

(二)客观评价

客观评价，就是采用量化的指标对训练效果进行评价。科学地掌握客观指标对于及时调整运动负荷及合理地安排运动内容具有重要的指导意义。

1. 负荷指标测评

客观评价可以用锻炼强度指数(表 6-1)来确定运动负荷强度的大小：

锻炼强度指数＝运动时的平均脉搏(次/分钟)/安静时脉搏(次/分钟)

表 6-1　锻炼负荷强度指数表

运动负荷强度	大强度	较大强度	中强度	小强度	较小强度
指数	2 以上	1.8～2	1.5～1.8	1.2～1.5	1.2 以下

研究认为，网球运动训练中，合理的运动负荷应在本人最高心率的65％～85％之间，计算方法如下：

最大运动心率＝220－年龄

合理运动负荷上限＝最大运动心率×85％

合理运动负荷下限＝最大运动心率×65％

2. 生理学指标测评

运动训练会使人体功能产生一系列变化，但即使是大运动负荷也应在2～3 天内恢复。因此，要想了解网球运动员的体能训练状况，可以通过对体能训练所引起的运动员的一些生理指标的变化来了解运动员的具体训练情况和其机体承受性、机能发展等。

结合不同的生理学指标，对网球运动员安静状态、运动时和恢复期各项身体机能的评价，网球运动体能训练的生理学测评指标主要涉及以下几种。

(1)安静状态。

①晨起脉搏、血压。运动会使人体功能产生一系列变化，但即使是大运动负荷也应在2～3天内恢复。要想对身体是否恢复进行检查，最简便的方法是在早晨起床后的基础状态下进行脉搏、血压的检查。

具体的评价标准是：如运动负荷适宜，晨脉变化不超出正常的3～4次/分钟，血压变化范围上下应在10毫米汞柱以内；但是，如果在锻炼后的几日内脉搏、血压持续上升，那么就表明运动负荷偏大，可能会引起疲劳过度，这就需要及时进行适当的调整。

要想对身体是否恢复进行检查，最简便的方法是在早晨起床后的基础状态下进行脉搏、血压的检查。具体的评价标准是：如运动负荷适宜，晨脉变化不超出正常的3～4次/分钟，血压变化范围上下应在10毫米汞柱以内；但是，如果在锻炼后的几日内脉搏、血压持续上升，那么就表明运动负荷偏大，可能会引起疲劳过度，这就需要及时进行适当的调整。

②神经系统特征指标。系统运动训练对中枢神经系统机能产生良好的影响，优秀的短跑运动员神经过程的灵活性高、反应时短；而长跑运动员神经过程的稳定性较高。此外，运动员的各种感觉器官的机能也会有所提高。

③血液特征指标。运动者血液的成分与无训练者相比无明显差异，仅仅表现在某些项目运动者的血液指标有所改变，如耐力性项目的运动者红细胞和血红蛋白数量增多，血液中某些酶的活性升高等。

④呼吸机能特征指标。一般来说，有训练的运动员呼吸肌力量较强，肺活量大，呼吸深度和肺泡通气量大，气体交换的效率高；呼吸肌耐力较好，连续5次肺活量测定值(每次间隔30秒)逐渐增大或者平稳保持在较高水平。

此外，闭气时间可用来将人体对呼吸运动的控制能力充分反映出来。闭气时间的长短与运动员训练水平有着较为密切的关系，通过运动训练，能够使人体对呼吸运动的控制能力得到有效的提高，通常情况下，优秀运动员闭气时间较长。因此，闭气也可以作为一个重要的训练效果测评指标。

⑤循环机能特征指标。运动生理学研究表明，运动对心脏形态结构和心血管机能有着较为显著的影响，主要表现为安静时心率缓慢和心脏功能性增大。优秀的耐力运动员安静时心率只有40～50次/分甚至更低，表现出明显的机能节省化现象。运动性心脏增大主要表现为心肌肥厚和心脏容积增大，并具有运动项目的专一性，力量性和耐力性项目运动员出现心脏增

大的现象较为多见,力量性运动员主要表现为心肌的肥厚,而耐力性运动员主要表现为心脏容积的增大。

训练效果评定时,常选用心率、血压和心电图等指标进行分析与评定。如清晨起床前测得的心率即基础心率(清醒、静卧、空腹状态时的心率)可了解和评价运动员身体对运动负荷的适应状况,一般随训练水平的提高而有平稳下降的趋势。

⑥骨骼特征指标。网球运动机能培养对骨骼的影响主要表现在骨密度等方面的变化。由于运动员训练水平、训练年限及运动项目有一定的差异性,骨密度亦呈现不同的变化特点。适宜的运动能够使峰值骨量得到有效的增加、随年龄增长而发生的骨质疏松得到一定的减缓。

此外,研究表明,运动员骨矿物质含量依运动等级而有所不同,而运动员骨密度随训练水平的提高而增加。由于不同运动项目对骨的刺激作用不同,所以骨密度也不相同,不同的运动负荷刺激对骨骼产生影响的途径不同,骨矿物质合成效应则不同。因此,可以通过了解骨骼状态变化来了解运动员的训练是否科学有效。

⑦骨骼肌特征指标。运动训练学研究证实,肌肉的体积增大,横断面增大,肌肉力量增加,充分表现出了运动训练对骨骼肌的影响。运动负荷、训练状态及抗氧化剂的补充等因素能够对肌组织抗氧化能力的运动性适应产生一定的影响。大多数研究证实,运动负荷大、训练状态良好以及抗氧化剂的外源性补充(如维生素 E、C 等)都对机体抗氧化能力能够产生较为积极的影响。

(2)训练期和恢复期。在训练期和恢复期,网球运动员的身体各个方面机能所表现出来的特征有一定的差异性,其主要表现为对定量负荷的反映特征和对极限负荷的反映特征两个方面,具体如下。

①对定量负荷的反应特征。定量负荷是一种限定运动强度(一般低于亚极限强度)和运动时间的运动实验条件下的负荷。联合机能试验、哈佛台阶试验、PWC170 试验等都是常用的定量负荷试验。具体来说,对定量负荷的反应特征主要表现在两个方面,一个是肌肉活动高度协调,一个是心肺机能变化较小,具体如下。

肌肉活动高度协调:肌电图研究显示,在完成相同的定量负荷时,有训练者肌肉活动程度较小,主动肌、对抗肌和协同肌之间高度协调,肌电振幅和积分值较低,且放电节律清晰,动作电位集中并发生在动作时相,在相对安静时动作电位几乎完全消失。表明有关中枢的活动高度协调。

心肺机能变化较小:有训练者完成定量负荷时心肺机能的变化较小,心率和心输出量较无训练者低，心率增加的幅度较小，而每搏输出量增加较多；呼吸深度大，呼吸频率较慢。无训练者主要是靠加快心率和呼吸频率来增大每分心输出量和肺通气量。

②对极限负荷的反应特征。极限负荷状态下的运动训练，训练负荷对网球运动员的机体机能要求较高，要求运动员必须充分发掘自身潜力，使相关的各器官系统机能达到最高水平。相较于无训练者来说，优秀运动员的生理功能水平高，机能潜力大，表现出非凡的运动能力和对极限负荷的适应能力。

网球体能训练实践中，通常选择极限负荷运动时的生理指标如最大摄氧量、氧脉搏、最大氧亏积累、最大做功量等指标对训练效果进行评定，具体如下。

氧脉搏：氧脉搏指每搏输出量中所摄取的氧量，也就是每分摄氧量与心率的比值。它是能够将心脏工作效率充分反映出来的有效指标。研究表明，优秀耐力运动员在极限负荷运动心率达180～190次/分时，摄氧量可达最大摄氧量的90%～100%，氧脉搏平均达23毫升，相当于安静时的6倍。当心率进一步增加时，氧脉搏有下降的趋势。因此，优秀运动员表现出较高的氧脉搏而非过高的心率水平。由此可以看出，运动训练能够有效增强机体氧运输系统功能，提高心脏工作效率。

最大氧亏积累(MAOD)：个体从事极限强度运动时(一般持续时间2～3分钟)，完成该项运动的理论需氧量与实际耗氧量之差，它是衡量机体无氧工作能力的重要标志。

最大摄氧量：最大摄氧量是能够将心肺功能充分反映出来的综合指标，最大负荷运动时无训练者只有2～3升/分钟，而优秀运动者可高达5～6升/分钟。

最大做功量：受测试者在递增负荷达极量时所完成的功。相比无训练者来说，有训练经验的网球运动者的最大做功量和做功效率要明显高出许多。

二、网球运动体能训练测评指标

网球运动训练效果测评的指标有很多种，其中，形态指标和机能指标是网球运动训练效果测评中较为常用的指标。

(一)形态指标

形态指标主要包括身高、体重、身体各部位围度。

运动训练表明，长期科学参加网球运动训练的运动员身体各部位围度都会有所变化，而且整个体形形态会有显著变化。

（二）机能指标

网球运动训练效果测评的机能指标主要有心律、肺活量、最大摄氧量、血压等几个方面，这些机能指标也是网球运动体能训练客观评价中的重要参考指标，对其中的几项重要指标简单介绍如下。

1. 肺活量

肺活量是表现个体机能水平的重要生理指标，具体是指最大深吸气后，再做最大呼气时所呼出的气量。

正常成人肺活量的平均值，男性为 3 500～4 000 毫升，女性为 2 500～3 500 毫升。有很多因素会对肺活量的大小产生影响，如个体差异、体位等，因此在测定肺活量时，应取站立位面对肺量计。

经常参加网球运动体能训练的运动员的肺活量要比正常成人的肺活量更大。女子网球运动员的肺活量可超过正常男性成人的肺活量。

2. 最大摄氧量

当人体进行长时间的剧烈运动时，每分钟摄氧量达到的最高水平，称为最大摄氧量。对心肺功能进行测评，对人体的最大摄氧量进行测量是精确的方法之一。

最大摄氧量有两种表示方法：绝对值和相对值。最大摄氧量的相对值更能反映人体的摄氧能力。目前研究人员设计了许多种简便易行的测评方法，其中台阶试验是较为普遍的一种方法。

3. 心率

心率指心脉每分钟跳动的次数。正常成年人的心率为 60～100 次/分钟。心率可用听诊器在心脏表面直接测定，也可用其他仪器测定，有时也可用脉搏次数表示，脉搏可在桡动脉、颈动脉和足背动脉直接测定。

在网球体能训练中，可以通过运动员的心率测定来判断其运动训练负荷是否科学合理，并可为调节运动负荷提供数据参考。

4. 血压

血压指流动的血液对血管壁的侧压力，一般常指动脉血压。血压值随心动周期的变化而有不同。动脉血压的最高值为收缩压，正常值为 100～120 毫米汞柱，最低值为舒张压，正常值为60～80毫米汞柱。

在网球运动体能训练中，对运动员的血压测定主要有两种方法，即使用血压计和听诊器，前者操作更便捷，因此使用更多。

第三节　网球运动体能训练测评的具体操作

网球运动体能训练对于网球运动员的身体成分、机体适能、身体素质等具有多方面的影响，通过对网球运动员的不同身体变化的生理指标的测评，可以了解网球运动员的体能训练效果和运动员对当下体能训练的适应度。网球运动体能训练的多方面测评具体操作解析如下。

一、网球运动员柔韧素质测评

柔韧素质主要体现的是关节活动幅度的大小和跨过关节的肌肉、肌腱、韧带等软组织的伸展性。这两个方面对柔韧水平的影响非常大。其中，决定关节的活动幅度的主要因素是关节本身的装置结构；跨过关节的肌肉、肌腱、韧带等软组织的伸展性，柔韧素质受遗传因素影响较大，人体的柔软度会随着年龄的增大而降低，但经常做伸展练习可保持身体良好的柔软度，可以通过后天的训练得到改善。

柔韧性对运动具有重要的作用，提高柔韧性能降低肢体动作超出正常范围时引起的损伤。人体具有良好柔软度，肢体与躯干的活动范围较大，肌肉不易拉伤，关节不易扭伤。如果柔软度不好，将会造成姿势不良的问题，如腰背痛及肩颈疼痛等。

在网球体能训练的柔韧素质训练效果测评中，运动员关节的结构与关节周围肌肉、韧带、皮肤与脂肪等软组织的伸展性与弹性是柔软度测量评价的内容。柔韧素质的测评方法有很多，具体如下。

（一）坐姿伸手

腿后肌群和腰部的柔韧水平，是反映躯干后下部分和腿部后方的柔韧性。躯干后下部分和腿部后方的柔韧性不仅有助于身体的伸展，更有助于身体的转动，确保在击球时有更大的伸展幅度和范围，并防止运动的损伤（表6-2）。

表 6-2　躯干后下部分柔韧性测试方法

测试设备		测量杆,坐姿伸手箱			
测试程序和方法		1. 运动员坐在地板上,双腿往前伸,确保膝关节后部着地			
		2. 两手向前展开,手臂向前伸,使食指接触所用的坐姿伸手箱			
		3. 教练员不让运动员身体回缩,使运动员身体保持伸展			
测试结果		1. 测量脚趾到手指尖的距离,记录几次测试中的最好结果			
		2. 如手指伸展范围超过脚趾,测量数据为正数;如手指伸展范围没有超过脚趾,测量数据为负数			
标准		优秀	良好	一般	需要提高
男	青少年	＞10 厘米	10～5 厘米	5～2 厘米	＜2 厘米
	成年	＞7 厘米	7～2 厘米	2～0 厘米	＜0 厘米
女	青少年	＞20 厘米	20～17 厘米	17～12 厘米	＜12 厘米
	成年	＞15 厘米	15～10 厘米	10～5 厘米	＜5 厘米

(二)腿部后群肌测试

运动员击球中的急停、启动、跑动和跳跃都需要大腿后群肌的力量来完成,这部分肌肉紧张或僵硬可能导致在快速运动中的身体损伤。该测试即测试这部分肌肉的柔韧性(表 6-3)。

表 6-3　腿后群肌柔韧性测试方法

测试设备	量角器、训练台		
测试程序和方法	1. 运动员仰卧在训练台上,将一条腿提起,保持膝关节伸直		
	2. 测试员一手放在髋部,压住骨盆,同时另一只手将腿抬起,直到腿后群肌有紧绷的感觉		
测试结果	1. 另一名测试员以腿的侧面和躯干的侧面分别作为边线,量角器与两臂对齐,测量量角器与髋部的夹角		
	2. 记录一次测试的成绩		
标准	优秀	良好	需要提高
男	＞78°	78～72°	＜72°
女	＞83°	83～76°	＞76°

(三)髋关节屈肌柔韧性

大腿在身体前交叉转动时，力量来源于髋关节屈肌，网球运动员中许多高水平的运动员这部分肌肉特别紧张。髋关节屈肌和股四头肌的紧张常常引起躯干后下部分的功能丧失以及减小下肢的力量和移动能力(表 6-4)。

表 6-4 髋关节屈肌柔韧性测试方法

测试设备	训练台，量角器
测试程序和方法	1. 运动员仰卧在训练台上，身体和头部始终和台面接触，两条大腿的部分在台面，小腿悬在台面下
	2. 抱住双腿(屈膝)到胸前，膝关节靠近胸部，随后放下一条腿悬在台下面
	3. 抱紧一条腿并靠近胸部，另一条腿的大腿贴在台面上
	4. 髋关节伸展。如果髋关节不能伸展则说明髋关节缺乏柔韧性。为了给其一个定量，可以用量角器测量大腿和脊柱之间的角度。为了测量大腿前面股直肌的长度和柔韧性，在髋关节不屈和大腿不抬离台面的情况下，尝试弯曲膝关节微 90°，测试过程中保持大腿不要靠近胸部
测试结果	测量大腿和脊柱之间的角度来判断柔韧性

(四)髋部转动

下面的测试显示髋关节的屈、内收和外转的能力。由训练有素的专家来监控。缺少髋部旋转会影响网球运动员在击球时把力量最大限度地从下肢转移到上肢。髋部旋转肌肉是髋关节的重要稳定器，由于网球的多方向运动，使它变得非常紧实。提高这些肌肉的柔韧性有助于防止髋部扭伤，提高在场上的整体髋部运动。调查表明，网球运动员髋部两侧具有同样的运动(伸展)幅度，才能使表现力最大限度地发挥出来(表 6-5)。

表 6-5 髋部转动测试方法

测试设备	训练台，量角器
测试方法和程序	1. 运动员仰卧在训练台上
	2. 测试人员在每条腿的膝部用笔圈起来
	3. 运动员把一条腿的踝部置于另一条腿的膝上，弯曲，旋转髋部

续表

测试设备	训练台，量角器
测试方法和程序	4. 放松髋部，测量膝部外侧边缘和台面的距离
	5. 在另一条腿上重复这个测试
测试结果	下肢双边对称

(五)股四头肌的柔韧性

此项测试应该由训练有素的专家来监控(表 6-6)。股四头肌是大腿前方最大的肌肉，是大腿伸直和膝关节屈的动力。良好的股四头肌柔韧性会降低运动损伤的风险，并提高躯干下部分的活动范围。

表 6-6 股四头肌柔韧性的测试方法

测试设备	训练台，量角器
测试方法和程序	运动员俯卧在训练台上，一条腿的膝关节弯曲，尽可能使脚后跟碰到臀部
测试结果	测量大腿和小腿间的夹角，看两条腿的角度是否平衡

(六)肩部柔韧性

此项测试应该由训练有素的专家来监控。肩部的柔韧性关系着手臂环绕肩关节活动的范围，而手臂的内外旋转是防止击球期间运动损伤和发挥技术的重要保证。让上臂和身体保持 90°，内转手臂使手指对着脚尖；外转手臂使手指朝头上方；向中间转动使手指对着天花板。如果内转、外转的肌肉比以前紧张、不平衡，则肩部损伤的风险将加大(表 6-7)。大多数运动员内转的柔韧性较差。

表 6-7 肩部柔韧性的测试方法

测试设备	训练台，量角器
测试方法	1. 运动员仰卧在训练台上，上臂以 90°向外展，整个过程中肩轴保持稳定，以保证测量的精确性
	2. 肘关节弯曲 90°(手指向天花板)，这是中间的开始位置
	3. 测试员用手压住肩膀的前部，保持肩部稳定，肩从中间位置向内和向外旋转
	4. 测量两个肩的旋转角度

续表

测试设备	训练台,量角器			
测试结果	1. 用量角器测量手臂的旋转角度			
	2. 分别记录运动员执拍手臂和非执拍手臂试验数据一次			
标准	优秀	良好	一般	需要提高
	男子 11～18 岁		女子 11～18 岁	
	执拍手臂	非执拍手臂	执拍手臂	非执拍手臂
外旋	95°～105°	90°～100°	90°～105°	95°～105°
内旋	40°～50°	50°～60°	45°～55°	55°～65°

二、网球运动员灵敏与速度素质测评

灵敏与速度是指运动员在网球场范围内快速、流畅地移动并击球的能力。

(一)18 米冲刺

网球比赛平均每得失一分的时间为 5～10 秒,所以良好的爆发性移动速度至关重要。18 米冲刺是反映灵敏与速度的重要指标(表 6-8)。

表 6-8 18 米冲刺的测试方法

测试设备		胶纸带,秒表			
测试方法		1. 用胶纸带标明 18 米距离的起点和终点,运动员以左右跨步姿势站到起跑线后			
		2. 听到口令后开始测试,尽可能快地跑向终点			
测试结果		当运动员跑过终点时,记录所用的时间,选 2～3 次测试中的最好结果			
标准		优秀	良好	一般	需要提高
男	青少年	＜3.25 秒	3.25～3.35 秒	3.35～3.55 秒	＞3.55 秒
	成年	＜2.95 秒	2.95～3.05 秒	3.05～3.35 秒	＞3.35 秒
女	青少年	＜3.35 秒	3.35～3.45 秒	3.45～3.65 秒	＞3.65 秒
	成年	＜3.25 秒	3.25～3.35 秒	3.35～3.55 秒	＞3.55 秒

(二)六边形测试

网球运动需要向多个方向快速移动的能力。六边形测试可以反映运动员在面向一个方向时向前、向后和向侧面改变方向的脚步快速移动的能力(表 6-9)。在快速跳跃改变方向的同时要保持身体稳定,拥有良好的平衡能力。

表 6-9　六边形跳的测试方法

<table>
<tr><td colspan="2">测试设备</td><td colspan="4">角度计或量角器,秒表,胶纸带</td></tr>
<tr><td colspan="2" rowspan="4">测试方法</td><td colspan="4">1. 用胶纸带,在地上标识出六角形,边长为 60 厘米,每边之间的夹角为 120°,指定某个边为起跳线</td></tr>
<tr><td colspan="4">2. 运动员站在六边形里,面向起跳线,听口令后开始测试</td></tr>
<tr><td colspan="4">3. 两脚向外跳出起跳线,立即跳回六角形内,随后又立即跳出起跳线相邻的另一边,始终保持面朝前方的起跳线</td></tr>
<tr><td colspan="4">4. 按一定的方向,在六边形相邻线的内外之间连续跳,尽可能快地跳 3 圈,确保脚不能触碰边线</td></tr>
<tr><td colspan="2" rowspan="3">测试结果</td><td colspan="4">1. 沿六边形跳 3 圈,运动员跳回六边形内后,记录所用时间</td></tr>
<tr><td colspan="4">2. 规则:如触边线一次加 0.5 秒,跳错一条边线加 1 秒</td></tr>
<tr><td colspan="4">3. 最多测试 2 次,并记录最好一次的成绩</td></tr>
<tr><td colspan="2">标准</td><td>优秀</td><td>良好</td><td>一般</td><td>需要提高</td></tr>
<tr><td rowspan="2">男</td><td>青少年</td><td><12.00 秒</td><td>12.00～12.90 秒</td><td>12.90～13.40 秒</td><td>>13.40 秒</td></tr>
<tr><td>成年</td><td><11.20 秒</td><td>11.20～11.80 秒</td><td>11.80～12.60 秒</td><td>>12.60 秒</td></tr>
<tr><td rowspan="2">女</td><td>青少年</td><td><11.90 秒</td><td>11.90～12.00 秒</td><td>12.00～12.30 秒</td><td>>12.30 秒</td></tr>
<tr><td>成年</td><td><11.50 秒</td><td>11.50～11.80 秒</td><td>11.80～12.30 秒</td><td>>12.30 秒</td></tr>
</table>

(三)侧滑步

网球运动员需要向边线两侧的快速移动,一般比赛中运动员左右移动正反手击球占大多数的时间,在侧向移动中保持身体重心的稳定性非常关键。侧滑步反映运动员侧面移动的速度和灵活性(表 6-10)。

表 6-10　侧滑步测试方法

<table>
<tr><td colspan="2">测试设备</td><td colspan="4">秒表,胶纸带,网球场</td></tr>
<tr><td colspan="2" rowspan="2">测试方法</td><td colspan="4">1. 运动员面向球网,站在网球场“T”形处,一只脚站在“T”形的任何一条线上</td></tr>
<tr><td colspan="4">2. 沿着发球线侧滑步,要求一只脚接触双打的边线,并立即返回,继续滑步到另外一条双打边线,最后滑步回到起点。不许有交叉步</td></tr>
<tr><td colspan="2" rowspan="2">测试结果</td><td colspan="4">1. 当运动员通过“T”形中心处时,记录所用的时间</td></tr>
<tr><td colspan="4">2. 选取两次测试中的一次最好成绩</td></tr>
<tr><td colspan="2">标准</td><td>优秀</td><td>良好</td><td>一般</td><td>需要提高</td></tr>
<tr><td rowspan="2">男</td><td>青少年</td><td><6.0 秒</td><td>6.0～6.80 秒</td><td>6.80～7.20 秒</td><td>>7.20 秒</td></tr>
<tr><td>成年</td><td><5.50 秒</td><td>5.50～5.60 秒</td><td>5.60～5.80 秒</td><td>>5.80 秒</td></tr>
<tr><td rowspan="2">女</td><td>青少年</td><td><7.0 秒</td><td>7.0～7.20 秒</td><td>7.20～7.50 秒</td><td>>7.50 秒</td></tr>
<tr><td>成年</td><td><6.50 秒</td><td>6.50～6.70 秒</td><td>6.70～6.90 秒</td><td>>6.90 秒</td></tr>
</table>

(四)蜘蛛形跑

快速起动和急停,瞬间改变方向并快速向各个方向移动是网球运动员最重要的运动能力。蜘蛛形跑测试可反映网球运动员这些移动能力的水平(表 6-11)。

表 6-11　蜘蛛形跑测试方法

<table>
<tr><td>测试设备</td><td>秒表,5 只网球,胶纸带,网球场地</td></tr>
<tr><td rowspan="3">测试方法</td><td>1. 在端线后方,用胶纸带标识出边线为 30 厘米长的正方形,用以放置网球</td></tr>
<tr><td>2. 在两个边线和底线交接处,两个边线和发球线交接处,T 位置各放一只球</td></tr>
<tr><td>3. 运动员听口令后快速跑动,按一定顺序,尽快将球取回放在正方形内</td></tr>
<tr><td>测试结果</td><td>测试员在最后一个球被放进正方形后,记录两次测试中的最好结果</td></tr>
</table>

续表

标准		优秀	良好	一般	需要提高
男	青少年	<15.20 秒	15.20~15.40 秒	15.40~16.00 秒	>16.00 秒
	成年	<14.70 秒	14.70~15.10 秒	15.10~15.50 秒	>15.50 秒
女	青少年	<17.35 秒	17,35~18.10 秒	18.10~18,35 秒	>18,35 秒
	成年	<17.00 秒	17.00~17.10 秒	17.10~17.30 秒	>17.30 秒

三、网球运动员爆发力测试

(一)前抛实心球

网球击球或发球都需要由下向上的力量传递，所以脚蹬地对网球击球的力量有很大的影响。人蹬地有多大的力量，地面就会反作用给人多大的力量。无论是前抛还是后抛，都可以体现脚蹬地，下肢传递力量的效果。前抛实心球的测试方法见表 6-12。

表 6-12　前抛实心球的测试方法

测试设备		卷尺，2.7 千克实心球，胶纸带			
测试方法		1. 运动员站在起始线后，面向前，两手举起实心球，并高过头顶，尽可能快地将球投向前方			
		2. 在投掷以前，可以向前迈一步，但脚不能越过起始线			
		3. 抛球角度最好是前上方 40°~45°			
测试结果		观察实心球的落点，测出投掷的距离，记录两次测试中最好一次的成绩			
标准		优秀	良好	一般	需要提高
男	青少年	>8.3 米	8.3~6.8 米	6.8~5.2 米	<5.2 米
	成年	>10.5 米	10.5~8.9 米	8.9~7.1 米	<7.1 米
女	青少年	>6.8 米	6.8~5.5 米	5.5~4.3 米	<4.3 米
	成年	>7.1 米	7.1~5.8 米	5.8~4.6 米	<4.6 米

(二)后抛实心球

后抛实心球的测试方法见表 6-13。

表 6-13 后抛实心球的测试方法

测试设备		胶纸带,2.7 千克实心球,卷尺			
测试方法		1. 运动员站在起始线后,面向后,两手将实心球举起,举到面前,在腰部的位置			
		2. 屈膝蹬地,背部保持平直,两臂用力向后上方抛实心球			
		3. 抛球角度最好是后上方 45°			
测试结果		观察实心球的落地点,测出投掷距离,记录两次测试中最好一次的成绩			
标准		优秀	良好	一般	需要提高
男	青少年	>12.6 米	12.6~9.8 米	9.8~7.1 米	<7.1 米
	成年	>14.1 米	14.1~11.7 米	11.7~9.5 米	<9.5 米
女	青少年	>9.5 米	9.5~8.0 米	8.0~6.5 米	<6.5 米
	成年	>10.5 米	10.5~8.3 米	8.3~6.1 米	<6.1 米

(三)正手侧投实心球

网球击球不仅需要脚蹬地,完成力量从下向上的传递的过程,同时还需要身体的转动,力量从后向前传递的过程。正手和反手侧投实心球可以很好地反映这样的力量传递协调链的规律,将全身的力量结合并发挥出来。无论正手还是反手抛球练习或测试,都要模仿击球的动作,体验用力的感受。正手侧投实心球测试方法见表 6-14。

表 6-14 正手侧投实心球的测试方法

测试设备	卷尺,2.7 千克实心球,胶纸带
测试方法	1. 运动员站在起始线后,面向前,用两手将实心球举到面前,两手伸开
	2. 模仿网球正手击球动作,将实心球投掷到尽可能远的地方
	3. 抛球前可向前迈出一步,集中力量将实心球抛出,但抛球后脚不能越过起始线

续表

测试设备		卷尺,2.7 千克实心球,胶纸带			
测试结果		记录两次测试中最好一次的成绩			
标准		优秀	良好	一般	需要提高
男	青少年	>11.1 米	11.1～8.9 米	8.9～5.8 米	<5.8 米
	成年	>12.9 米	12.9～10.8 米	10.8～8.6 米	<8.6 米
女	青少年	>8.9 米	8.9～7.4 米	7.4～5.8 米	<5.8 米
	成年	>9.8 米	9.8～8.0 米	8.0～6.1 米	<6.1 米

(四)反手侧投实心球

反手侧投实心球的测试方法见表 6-15。

表 6-15　反手侧投实心球测试方法

测试设备		卷尺,2.7 千克实心球,胶纸带			
测试方法		1. 运动员站在起始线后,面向前,用两手将实心球举到面前,两手臂伸开			
		2. 用单手或双手在反手位将球投出,投掷到尽可能远的地方			
		3. 允许向前迈出一步,集中力量将实心球抛出			
测试结果		记录两次测试中最好一次的成绩			
标准		优秀	良好	一般	需要提高
男	青少年	>10.1 米	10.1～8.3 米	8.3～6.5 米	<6.5 米
	成年	>12.9 米	12.9～10.5 米	10.5～8.0 米	<8.5 米
女	青少年	>8.9 米	8.9～7.4 米	7.4～5.2 米	<5.2 米
	成年	>9.5 米	9.5～7.7 米	7.7～5.5 米	<5.5 米

(五)纵跳摸高

爆发力是力量和速度的结合。网球技术需要向各个方向快速变向移动,需要良好的爆发力水平,所以下肢的力量至关重要。纵跳可以反映下肢的爆发力。测试方法见表 6-16。

表 6-16　纵跳摸高的测试方法

测试设备		量尺			
测试方法		1. 运动员侧向靠墙站立，举起手臂越过头顶，手指张开，尽可能高地触摸高点，同时不能抬脚跟，记录下高度，作为站立摸高的高度			
		2. 运动员靠量高器侧身站立，用力纵跳，用一只手尽可能高地触摸最高点，记录跳跃高度			
		3. 运动员可测试两只手触摸的高度			
测试结果		1. 站立摸高和跳跃摸高之差为运动员的最后成绩			
		2. 记录两次测试中最好一次的成绩			
标准		优秀	良好	一般	需要提高
男	青少年	>69 厘米	69～56 厘米	56～43 厘米	<43 厘米
	成年	>71 厘米	71～66 厘米	66～53 厘米	<53 厘米
女	青少年	>56 厘米	56～43 厘米	43～33 厘米	<33 厘米
	成年	>52 厘米	52～41 厘米	41～30 厘米	<30 厘米

四、网球运动员肌肉力量和耐力测试

(一)仰卧起坐测试

在网球运动中，每一击球都需要腰腹部肌肉的收缩来完成力量的向上传递和向前传递。仰卧起坐可以很好地测试腹部肌肉的耐力和力量。测试方法见表 6-17。

表 6-17　仰卧起坐测试

测试设备	秒表，垫子
测试方法	1. 运动员仰卧，屈膝成 90°角。双手交叉搭在对侧颈后或胸前
	2. 教练员用一膝跪在运动员的两脚之间，抓住运动员的脚，将其固定
	3. 运动员在上体抬起过程中，肘关节必须与大腿接触；在下降过程中，肩胛骨必须与垫子接触，臀部不能离开垫子

续表

测试设备		秒表,垫子			
测试结果		记录运动员 60 秒或直到力竭所做的仰卧起坐的次数,测试 1 次			
标准		优秀	良好	一般	需要提高
男	青少年	＞57 次	57～50 次	50～46 次	＜46 次
	成年	＞62 次	62～56 次	56～51 次	＜51 次
女	青少年	＞54 次	54～46 次	46～43 次	＜43 次
	成年	＞55 次	55～46 次	46～36 次	＜36 次

(二)核心区稳定性测试

网球运动员要训练的重要的部位之一是身体的核心区,包括腹部、腰部、骨盆,以及在垂直运动中负责稳定脊柱,把力量从下肢传到上肢的肌肉群。下面的测试应该由治疗专家或体能训练专家来监控。测试方法见表 6-18。

表 6-18　躯干稳定性的测试方法

测试设备	训练台,量角器(必须专业人员测定)
测试方法和程序	1. 运动员仰卧在训练台上,身体保持正直
	2. 检测人员将血压计套袖放在被试者的腰下并打气,使血压计保持 40 毫米汞柱的水平
	3. 被试者抬大腿,屈膝,髋关节和膝关节成 90°角,血压计仍保持 40 毫米汞柱水平
	4. 被试者进行积极的运动,包括双腿交替伸屈膝关节,保持脚离训练台 15 厘米,持续 10 秒钟。在运动过程中,血压计保持在 40 毫米汞柱,同时考核员要确保被试者的腹肌是绷紧的,处于运动状态
测试结果	如果血压维持在 40 毫米汞柱被试者不能进行各种腿部伸展,那么就有必要做身体核心区稳定性训练了。这种检验技术可以被用来作为培训练习。血压计提供肌肉能力反馈

(三)俯卧撑测试

手臂和肩部的力量不仅确保运动员可以大力和连续地击球,还可以保证运动员在发球中获得更高的速度,且肌肉不容易损伤。俯卧撑测试能测量身体上部肌肉的力量和力量耐力。测试方法见表 6-19。

表 6-19　俯卧撑的测试方法

测试设备		秒表			
测试方法		1. 运动员从俯卧位置开始,手臂伸开,头部、肩膀、背部、臀部、膝部和双脚在一条直线上			
		2. 屈肘时,上臂与地面平行或者到水平面以下,伸肘时手臂必须完全伸开,身体在向上的过程中保持正直			
测试结果		记录 60 秒钟或直到力竭所完成的完整的俯卧撑次数			
标准		优秀	良好	一般	需要提高
男	青少年	>49 次	49～40 次	40～30 次	<30 次
	成年	>52 次	52～49 次	49～35 次	<35 次
女	青少年	>42 次	42～34 次	34～20 次	<20 次
	成年	>44 次	44～36 次	36～24 次	<24 次

(四)握力测试

良好的握力可以确保运动员持久有力地握住球拍,还可以确保手腕击球不易受伤。手的握力反映的是手指和前臂的力量大小。测试方法见表 6-20。

表 6-20　握力的测试方法

测试设备	握力计
测试方法	1. 运动员站立,一手拿握力计,手臂自然下垂在身体侧边
	2. 尽可能地握紧握力计,持续 3 秒钟
测试结果	每只手测试 3 次并分别记录最好结果

续表

标准		优秀		良好		一般		需要提高	
		执拍手	非执拍手	执拍手	非执拍手	执拍手	非执拍手	执拍手	非执拍手
男	青少年	>51千克	>36千克	51～38千克	36～31千克	48～39千克	31～25千克	<39千克	<25千克
	成年	>60千克	>42千克	60～50千克	42～34千克	50～41千克	34～30千克	<41千克	<30千克
女	青少年	>36千克	>28千克	36～30千克	28～24千克	30～25千克	24～18千克	<25千克	<18千克
	成年	>38千克	>32千克	38～34千克	32～28千克	34～27千克	28～23千克	<27千克	<23千克

(五)单腿稳定性测试

网球的击球动作需要弯曲下肢,完成力量从下向上传递的储备。单腿稳定性测试可以反映下肢在重心下降时承受重力的能力。是运动员快速起动和急停能力,以及运动中平衡能力的良好表现。测试方法见表6-21。

表6-21　单腿稳定性的测试方法

测试设备	
测试方法	1. 运动员站立,双手自然下垂放在身体的两侧
	2. 一条腿抬起,大腿垂直地面,屈膝成90°,随后支撑腿弯曲约30°
	3. 测试中要眼视前方,每条腿连续测试数次
测试结果	观察两腿支撑身体稳定性的表现
注意点	单腿的稳定性测试表明腿部对身体的支撑能力和平衡能力。良好的支撑能力是提高腿部快速起动和制动,以及预防损伤的关键

(六)肩轴稳定性测试

肩胛骨是肩部肌肉附着的部位,手臂绕肩窝运动,需要肩部有良好的力量和稳定性。肩轴稳定性测试可以很好地反映肩部力量,测试方法见表6-22。

表 6-22　肩轴稳定性测试

测试设备	0.5 千克哑铃两个(必须专业人员测定)
测试方法	1. 运动员站立手持哑铃侧平举,手臂要伸直
	2. 手臂上下摆动
测试结果	观察两臂摆动的稳定性

(七)肩关节外转测试

肩部回旋肌群在所有的臂膀运动中负责稳定肩部。外部肩部回旋肌群的力量和肌肉耐力在防止肩部受伤方面起关键作用。下面的测试可以评估肩部回旋肌群的力量,测试方法见表 6-23。

表 6-23　肩关节外旋的测试方法

测试设备	凳子,量角器
测试程序和方法	1. 运动员可以坐着或站着。测试人员把运动员的肩部外展 90°,在冠状面上向外旋转 90°。肘关节弯曲 90°
	2. 测试人员对运动员施加力量,运动员应该保持开始的肩和肘的两个 90°不变,力求臂肘位置固定
	3. 测试人员根据以下标准对两臂的表现进行打分和记录
测试结果	1. 优秀:测试中能够没有疼痛地抵制测试员给予的最大压力,保持位置
	2. 良好:能够没有疼痛地承受来自测试员的轻微阻力而保持正确位置。手和前臂轻微移动内旋转,能承受来自测试员的更强的压力
	3. 一般:不能承受来自测试员的任何压力
	4. 差:不能把手臂放到正确的位置
	5. 按照 5/5 的比例记录成绩,低于 5/5 意味着需要加强肩部回旋肌群的力量

五、网球运动员有氧耐力和体成分测试

(一)有氧耐力测试(2 400 米跑)

一场网球比赛的时间最多可达到 3 小时或更长时间,拥有较强的有氧

代谢能力可以确保运动员在分与分之间以及局间交换场地时，消耗的体能得到快速恢复，从而能进行更长时间的比赛，保持良好的运动状态。所以网球运动员需要良好的长距离连续跑动的能力及良好的有氧能力基础。一般情况下 2400 米的运动量是比较适合的，对于更长距离的练习可以在准备期间进行。测试方法见表 6-24。

表 6-24　有氧耐力的测试方法

测试设备		400 米跑道，秒表			
测试方法		1. 运动员在起跑线后，听测试人员口令后开始测试			
		2. 用尽可能快的速度沿测试跑道跑 6 圈			
测试结果		记录运动员到达终点时所用的时间			
标准		优秀	良好	一般	需要提高
男	青少年	＜9′45″	9′45″～10′45″	10′15″～11′05″	＞12′25″
	成年	＜8′45″	8′45″～10′15″	10′45″～12′25″	＞11′05″
女	青少年	＜11′40″	11′40″～13′40″	13′40″～15′00″	＞15′00″
	成年	＜10′30″	10′30″～11′00″	11′00″～11′30″	＞11′30″

(二)体成分测试

体成分测试有多种方法，皮褶测试法是简单、有效地对身体脂肪成分进行检测的方法。这种方法必须由专门的测试员来执行，见表 6-25。

表 6-25　体成分的测试方法

测试设备		卡尺一把	
测试方法		1. 男性测试胸、腹部和大腿的皮褶。女性测试上臂部、髂部和大腿的皮褶	
		2. 将 3 处测试的数据相加，根据运动员的年龄进行比较	
标准		男性	女性
测试结果	成年人	8%～20%	15%～25%
	青少年	5%～15%	12%～22%

第七章　网球运动体能训练的医务监督

网球运动对运动员的体能有很高的要求，这主要是由网球运动的技战术特点和比赛时间决定的，只有具备充足体能的运动员才能在比赛中游刃有余地施展各种技战术。如此就使得针对体能的训练成为网球训练的重要组成部分，而在网球体能训练的过程中做好医务监督工作就显得非常必要。

第一节　网球运动体能训练疲劳及消除

一、运动性疲劳的概念及分类

(一)运动性疲劳的概念

疲劳是一种正常的生理现象。在很早以前，人们就开始了对疲劳的研究，通过不断的研究和经验的总结，人们对疲劳的认识也逐步得到深化和提高。实际上，无论身体疲劳还是精神疲劳，都是大脑皮质的保护作用。内环境变化促进了大脑的保护性抑制，疲劳代表着中枢神经系统工作能力的降低。当肌肉活动到某种程度时，能源物质耗竭、血液中代谢物堆积、内环境稳定性失调等因素都是疲劳产生的原因。由此可见，疲劳是生命体对内外环境适应所作出的一种生理性防御反应。

运动疲劳是指人体在运动过程中，运动能力及身体功能出现暂时下降的正常生理现象。这种疲劳现象对人体并无太大的损害，它只是起到一种保护性信号或称保险阀的作用，运动疲劳的产生是提示人们不要过度疲劳，以免造成机体大的负担。一般来说，运动疲劳的症状大致包括以下几个方面。

(1)自我感觉方面。如全身疲倦、嗜睡、无力等。

(2)精神方面。如精神恍惚、焦躁不安、情绪低落、无热心、经常出差错等。

(3)全身方面。面色苍白、眩晕、肌肉抽搐、呼吸困难、口干舌燥、声音嘶哑、腰酸腿痛等。

运动疲劳是由多方面原因引起的，主要包括以下几点。

第一，体内能源物质消耗过多。

第二，肌肉运动在收缩时产生会产生一定的代谢产物，这些代谢产物积聚就会引起疲劳。

第三，长时间的工作，出现神经抑制。

第四，长时间运动引起体内水、盐代谢紊乱及内环境稳定性失调。

因此，当机体出现以上疲劳的症状时就要及时休息，再次运动时要制定合理的运动方案或计划，只有这样才能有效抑制运动疲劳的发生。

(二)运动性疲劳的分类

运动性疲劳的划分方式有多种，主要的分类方法包括以下几种。

1. 按身体整体和局部划分

(1)全身疲劳。全身疲劳是指由于全身运动使全身各器官机能下降而导致的疲劳，如马拉松跑、激烈的足球比赛等可造成全身身体机能下降。

(2)局部疲劳。局部疲劳是指过分的运动致使某一局部器官机能出现下降而导致的疲劳。如前臂负重屈伸运动可造成前臂肌肉力量下降，负重深蹲导致下肢肌群疲劳等。

全身疲劳和局部疲劳之间有着密切的关系，局部疲劳可以发展为全身疲劳，而全身疲劳往往包含着以某一器官为主的局部疲劳。

2. 按疲劳发生的部位划分

(1)脑力疲劳。脑力疲劳是指由于运动刺激使大脑皮层细胞工作能力下降，导致大脑皮层出现广泛性抑制而产生的疲劳。脑力疲劳的影响较大，长期从事大强度的训练或运动往往会产生脑力疲劳。如在周期性耐力运动(长跑等)过程中，由于运动时的单调刺激，在体力尚未明显下降时，大脑细胞的工作能力已开始下降，并引起整个身体机能下降。当改变刺激形式时，脑细胞及整体工作能力均有所恢复。

(2)体力疲劳。体力疲劳是指由于从事身体训练时身体工作能力出现下降而产生的疲劳，如剧烈运动后出现的肌肉酸痛、周身乏力、工作能力下降等均属体力疲劳症状。

3. 按运动方式划分

(1)快速疲劳。由于短时间、剧烈运动引起的身体机能下降称快速疲劳。快速疲劳来得快，去得也快，消除也相对较快，在大强度运动中一般易出现快速疲劳。100 米运动员在不足 10 秒钟的时间立刻使身体机能极度下降，400 米跑的运动员在不足 1 分钟的时间造成机体极度疲劳等都属快速疲劳。

(2)耐力疲劳。由于小强度、长时间运动引起的身体机能下降称耐力疲劳。耐力疲劳的发生较缓慢，恢复时间也相对较长。马拉松跑、越野滑雪、长距离游泳等可产生耐力疲劳。

4. 按身体各器官划分

(1)呼吸系统疲劳。呼吸系统疲劳是指由运动引起的呼吸机能下降的现象。在一般运动中不常见，多出现在长时间运动或憋气用力后。如人体在剧烈运动时出现呼吸表浅、喘不过气、肺功能下降等症状。

(2)骨骼肌疲劳。骨骼肌疲劳是由人体运动引起的骨骼肌机能下降的现象。如在力量训练后出现肌肉收缩力下降、肌肉僵硬、肌肉酸痛等症状。

(3)心血管疲劳。心血管疲劳是由运动引起的心脏、血管系统及其调节机能下降的现象。心血管的敏感度较高，不同强度和时间的运动都可能引起心血管系统的疲劳。如运动后出现的心输出量减少，舒张压升高、心率恢复速度较慢等都是心血管系统疲劳的症状。

二、运动性疲劳的产生及判断

疲劳是运动训练的必然结果，如何科学准确地判别疲劳程度是科学训练的一个重要环节。判断晚了，导致过度疲劳，甚至是损伤；判断早了，运动负荷不足，不能够实现运动训练效果的最佳化。

(一)自我感觉

运动性疲劳首先表现为自我感觉到疲倦或者疲惫，主观上要求休息。当运动员自我感觉到有运动积极性下降，呼吸紊乱、口干舌燥、心悸、恶心、全身乏力、头部昏沉、动作迟钝、脚步沉重，甚至动作僵硬、失调、肌肉痉挛或疼痛、食欲不振、睡眠不好等症状时，说明已处于疲劳状态。由于运动项目、运动性疲劳产生的原因以及运动员自身状况的不同，处于疲劳状况的运动员的自我感觉各不相同。

(二)身体检查

可以通过观察运动员运动训练后身体的反应对其疲劳状况进行判断，

比如脸色苍白、眼神无光、表情淡漠、连打哈欠、反应迟钝、情绪改变;动作准确性、协调性、节奏性紊乱;比赛时技术发挥不好、运动成绩明显下降等。这时结合相应的一些身体指标检查将有助于对运动员疲劳程度的判断,例如血压下降、体温升高、心率加快等。

近年来,研究人员运用中医理论对优秀运动员出现的运动性疲劳症候进行调查研究,将运动性疲劳的各种症状归纳总结为三种类型,即形体疲劳、脏腑疲劳和神志疲劳。

1. 形体疲劳

形体疲劳主要指肌肉、肌腱和韧带、骨和关节的疲劳。疲劳症状有肌肉酸痛、发紧、发硬,肌腱、韧带和肌肉压痛广泛,动作不协调、僵硬,脉搏多弦;关节处肌腱、韧带和骨疼痛,有压痛、微肿或不肿等。

2. 脏腑疲劳

脏腑疲劳主要指大负荷运动训练或比赛后机体脏腑功能失调和下降。疲劳症状有脾胃功能失调、食积阻滞、食少腹胀、口淡无味、厌食;面色淡白、气短懒言、头晕目眩、舌淡脉弱、心悸腰酸、神疲乏力;女性月经失常等。

3. 神志疲劳

神志疲劳主要指运动员的精神和情志的改变。疲劳症状有失眠不寐、精神不振、困倦厌训等。

(三)生理生化指标检测

运动员的自我感受反映了其疲劳状况,但是主观感受到的疲倦不能够准确反映人体内疲劳状况发生的程度。通过检测运动员不同组织、器官和系统的生理功能指标以及生物化学指标的变化,能够更加精确地量化运动员的疲劳状况,有助于运动员疲劳程度的判断。

1. 生理机能指标

(1)运动系统指标。

①肌肉力量和耐力。肌肉力量和耐力下降是肌肉疲劳的主要特征,可在训练前后或次日凌晨检测肌肉力量和肌肉耐力的变化及恢复程度,由此对疲劳的程度和恢复情况进行评价。肌肉力量评价的常用检测指标是最大随意收缩力,而肌肉耐力可以通过测量定量重量负荷的持续时间或重复次数进行评价。肌肉疲劳的程度与肌肉力量和肌肉耐力下降的程度成正比。

②肌肉硬度。肌肉疲劳时收缩机能下降，而且放松能力也下降，表现为肌肉不能充分放松，肌肉硬度增加。

③肌电图。肌电图(EMG)是肌肉兴奋时所产生的电位的变化，也可反映肌肉兴奋收缩程度，运动过程中的EMG变化可确定神经系统和骨骼肌的机能状态，通过EMG可反映出肌肉是否疲劳。神经肌肉系统疲劳时，肌电图的一般特征为积分肌电值增加，肌电功率谱的高频成分减少，低频成分增加，即肌电功率谱左移。

(2)心血管系统指标。

①心率。心率是常用的评定运动性疲劳最简易的指标，一般常用基础心率、运动后即刻心率和恢复期心率对疲劳进行评价。

基础心率是基础状态下的心率，即在清晨起床前，运动员处于清醒、静卧状态时的心率，一般用脉搏表示。身体机能正常时，基础心率相对稳定；如果大运动负荷训练后，经过一夜的休息，基础心率较平时增加5～10次/分钟以上，则认为有疲劳累积现象。如果连续几天持续增加，则应调整运动负荷。

可采用遥测心率方法测定运动中的心率变化，或用运动后即刻心率代替运动中的心率。按照训练—适应理论，随着训练水平的提高，完成同样运动负荷时，心率有逐渐减少的趋势。通常情况下，如果完成同样强度的定量负荷运动心率增加，则表示身体机能状态不佳。

人体进行一定强度运动后，经过一段时间的休息，心率可恢复到运动前状态。身体疲劳时，心血管系统机能下降，可使运动后心率恢复时间延长。因此，可将定量负荷后的心率恢复时间作为疲劳诊断指标，如在30秒时间内进行20次深蹲的定量负荷运动。一般心率可在运动后3分钟内恢复到运动前水平，而身体疲劳时，这一恢复时间则会明显延长。

②心电图。心脏疲劳时，心电图会发生明显的改变，出现心律不齐等症状。

(3)血压体位反射。大运动负荷训练后，植物性神经系统调节机能因疲劳而下降，使血管收缩与舒张运动的调节发生障碍。血压体位反射主要是测定心血管系统的调节机能，其方法如下。

①受试者成坐位姿势，静息5分钟，测定安静时的血压。

②受试者仰卧并保持卧姿3分钟。

③测试人员推受试者背部使其恢复坐姿(不能让受试者自己坐起)，立即检测血压，并每隔30秒检测一次，共持续2分钟。如果在2分钟内血压完全恢复即为正常，2分钟内恢复一半以上为调节机能欠佳，2分钟内完全不能恢复为调节机能不良。

(3)呼吸系统指标。呼吸系统指标通常可以用呼吸肌的疲劳来衡量，采用肺活量计，连续测定5次肺活量，每次间隔30秒。如果5次肺活量值连续下降，说明存在呼吸肌疲劳现象。

(4)神经系统指标。

①反应时。反应时间(Reaction Time)简称反应时，又称为反应潜伏期，是指从接受刺激到机体做出反应动作所需的时间，即刺激与反应之间的时间间隔。

②闪光融合频率。闪光融合是以闪烁的光作为视觉刺激，当其达到一定的频率所引起的心理效应，称为闪光融合现象。对于刚刚产生闪光融合感觉的闪光频率，叫做闪光融合频率。

③皮肤空间阈值。人在疲劳状态下，其触觉机能会逐渐下降，机体辨别皮肤两点最小距离的能力下降。疲劳时其阈值较安静时大1.5倍以上为轻度疲劳，如果大2.0倍以上则为重度疲劳。

④脑电图。脑电图(Electroencephalogram,EEG)是脑神经细胞电生理活动在大脑皮层或头皮表面的总体反映。EEG可反映中枢神经系统机能状态，一般安静状态下慢波极少，而在运动后出现疲劳时，EEG中慢波明显增多，表明大脑皮层抑制过程占优势。

2. 生化代谢物质指标

(1)血液指标。血红蛋白是红细胞中一种含铁的蛋白质，它的主要生理功能是运输氧气和二氧化碳，并对酸性物质起缓冲作用，参与体内酸碱平衡调节。血红蛋白对耐力运动员的专项素质尤为重要。在运动员训练和比赛期间，血红蛋白的含量受营养、运动负荷和休息等诸多因素的影响。因此，血红蛋白是评定运动员机能状况最常用的指标。如果运动员血红蛋白呈现持续下降趋势(下降10%～15%)，并且长时间处于较低的水平，则表明运动员处于疲劳状态，如果下降达到20%或更高，则表明运动员处于过度疲劳状态。

(2)尿液指标。正常成年人尿中蛋白质含量极少，人体一天尿中排出蛋白质的总量在150毫克(一般为2～8毫克/100毫升)以内，采用常规方法不易检查出来，故称为尿蛋白阴性。运动会引起一些人尿液中蛋白质含量增多。这种由于运动引起蛋白质含量增多的尿，被称为运动性蛋白尿。运动后尿中蛋白质排出的数量可以作为评定运动员身体机能状况、运动负荷强度和数量的指标。运动后尿蛋白的数量与运动量有关，尤其与运动强度关系密切，同时也与运动员身体机能状况有关，因而可用尿蛋白出现的数量评定运动量，特别是评定运动强度。

3. 心理学指标

(1)观察评定。观察评定是指在训练过程中教练员观察运动员在运动中的各种表现,从而合理地确定训练的内容和负荷,以提高训练的效果。运动员在训练中表现出的心理疲劳的症状一般有反应迟钝、注意涣散、精神恍惚、情绪烦躁、思维混乱、动作缓慢等。心理疲劳会严重影响到运动员训练的效果,因此要引起足够的重视。观察评定是一种容易操作的方法,但其评定的尺度很难掌握。另外,它对观察人员的综合素质要求较高,在很多情况下由于观察人员的疏忽容易对心理疲劳现象的观察造成不正确的评定。

(2)主观感觉评定。主观感觉是自我判定身体疲劳的重要依据。如果在参加运动训练后,虽然工作能力有一定的下降,但是却感到身体轻松、舒畅,并无不良的反应,是一种舒服的疲劳,这说明这种疲劳是体育锻炼的正常反应。如果参加运动锻炼后,出现头昏、恶心、胸闷等症状,甚至出现厌恶体育锻炼的情绪,这就说明身体疲劳程度较重,应及时调整。

三、运动性疲劳的恢复措施

(一)一般恢复

1. 节假日的生活安排

对于运动员来说,节假日休息是消除疲劳、防止疲劳进一步积累的好办法。所以,当感觉劳累时一定要利用星期天对自己进行调整。星期天与其他节假日的活动要安排得有意义一些,尽量去户外活动,最好到大自然中去呼吸新鲜空气,这样才会解除繁重的训练带来的疲劳,有益于身心的健康。

2. 保证睡眠质量

睡眠是恢复体力、消除疲劳非常有效的方法之一。人在睡眠时,人体的器官、系统活动下降到最低水平,物质代谢减弱,能量消耗仅维持到最低水平,这时合成代谢有所加强,运动时消耗的能源物质逐渐得到恢复。同时,睡眠对大脑皮质细胞来说也是一种保护。因此,合理安排作息时间,讲究睡眠卫生,并始终如一的贯彻下去对预防运动性疾病具有重要的作用及意义。

为了保证睡眠的质量,运动员平时要注意以下几点事项。

(1)睡眠要有规律,养成按时入睡与按时起床的良好习惯。

(2)保证足够的睡眠时间。

(3)睡眠不足时应在白天补足。午睡时间以30～60分钟最适宜,可弥补睡眠不足。

(4)保持良好的睡眠环境。

3. 合理摄取营养

除休息和睡眠等手段外,补充营养物质也是预防疲劳的重要措施。在营养补充中,运动员要注意膳食平衡的原则,不能盲目补充,也不能补充过量。

4. 沐浴

沐浴可以加速人体新陈代谢,改善全身血液循环,调节机体,使机体兴奋,对缓解人体疲劳具有重要的作用。人体疲劳时常常表现为肌肉酸痛,这时进行温水浴可以刺激副交感神经起到镇静的作用。温水浴一般来说,40℃的温水浴对疲劳消除最理想,入浴时间以20分钟左右为宜。如果入浴时间过长,水的温度过高,反而因消耗大而造成疲劳,因此要根据自己的具体情况,进行适当控制。除此之外,桑拿浴、保健浴等对疲劳的消除也有一定的效果。

5. 按摩

以全身性、轻手法按摩效果最显著。按摩促进疲劳恢复的机理是,通过按揉手法,使皮肤和肌肉的血液、淋巴循环加强,按摩时间应限制在30分钟左右,时间不能过长,手法不能过重。也可采用按摩带、按摩椅、滚动按摩器按摩床、摇摆按摩床、加压按摩器、负压按摩器等器械进行按摩,有助于消除疲劳。

6. 音乐欣赏

音乐的奇特效果是令人难以估量的。音乐可以使中枢神经系统的疲劳得到缓解,可调节呼吸、循环系统功能,对骨骼肌能产生影响。特别是低音域的音乐和歌曲,有镇静、镇痛、增强记忆力、改善注意力的作用。选曲原则应根据运动者的情绪选择合适的音乐,应考虑到个人的文化素质和对音乐的欣赏能力。

以上分别叙述了消除疲劳恢复体力的主要措施。在生活中,单独采取任何一种方法效果都不理想,必须依据每个人的具体情况进行综合性的运用效果才显著。

(二)营养恢复

运动性疲劳产生的原因之一,就是能源物质的大量消耗,当补充一定的营养后,机体就能得到很快的恢复。

1. 糖的补充

糖是人体运动的基本能源物质。人体内肌糖原储量的多少直接影响到运动的能力,因此在参加运动训练时要重视糖的补充。

2. 蛋白质的补充

蛋白质是一切细胞和组织结构的重要成分,是维持生命的物质基础,大运动量训练时应注意蛋白质的补充,特别是必须有氨基酸的补充。

3. 碱性盐类的补充

在进行大强度运动时,人体会产生一些乳酸等代谢产物,会导致出现肌肉疲劳的现象。运动后适当地补充碱性盐类,对缓解肌肉疲劳具有重要的作用。在服用碱性盐时,可在运动前30～60分钟加在足够的水或饮料中使用。

4. 维生素的补充

维生素缺乏时,会影响运动者的运动能力,因此应注意维生素的补充,尤其是维生素 B_1、维生素 B_2、维生素 B_6、维生素 C、维生素 E 的补充,但需要注意的是,不要过量补充。

5. 强壮食品及复方中药的补充

目前,强壮食品及复方中药也被广泛应用于运动性疲劳的恢复中,如蜂蜜、人参蜂王浆、花粉、麦芽油、阿胶、鹿茸、刺五加、复方丹参、田七、冬麦、枸杞子、紫河车、女贞子、何首乌等均被较多运动员应用。

(三)运动性手段恢复

1. 肩部疲劳消除法

作用:收到以下疗效:消除肩部酸痛;消除身体疲劳;增强活力,强化脊背、心脏的机能。

方法:①仰卧。②屈膝。③用肩部和脚掌支撑身体。④在酸痛的肩部停留10秒。

时间：动作需1分钟。

2. 胳膊疲劳消除法

作用：能消除胳膊的酸痛和疲劳，能消除懒倦。

方法：①用手掌轻轻地摩挲整个酸痛的胳膊。②按顺序先按摩小臂、肘部、三角肌。在按摩过程中用手指满指尖寻找硬化部分，然后利用淋巴按摩法按摩。③要特别注意按摩胳膊上发麻和发硬的地方。④按摩肩部。⑤还可运用前后摇动的胳膊运动疗法。

时间：3分钟。

3. 腰部疲劳消除法

作用：能消除腰部的酸痛和疲劳，使身体富有柔软性；能扩张胸部。

方法：①屈膝跪地或跪在床上，用双手抓住自己的脚脖子。身体后仰，胸部前倾。此时要注意深呼吸，保持此姿势6秒。②腰部的淋巴按摩法：俯卧，轻轻按摩脊椎骨、腰部和臀部，要特别注意按摩淋巴停滞的地方。

时间：动作需做五次，每次6秒。

4. 大腿疲劳消除法

作用：能消除大腿和脚部疲劳，消除脚部浮肿。

方法：①坐下后弯曲一条腿。②用淋巴按摩法从脚脖子往上按摩。③要特别注意轻轻地按摩膝盖后部。

时间：按摩3分钟。

5. 全身疲劳消除法

作用：消除全身疲劳；解除身体的压迫感；强化肠胃功能；增强耐力。

方法：①仰卧在地板或床上，双手呈十字水平推开。②双腿并拢，举到头部上端。③把脚尖放在头前的地方静止6秒。④慢慢地把双腿复归原处。

时间：30秒。

(四)物理及理疗手段恢复

1. 消除肌肉迟发性酸痛的持续静力牵张练习

静力牵张练习可以缓解运动后迟发性肌肉酸痛和肌肉僵硬，使肌肉放松，并可加强骨骼肌蛋白质的合成过程，促进骨骼肌变化的恢复。

静力牵张伸展练习要以静为主，动静结合。开始进行静力牵张伸展练习时，伸展动作的速度要比较缓慢，伸展幅度要适当。牵张练习持续时间约1分钟左右，间歇1分钟，重复2～3次为1组。牵张时间的长短、重复组数的多少，以及每天进行牵张练习的次数，可根据负荷大小而定。静力牵张伸展练习最好在主项训练结束后立即进行。牵张后可适当配合揉捏、抖动等按摩手法，有利于消除牵张引起的不适感。

2. 理疗

常用红外线、生物频谱仪、生物信息治疗仪等消除运动后的疲劳。理疗可以促进血液循环，改善血液供应，有利于营养物质的吸收和代谢产物的排泄，达到消除疲劳的目的。

3. 拔罐及刮痧疗法

拔罐及刮痧疗法通过刺激人体的经穴，可以改善血液循环，促进新陈代谢，有利于组织代谢产物的排泄，使疲劳得以消除。

4. 吸氧及空气负离子疗法

吸氧可以促进新陈代谢，改善微循环，有助于消除疲劳。如果有条件时，在大运动量训练后采用高压氧治疗，对消除疲劳有明显效果。空气负离子能改善肺的换气功能，增加氧吸收量和二氧化碳排出量，改善大脑机能，刺激造血机能，使红细胞、血红蛋白、血小板增加，血流速度加快，心搏输出量加大，扩张毛细血管，加速乳酸的代谢，因此有助于疲劳的消除。

需要说明的是，要想获得好的消除疲劳的效果，必须根据个人的具体情况，加以综合运用。单独采用以上任何一种方法消除运动疲劳，其效果都不够理想。

第二节　网球运动伤病处理及康复训练

一、常见网球运动损伤的原因

网球运动的损伤还可以分为两种形式：急性损伤和慢性损伤。急性损伤是指一个新的损伤或者瞬时刚烈的疼痛，并且疼痛从发生开始会持续一小段时间。许多运动员都有过的急性损伤就是踝关节损伤。慢性损伤是一种由于持续地完成某个动作或者缺乏正确的康复训练而反复发作的伤病。一个典型的慢性损伤就是网球肘，这种伤病可能存在1～2年，然后在运动员参加一次长期的比赛或者训练时突然出现。急性损伤是很容易处理的。如果处理得当及时，运动员可避免急性损伤转变为慢性损伤。

尽管许多人都认为网球肘是最常见的损伤，其实网球肘只是网球运动员中最为普遍的伤病。由于网球运动的专项特点，伤病可能会发生在全身的各个区域。然而，在优秀运动员中，伤病发生最频繁的区域主要是肩、后背部、髋关节和膝关节。追溯到美网公开赛，肩部和后背部一贯被认为是损伤发生的主要区域。

预防损伤的最佳途径是加强身体训练，让你的身体对于网球运动中可能产生的各方面的刺激负荷做好准备。除了进行力量和柔韧训练之外，比赛风格、身体类型、使用最佳的技术、选择合适的器械都扮演着非常重要的角色。

值得一提的是网球的装备因素，如：球拍的硬度、重量、大小和拍弦的紧张度对于预防伤病都有重要的作用。一般推荐使用中等硬度的球拍。太硬或者太软的球拍都会对你的手臂产生负面影响。例如，肌肉还未得到充分发展的运动员使用太硬的球拍进行长时间的训练，久而久之会增加受伤的风险。每个球拍生产商都会提供一系列硬度不同的球拍。根据专家的意见选择一款最适合你的球拍。

除了球拍的硬度，球拍的重量也是非常重要的。虽然超轻的球拍更容易机动，但是这样的球拍能够产生较大冲击压力，因为重量轻的球拍比较容易吸收压力，因此手臂就承受了大部分的压力。另一方面，大重量的球拍很难机动，对运动员的技术也是一大挑战，而且在比赛中不容易达到最佳接球点。这是由于重量大的球拍导致肌肉做功多，易疲劳。建议使用重量适宜能够吸收反向作用力的球拍而不是难以机动的球拍。

球拍握把的大小对于防病的预防也有显著的影响。太小的握把会强制前臂肌肉发挥更多的作用在仅仅抓住球拍上。判断握把的大小可以通过抓握球拍来决定，保证食指与大鱼际之间正好有放一只小手指的空间。若食指与鱼际相接触，则握把太小；若食指与大鱼际之间能够放下一只以上的小手指，则握把太大。

拍弦的紧张度在预防损伤和优化球拍作用的过程中也扮演着非常重要的角色。每只球拍都有其推荐的拍弦紧张度，该紧张度是商家所认为的能够满足大部分运动员需求的紧张度。尽管存在个人偏好，对于任何球拍类型和所固有的拍弦紧张度的一般原则是：稍稍紧的拍弦紧张度能够使运动员更好地控制球拍，较松的拍弦紧张度更容易产生爆发力。这跟我们平常的观念恰恰相反。在使用拍弦紧张度较大的球拍打球时，会对腕关节、肘关节和肩关节产生巨大的压力，最终导致伤病的发生。

除了拍弦紧张度外，拍弦的材料也对运动员的表现产生影响。为了预防伤病，由多种纤维或者细丝制成被称为无芯多纤维的拍弦，能够提供更好的弹性和较佳的手感。羊肠线就是使用这种多纤维的材料制成，该拍弦被认为比大部分尼龙拍弦更富有弹性和运动性。这种拍弦比较昂贵。

虽然这里简单介绍了部分网球装备方面的因素对损伤的影响，但是与你的专业教练和体育科研人员探讨所有的装备问题是非常有用的。仔细挑选适合你的球拍、拍弦类型和拍弦紧张度。当你正处于伤病的康复期间，建议你使用无芯多纤维或者羊肠拍弦，拍弦紧张度稍低。拍框适中，必须保证握把大小合适，而且保证合适的球拍重量是康复过程中重要的一步，把握好这一环节是运动员不再损伤和重返赛场的关键。

二、常见的网球运动损伤

下面我们从损伤发生原因、常见病理变化和康复预防方法方面入手，分析网球运动常见的肩部损伤的康复和康复训练指南，以及身体其他部位常见损伤的原因分析和康复预防原则。

(一)肩部损伤

1. 概述

肩关节是高水平网球运动员最常见的损伤部位之一，不仅严重影响正常训练，也会导致挥拍和发球等技术的稳定性与质量。在网球运动的每一次的快速挥拍与发球过程中肩关节需高速旋转，肩袖肌群和关节承受着巨大的压力刺激，如此反复极其容易出现过用性损伤。

网球运动中发球和扣杀时球拍击球后，上肢在几分之一秒内加速旋转，肩周肌肉产生并维持这一运动，但是肌肉—腱单位可能会因为疲劳或急性损伤而受伤。长期网球运动会选择性地增强肩关节前部肌群(肩胛下肌和胸大肌)，同时过度牵拉，损害最终(由于损伤肌纤维的修复)减弱肩关节后部肌群。不管是高水平职业选手还是业余选手，这种肌肉力量不平衡和柔韧性不足的发展将使其肩关节很容易受伤。发病过程开始主要是肩袖肌群疲劳和力量不平衡、肩胛骨稳定性下降、后关节囊紧张等，随后出现关节受力改变，进一步加重以上情况，最终将会出现肩袖及其肌腱的损伤、关节盂唇的磨损以及肩关节撞击综合征等常见问题。以上损伤一旦出现，恢复过程漫长，容易反复出现，需要长期系统化的康复与预防复发的康复锻炼计划。

2. 常见症状

(1)疼痛可能定位在肩关节前部，后部和/或上臂外侧。

(2)肩关节的疼痛随着上肢过顶动作而加重。

(3)有时侧卧出现肩部疼痛。

(4)直接压迫受损肩袖部和肩周肌腱出现敏感反应。

3. 预防与康复

网球运动中肩部损伤的预防主要是日常的关节周围肌肉力量平衡的调整维护，关节活动范围的保持，以及肩胛骨稳定性的加强与保持。而损伤一旦发生，其康复过程则需分阶段完成疼痛控制、柔初性与肌力平衡的恢复、关节本体感受的恢复，以及关节高速旋转功能的恢复等。

下面介绍部分常用的肩部损伤预防与康复的练习方法。轻微肩部损伤，以及损伤康复的后期重返运动场前后，完全可以依照这些方法进行康复锻炼，减轻症状，避免损伤加重，增加运动表现。当然，没有损伤的运动员也需要定期进行这些练习，以预防损伤的出现。

由于网球运动肩后肌群、后旋肌群和肩后关节囊紧张缩短常见，是导致损伤常见原因。

针对这些原因，有两个牵拉动作最为重要，应该成为每次训练后的常规训练。注意保证每个动作完成2～3次，每次持续时间在20～30秒。

(1)牵拉练习。

①胸前交叉的肩后侧牵拉。目标：增加肩后肌群的柔韧，放松后关节囊。

动作要领：上抬前伸持拍侧大臂平肩水平，侧靠墙边固定好肩胛骨，防止牵拉时肩胛骨滑动；另一只手在体前抓住持拍侧肘关节，朝向胸部用力拉伸，感觉到肩后部牵拉感，保持20～30秒完成一次牵拉。如感觉肩前部不适，可改用侧卧肩后牵拉。

②侧卧肩后牵拉。目标：增加肩后肌群的柔切，放松后关节囊。

动作要领：朝向持拍侧侧卧，前伸上抬大臂，肩部压住固定肩胛骨防止滑动，达到肩部和肘部两个90°；随后，用另一只手向内下压持拍侧手腕部，感觉肩后部牵拉感，保持20～30秒完成一次牵拉。

当然，还可以进行常规放松肩部紧张的肌群的牵拉，如三角肌、胸大肌与背阔肌等对于肩部放松也会有一定帮助。

(2)力量练习。肩关节后旋肌群疲劳损伤和力量下降，以及肩胛骨稳定肌群力量下降而引发的肌肉不平衡是肩关节损伤的重要原因。因此，针对相应的肌肉进行增强力量的练习，如肩后外旋肌群和肩胛骨稳定肌群，对预防损伤将大有帮助。注意保证每个动作完成 3～5 组，每组 8～15 次，隔天一次。

①坐姿肩外旋肌群练习。目标：增加肩外旋肌群的力量。

动作要领：屈膝坐位，持拍侧如图以肘部支撑于同侧膝关节，用橡皮带(或 4～8 磅小哑铃)做肩部外旋动作。

②站姿肩外旋扩胸练习。目标：增加肩外旋肌群和肩胛内收稳定肌群的力量。

动作要领：站姿，双臂紧贴体侧同时屈肘，用弹力带做双臂外旋及挺胸动作。要求双侧大臂贴于体侧，无外展动作，以外旋动作发力同时肩胛骨内收。

③跪姿肩前屈练习。目标：增加肩胛上回旋稳定肌群(前锯肌)的力量。

动作要领：跪姿或站姿，以持拍侧手握橡皮带抗阻做肩前屈动作。注意保持挺胸收腹躯干稳定，肘关节伸直，动作范围保持在 90°至 160°之间，慢速进行。

④俯卧撑爬行练习。目标：增加肩胛前伸稳定肌群(前锯肌)的力量。

动作要领：俯卧撑姿势，以双手做前进后退爬行练习。可双手腕绑弹力带，加双手上下台阶或软構以增加难度和练习效果。注意保持躯干挺直，慢速进行，单手离地后有一定的滞空时间。

⑤俯卧 Y-T-W-I 肩胛稳定练习。目标：增加肩胛内收回旋稳定肌群的力量。

动作要领：俯卧挺胸，上半身稍离开床面(或地面)，以双臂向头上呈 Y 字形，两侧呈 T 字形和 W 字形，在体侧呈 I 字形，完成由下向上动作。要求躯干保持稳定，仅以双肩活动完成练习。3～5 个循环为 1 组，每次 3～5 组。

还可以进行其他增强三角肌、旋肩肌群和肩胛骨稳定肌群力量的练习，以及增加肩部肌群的本体感受功能的练习，如瑞士球上俯卧撑等练习，提高肩胛稳定与肩袖力量与肌力平衡，可以很好地预防肩部损伤。

(二)其他常见损伤

其他常见网球运动员的损伤主要包括肘部损伤、手腕损伤、足与踝关节损伤、膝关节损伤、腰部损伤，以及下肢肌肉拉伤等。这里分别对这些损伤的常见损伤原因、病理和康复预防方案做些介绍。

1. 肘部损伤

网球运动员肘部的损伤常见于肘关节内外侧，多数是“肱骨外上髁炎”，又称“网球肘”，一般发生在业余网球选手身上，主要由于在反手击球时，依靠腕关节背伸发力击球的错误动作或者在击球后握拍手肌肉持续紧张而导致运动员的伸腕肌群肌腱长期受负荷刺激而出现腱止点处的损伤。

肘内侧的常见损伤叫“肱骨内上髁炎”，在网球运动中肘内侧韧带和内上髁在击正手上旋球、切球、发球时，前臂旋转及屈肌收缩使得肘内侧承受负荷增加，长期大强度的训练与比赛后出现损伤。由于此部位的损伤常发生于高尔夫球运动中，故又被称为“高尔夫肘”。

症状：“网球肘”及“高尔夫球肘”分别为肘部外内侧疼痛，疼痛可放射到前臂臂肌肉。

康复与预防：康复治疗包括理疗和康复功能锻炼，包括冲击波治疗、加强前臂屈伸肌群的力量训练，运动结束后前臂屈伸肌群的牵拉放松。

预防则主要是练习正确的击球动作，进行前臂肌肉力量练习及牵拉，必要时注意球拍和拍弦的选择。球拍线，建议运动员在条件允许的情况下使用肠线，因为肠线传导的动力较小；拍线的张力不宜过大（大于 62 磅，损伤发生风险增加）。选择大小合适的拍柄，当拍柄上胶带后其周长应与握拍手中指间到手心的距离相近，过大或过小都会导致为防止球拍旋转而使抓握时肌肉用力过多。

2. 手腕损伤

网球运动中手腕损伤可能是直接作用力损伤，如大力击球时空击、力量练习不正确或倒撞击导致。更多的则是长期的过度使用，特别是动作不合理过多使用手腕引起局部长期过大负荷刺激导致。最常见的是腕关节撞击综合征，包括三角纤维软骨损伤等，以及尺骨后指伸肌肌腱炎。

症状：手腕前侧或后侧疼痛，偶有“咔嗒”声。部分挤压手腕时疼痛加重，手腕过度屈或伸展时出现疼痛加重。

康复与预防：主要是改正技术动作，减少手腕的过度使用；避免空击球动作，另外手腕稳定肌肉的训练，加强手腕周围肌肉力量有一定作用。必要的时候可以考虑使用手腕护具。

3. 足与踝损伤

网球运动要求大范围跑动和小步的急速调整步法，对足与踝关节有极高的负荷要求。过度使用与肌肉疲劳，以及局部肌肉不平衡（足外翻、背屈力量薄弱），生物力学异常是出现损伤的主要原因。当然，意外的踝关节扭伤也时有发生，如训练时踩到球等。最常出现的损伤是踝关节扭伤，其他跟腱炎与足底筋膜炎也多有发生。

症状：踝关节扭伤多为极度内翻引起外踝的损伤，表现为外踝为主的肿胀、疼痛与活动受限等。

跟腱炎则表现为跟腱下部的疼痛，急速跑动或跳跃发球时明显。

足底筋膜炎表现为疲劳后足底疼痛，严重时急速跑动或跳跃发球时明显加重。

康复与预防：小腿肌肉的牵拉放松，恢复踝关节的灵活性，加强足外翻与背屈力量，加强小腿三头肌的离心力量，以及足底肌群的力量训练等都可以有很好的康复和预防足与踝部损伤的作用。适当的协调灵敏性训练和平衡稳定性练习对于预防踝部损伤也有一定的作用。

4. 膝关节损伤

股四头肌群力量不足，不能很好地缓冲分担髌骨的负荷是髌骨相关损伤的重要原因之一；错误的身体姿势，或者膝关节屈伸肌群、髋内外旋肌群的力量不平衡导致膝关节局部不合理的受力，最终导致局部组织的过度负荷引起慢性损伤的堆积而发病；训练的过度负荷，肌肉的过度紧张也可能引起局部组织的长期过度负荷。如网球运动中低位截击球，左右变向跑，后跑救吊球和发球时过大的膝部动作都会引起膝关节过度屈曲等。

膝关节是网球运动员的易伤部位，常见的膝关节前方疼痛可能由以下部位的损伤引起：髌骨、髌骨下极、髌韧带胫骨附着点等；膝关节内部韧带与半月板、侧副韧带损伤等也时有发生。

症状：膝关节前方疼痛，髌骨上下沿与内侧面，髌韧带胫骨附着点等部位疼痛与压痛；膝关节内部十字韧带与半月板损伤则有膝关节内部疼痛（较少）。

康复与预防：运动员应该避免参加会引起疼痛的活动，以静力性为主的方式训练提高股四头肌群及股二头肌力量（对膝关节起保护作用），并且做好运动后的肌肉牵拉放松。纠正错误的跑动姿势，矫正下肢的肌肉不平衡，加强核心稳定与平衡稳定控制能力都有很好的康复和预防作用。

5. 腰部损伤

反复激烈的下背部高度伸展是网球运动员出现下背部疼痛的主要原因；其次包括网球单边运动特点导致腰部与髋部左右肌群力量与柔韧不对

称，例如一侧髋腰肌紧张与对侧臀大肌、股二头肌紧张，最后引起腰椎骨盆受力不均衡而出现损伤。常见病理损伤包括下腰背部脊柱前突、小关节错位、背部的应力性骨折(椎骨峡部裂)和椎间盘突出等。

康复与预防：康复的首先目标是控制疼痛和肌肉痉挛，随后运动员慢慢开始学习控制背部和腹部深层维持姿势的肌肉。进行系统的柔韧练习，恢复腰骶部正常的对称性活动范围，矫正局部姿势异常。在这些完成以后，开始腹肌和背部肌肉等核心区力量练习，增加下腰部稳定性。然后，运动员可以开始打些地面球，运动员开始慢慢回到球场。预防方面主要是系统的柔韧性练习，矫正腰骶部肌肉张力不平衡情况，增加髋部活动范围，避免下腰背的代偿性活动；避免长时间集中做发球和过顶击球动作；交叉训练也很重要，避免过快地增加运动强度，以避免过用性损伤；矫正腰背两侧肌肉平衡，加强背部肌肉力量与稳定。

6. 肌肉拉伤

没有充分热身情况下急速跑动，侧滑步时身体不稳等导致腿部肌肉的过度负荷，以及运动后肌肉牵拉放松不充分，肌肉疲劳紧张堆积等都可能引起急性或慢性的肌肉损伤。急性肌肉拉伤或慢性拉伤在大腿与小腿都有发生，职业运动员以大腿内收和后侧肌群多见，小腿腓肠肌拉伤则主要发生在业余球员身上。可能出现的病理变化包括肌肉痉挛、撕裂、肌纤维扭曲以及局部损伤性炎症水肿等。

症状：肌肉局部疼痛，相应功能受限，跑动时损伤肌肉疼痛明显。局部肌肉紧张有压痛，甚至有硬结，相应的髋关节外展(内收肌群)、屈曲(腘绳肌)或伸踝关节(腓肠肌)活动受限，并因牵拉损伤肌肉而出现疼痛加重表现。

康复与预防：运动前的充分热身与动力性牵拉活动，运动后肌肉的充分静力性牵拉与按摩放松等。肌肉力量练习特别是离心力量练习，关节屈伸等拮抗肌肉群的力量平衡，以及核心稳定与姿势平衡能力的训练与保持等对于康复和预防腿部肌肉损伤也有很好的作用。

三、网球运动性疾病的产生与恢复

(一)延迟性肌肉酸痛

在从事一定量的运动训练后，运动员常会出现延迟性肌肉酸痛的现象，主要症状为肌肉僵硬、酸痛和自觉酸痛部位肿胀，有压痛，多发生于双下肢主要伸、屈肌群，而肌肉远端和肌肉—肌腱移行处常常症状较重，严重者肌肉全长发生疼痛，且以肌腹为主。24～48 小时之内，酸痛达到高峰，之后可自行缓解，5～7 天消失。

1. 发生原因

运动时肌肉活动量过大，导致局部肌纤维及结缔组织的细微损伤，以及部分肌纤维的痉挛所致。这种酸痛不是发生在运动结束后的即刻，而是发生在运动结束后的 1～2 天，因此称为延迟性疼痛。由于这种酸痛现象只是局部肌纤维的细微损伤和痉挛，不影响整块肌肉的运动功能。因此，酸痛后经过肌肉内部对细微损伤的修复，肌肉组织会变得更加强壮，以后同样负荷将不易再发生酸痛。

2. 处理

对发生此症状的部位进行一定时间的热敷或按摩，并配合做一些伸展练习，也可口服维生素 C 以缓解症状。

（二）肌肉痉挛

肌肉痉挛是指肌肉发生不自主的收缩反应。肌肉痉挛多发生于小腿腓肠肌和大腿后群肌肉中。其症状为肌肉僵硬，剧烈疼痛、肿胀，肌肉的运动能力和柔韧性降低，肌肉痉挛所涉及的关节功能也会发生一定的障碍。

1. 发生原因

(1)长时间或大强度的运动训练，会引起肌肉结构的损伤，肌肉的血液循环和能量物质代谢发生改变，肌肉中大量的乳酸和代谢废物堆积，肌肉收缩与放松不能协调地交替进行，从而引起肌肉痉挛。

(2)运动中大量排汗，特别是在高温条件下长时间的剧烈运动，使电解质从汗液中大量丢失，肌肉的兴奋性增高，发生肌肉痉挛。

(3)其他因素。如肌肉受到寒冷刺激，兴奋性会增强，易发生强直性收缩；肌肉突然受到外力的猛烈打击等，也会产生强烈收缩而引起痉挛。

2. 处理

一般肌肉痉挛只要向相反的方向牵引痉挛的肌肉，即可缓解或消失。牵引时用力宜缓慢、均匀，切忌用暴力，以免拉伤肌肉。大腿后群肌肉、小腿腓肠肌痉挛，可尽力伸直膝关节，用力将踝关节充分背伸，尽可能拉长痉挛的肌肉。缓解后，配合局部按压、揉捏、点掐、针刺有关穴位等，效果会更好。

(三)运动性中暑

由于人体运动时产生的热超过了身体的散热能力而发生的高热状态,称为运动性中暑。在炎热的夏季进行训练和比赛较易出现此种现象。运动性中暑可分为热射病、日射症、热痉挛和循环衰竭四种类型。

1. 发生原因

(1)热射病:热射病是发生在高热环境中的一种急性病。运动时,体内产热较多,如果天气温度和湿度较高,且空气不流通,散热就会受到影响,热量在体内大量积累,会造成体温大大升高,水、盐代谢出现紊乱,严重影响体内的生理机能以及中枢神经系统的机能活动。

(2)日射症:由于阳光直接照射头部而引起的机体强烈反应。

(3)热痉挛:运动中机体大量排汗,失水失盐过多以致电解质平衡紊乱,发生肌肉疼痛和痉挛。

(4)循环衰竭:由于运动时机体失水过多,使血容量减少,如果心脏功能和血管舒张调节不能适应,可导致周围循环衰竭而发生中暑。

2. 处理

出现中暑症状后,迅速将患者移到凉爽、通风的地方,平卧休息,头部稍垫高,松解衣服,全身扇风,头部冷敷,用温水或酒精擦身,服饮盐开水或清凉饮料,必要时服解热药物。肌肉痉挛者主要是牵引痉挛的肌肉,补充盐和水。头痛剧烈者,针刺或点太阳穴、风池、合谷、足三里等穴。如有昏迷,可刺激人中急救,对四肢进行重推摩和揉捏,必要时一面急救,一面迅速送医院治疗。

(四)运动性低血糖

长时间的运动后,人体内的肝糖原贮备不足,而没有及时地补充糖的消耗就造成了运动性低血糖。发生运动性低血糖后,轻者会出现饥饿感、出汗、心跳加快、头晕面色苍白等症状,严重者则会发生昏迷甚至休克。

1. 发生原因

长时间的剧烈运动后,肌肉不断地收缩,消耗大量的能量,使血糖的储备下降,因此血糖浓度下降;运动前饥饿,未吃食物,体内肝糖储备不足,不能及时补充血糖的消耗,使血糖浓度下降;代谢功能紊乱,引起胰岛素分泌不足，抑制了肝糖原分解，出现严重的低血糖症；器质性病变均会使肝功能下降，使肝糖原储备减少，如肝炎、肝癌、胰脏肿瘤等。

2. 处理

应先让患者平卧，保暖休息，神志清醒可饮水及吃少量食物，一般短时间即可恢复，也可静脉注射50%的葡萄糖40～100毫升；对神志不清者，先掐点人中、百会、合谷、涌泉等穴，需要时可皮下注射1/1 000肾上腺素0.5～1.0毫升，待患者神志清醒后再处理或由医生来处理。

(五)运动中腹痛

运动中腹痛是指运动员在训练和比赛中，由于生理和病理原因而发生的腹部疼痛，常见的有肝脾瘀血、胃肠痉挛和膈肌痉挛导致的腹痛。

1. 发生原因

缺乏训练或训练水平较低，准备活动不充分，过度紧张，空腹运动，以及饭后过早地参加运动，运动前吃得过饱、过多，或吃了较难消化的食物使胃肠充盈、饱满，都可以引起胃肠痉挛，以致腹痛。由胃肠道痉挛或功能紊乱而引起的腹痛，性质可以是钝痛、胀痛甚至绞痛，部位一般在肚脐周围。另外，运动中腹痛的程度与运动负荷的大小成正比：强度小，较慢速度运动时，疼痛不明显；随着运动负荷的加大，疼痛逐渐加剧。

2. 处理

对运动时出现腹痛的运动员要慎重对待。首先要了解腹痛的性质、部位，根据腹痛的部位与运动负荷的关系，来判断是由疾病引起的，还是与运动有关的生理原因引起的，做到有的放矢。出现腹痛时应立即降低负荷强度，适当减慢速度，调整呼吸和动作节奏，再用手按压疼痛部位，如果无效或疼痛反而加重，应立即停止运动，请医生诊治。

(六)运动性贫血

血液中红细胞数与血红蛋白数低于正常值，称为贫血。因运动引起的这种血红蛋白量减少病症，就叫作运动性贫血。

1. 发生原因

(1)运动时肌肉对蛋白质和铁的需要量大量增加，而得不到满足。

(2)剧烈运动时血流加速使得红细胞破裂，进而致使红细胞的新生与衰亡之间的平衡遭到破坏，从而导致运动性贫血。

(3)运动性贫血发病缓慢，其症状主要有头晕、恶心、心悸、心率加快、脸色苍白、呕吐、气喘、体力下降等。

2. 处理

发生运动性贫血时，应适当减小运动量，必要时暂停运动，并补充富含蛋白质和铁的食物，口服硫酸亚铁，这对治疗运动性贫血具有良好的效果。

(七)运动性昏厥

运动性昏厥是指在运动中，由于脑部血液供给不足而发生的暂时性知觉丧失现象，其症状为全身无力、头昏耳鸣、眼前发黑、面色苍白、失去知觉、突然昏倒、手足发凉、脉搏慢而弱、血压降低、呼吸缓慢等。

1. 发生原因

由于剧烈运动或长时间运动，使大量血液积聚在下肢，回心血量减少所致，也和剧烈运动后引起的低血糖有关。

2. 处理

发生晕厥时，应迅速使患者平卧，足略高于头部，并由小腿向心脏方向推摩或拍击。同时用手指点压人中、合谷等穴位，必要时给氨水闻嗅。如有呕吐，应将患者头偏向一侧。如停止呼吸，应马上进行人工呼吸。轻度休克者，应由同伴搀扶慢慢走一段时间，帮助进行深呼吸。

三、网球运动性伤病后的康复训练

(一)主动运动法

1. 静力练习

已有关节软骨病损的运动员可以选择静力练习法，其优点是关节不活动，固定的肢体可用，另外还可根据需要增加负荷量。而缺点是关节角度不同用力的肌肉也不同。因此使用此法时需注意调节关节的屈曲角度，并根据力学原则增减使用负荷量的大小。在运动创伤中髌骨关节疼痛综合征治疗时所用的静蹲(增加股四头肌肌力)，肩袖腱炎三角肌力训练时的双肩侧平举的静力练习均属此类。

2. 动力练习

(1)等张运动练习。其中,大负荷、等张运动中,大负荷少重复的练习,有利于发展力量;中等负荷多次重复的练习,有利于发展肌肉的耐力。

(2)渐进抗阻运动练习。1945 年由 Delorme 提出。其方法是先测定肌肉作 10 次运动的最大负荷,即 10RM 量。然后用 1/2RM,3/4RM 及 RM 全量各做 10 次,为一组,共做 3 组。组间休息 1 分钟。每天 1 次,训练一周后,再测 RM 并修改运动量。

(3)向心收缩练习。属于等张抗阻收缩。

(4)离心收缩练习。也属于等张抗阻收缩

(5)短促最大肌力练习。这是一种等长与等张收缩结合在一起的训练方法,用于股四头肌肌力的训练。

(6)等动练习或等速练习。主要有以下几个特点。

①肌肉可以大幅度收缩,产生大幅度的运动。

②关节运动的角速度恒定。

③由仪器提供的阻力为可变性顺应性,呈顺应性阻力。

④主动肌与拮抗肌可以同时训练。

⑤肌肉不收缩时阻力消失,因此在关节某一疼痛角度时肌肉可完全不收缩不会造成再伤。

(二)康复按摩法

1. 康复按摩的原理

按摩是通过手法作用于人体肌表,以调整人体的生理、病理状态,达到身体保健的方法,其主要基于以下操作原理。

(1)调整经络系统。经络是运行全身气血,联络脏腑肢节,沟通上下内外的通路,包括经脉和络脉。经络系统的十二经脉及其分支纵横交错,通达表里,贯穿上下,相互络属于脏腑。七经八脉联系沟通十二正经、十二经筋、十二皮部,联络筋脉皮肉,将人体的各部分联系成一个统一的协调而稳定的有机整体。具有使气血通达全身,濡养组织器官之功能。人体就是依赖它运行气血,发挥着营内工外的作用。当经络的生理功能发生障碍,气血失调,百病皆生。按摩术作用于体表,能引起局部经络反应,主要能调整经气,并通过经络影响到脏腑、组织的功能活动,以调节机体的生理、病理状况,能使百脉疏通、五脏安和。历代文献对此有所论述,如因邪客足阳明胃经而引起胃脘胀、腹泻等症,可通过按摩手法作用在足阳明胃经上的穴位而消除胀满、缓解腹泻。

(2)调整阴阳。人体为对立统一的有机整体，我国中医学以阴阳观念解释人体内部变化。当病邪已作用于人体时，阴阳平衡遭到破坏，造成阴阳失调。所以，调整阴阳是祖国医学一条基本原则，如表里出入、上下升降、寒热进退、邪正虚实、营卫不和、气血失和都属于阴阳失调的具体表现。因此，升清降浊，寒热温清，调和营卫，调理气血等都属于调整阴阳的范围。

(3)调整脏腑功能。脏腑是化生气血，通调经络，主持人体生命活动的主要器官，按摩通过不同手法作用于人体体表，刺激体表一定部位，对内脏功能活动产生一定影响。如点按脾俞、胃俞能缓解胃肠痉挛，止腹痛。又如按揉足三里既能使分泌过多的胃液减少，也可使分泌不足的胃液增多。还如按揉内关穴使高血压的动脉压下降，也可使处于休克状态的动脉压上升。由此证明，按摩手法刺激体表，体表末梢感受器官传人神经系统，然后传到内脏器官，使内脏活动发生改变。缓和、轻微的连续刺激，对中枢神经有抑制作用；快速、较重的手法与短暂的刺激可使中枢神经兴奋，按此规律，按摩会使内脏器官得到调节。

(4)促进气血运行。气血是构成人体的基本物质，是人体活动的基础，人体全身的一切组织都需要气血供养和调节才能发挥它的功能。气血周流全身，促进人体发育和生理活动，人体若发生不适症，都与气血有关；若气血失调，脏腑功能将发生异常。按摩对气血的作用是益气养血、行气活血。按摩是通过健脾养胃，增强脾胃受纳、运化、升清的功能，促进气血生成，同时疏通经络来加强肝的功能，又增加了气的生血、行血、摄血功能，从而使人体益气养血。在按摩中，常用按摩腹部来促进胃的升降功能，同时按摩可推动气的运行，促进气血运行，达到通则不痛的目的。

(5)调整筋骨关节。筋骨创伤必然累及气血，致脉络受损，血瘀气滞，影响肢体活动，也就是“不通则痛”。按摩通过舒筋通络，理筋整复，活血化瘀达到“通则不痛”的目的。按摩可以加强局部循环，使局部组织温度升高，并且将紧张或痉挛的肌肉充分拉长，从而牵拉肌束，使之放松，气血通畅，使肌肉从紧张状态中放松下来。通过理筋整复，可以使经络关节通顺，肌肉痉挛缓解，关节功能恢复，有助于松解粘连，润滑关节。

(6)调和人体五行，增强人体抗病能力。在我国传统医学里，常用五行学说的五行特性分析人体组织器官间的关系。按摩也可按五行学说归类，如摩与揉等手法，在人体表为环行或轻微用力归属金；推与揉手法，在人体血脉为直行用力，或者散闪用力归火；拿与捏等手法，在人体肌肉部分向上或相对用力归属土；拨与弹等手法，在人体筋腱部分做深透用力归属木；点与按等手法，在人体骨骼做直下强力归属水。通过把按摩手法归类，帮助人体正气战胜邪气。“正气存内，邪不可干”，按摩通过虚补实泻，增强人体抗病能力，具有扶正祛邪的作用，可以增强人体免疫功能。如刺激经络，疏通经络，调和气血，调整脏腑，使机体处于最佳的状态。

2. 按摩常用的手法

(1)按法。

①指按法。以拇指指腹或食、中、无名指指腹，按压体表施术部位的方法，叫指按法。指力不足，可用另一手拇指重叠按压，叫指腹按压，又称压法。如以指端按压，则称指端按法。食指屈曲，以指背按压，则称为屈指按法。

②掌按法。术者腕背屈，以掌根、全掌或鱼际部位着力于施术部位，进行按压的手法，叫掌按法。按压后要稍停留片刻，再重复按压谓之“按而留之”，使按压既平稳又有节奏。按压时可双掌重叠，身体前倾，借助体重增加力度。

③肘按法。以肘尖代替指和掌，着力于施术部位，进行按压的手法，叫肘按法。

(2)拨法。

①拇指拨法。术者拇指伸直，其余四指分开扶持体表固定，屈伸拇指掌指关节，向左右拨动施术部位的肌肉或肌腱等，此为轻手法。以拇指伸直，其余四指握拳，食指桡侧抵于拇指掌面，用腕或肘部摆动屈伸，带动拇指拨动肌肉肌腱部位，此法为重手法。

②单指拨法。以食指微屈曲，拇指与中指抵于食指端关节处加强力量，进行指拨穴位。或以中指伸直，拇指食指捏住中指末节，加强中指拨动力量，进行指拨穴位。

③多指拔法。以食指、中指、无名指三指同时拨动施术部位。此法多用于腹部。

④弹拨法。术者多以食指指端着力，拇指、中指捏住食指 2～3 节间，着力将食指插入肌筋间隙或起止点，由轻到重，由慢而快，轻巧、灵活地弹拨，如弹琴弦。

⑤肘拨法。对于肌肉发达、丰厚者，术者指拨力度不够时，可以肘尖置于施术部位，来回左右拨动。此法多角于腰、臂及大腿。

(3)颤法。术者以单手或双手的手掌及掌指自然伸直平放于施术部位，稍施压力与施术部位贴实，将力贯注于施力的手及臂部，用腕力连同臂部作左右急剧而细微的摆动(摆动的速度要快，幅度要小)，摆而滞为颤。

(4)搓法。

①拇指搓法。以手拇指于施术部位,对称用力,交叉搓揉,术时顺经络为补,逆经络为泻。

②掌搓法。术者双手分别合抱肩部前后,相对用力,一前一后,相对揉搓,边搓边下移到腕部,再自腕部搓移到腋下。掌搓法亦可以双手平放腰骶部两侧腰肌上,作用力方向相反的上、下斜行的往返搓动。

(5)点法。

①拇指端点法。术者以手握空拳,拇指伸直并紧靠于食指中节桡侧面,用拇指端点压施术部位。向下点压时拇指指腹紧贴食指中节桡侧,以免因用力而扭伤拇指间关节。

②屈拇指点法。术者拇指屈曲,拇指端抵住屈曲食指中节的外侧缘,用拇指指间关节突起部的桡侧着力于施术部位,进行点按。

③屈食指点法。术者屈曲食指,与其他手指相握,用食指第一指间关节突起部分点压施术部位,术时可用拇指末节内侧缘紧压食指指中部,以增加力度。

④肘尖点法。术者屈曲肘关节,以肘尖着力于施术部位进行点按。此法多用于肌肉丰厚部位和肥胖者。肘尖点法为强力点法。

(6)抖法。

①上肢抖法。受术者坐位,术者站其体侧前方。术者以两手拇、食、中指握受术肢前臂远端。无名指、小指及实际部位握手腕部,掌心向下,向体外前方抬肩 60°,然后做连续的上下方向的抖动,使抖动波传达到肩部。再以一手握受术者同侧手,引臂向体外前方抬肩 60°,做左右方向的抖动,使抖动波传达到肱二头肌、肱三头肌及肩部。

②下肢抖动法。下肢抖动法可分为仰卧位及俯卧位的抖动。

仰卧位抖动法:以两手握双踝部,抬离床面 30 厘米,做上下方向的连续抖动,使腿及腰部放松。俯卧位抖动下肢有两种方法:即术者以一手握踝,屈膝关节 90°,另一手掌贴附于大腿或小腿后面肌肉部位,做左、右方向的摇抖。另一法即受术者俯卧位,一侧膝关节屈曲 90°,术者一手掌置踝关节及小腿远端的前侧固定不动,另一手虎口对准足跟,以拇指及四指推动足跟向左右方向抖动,带动小腿三头肌向左右方向抖动,两腿分别进行。

③腰部抖法。受术者俯卧位,术者两手握双踝,先进行拔伸牵引 1 分钟左右,摆动两下肢,待肌肉放松后,做突然的上下抖颤数次以抖动腰部。

(7)叩法。术者两手半握拳呈空拳,以腕部屈伸带动手部,用掌根及指端着力,双手交替叩击施术部位,或以两手空拳的小指及小鱼际的尺侧叩击施术部位。或者以双手掌相合,掌心相对,拇指略分开,用手部的指及掌的尺侧叩击施术部位。

(8)击法。

①拳击法。术者以单手或双手握拳，在臂力带动下，以空拳着力于施术部位，一起一落，有节奏地击打。或者以反拳(拳背)着力于施术部位，用腕力缓慢而轻松地击打，双手交替进行。用于肌肉丰满的臀部及腹外侧。

②掌击法。术者手指自然分开，微屈，腕关节伸直或背伸，以掌根或小鱼际部位着力在施术部位，进行击打。用于腰、背部及四肢。

③侧击法。术者手指自然伸直，腕略背伸，用单手或双手小鱼际部位击打施术部位。主要用于项背部、腰臀及四肢。

④指尖击法。术者两手指微屈曲，腕关节放松，运用腕关节做大(或小)幅度的屈伸，以指端重力(或轻轻)击打施术部位。

⑤棒击法。术者以桑枝棒、按摩棒或磁疗棒等工具，用棒体平击施术部位。

(9)理法。

①理指(趾)法。术者食指、中指屈曲如钩状，两手指挟住受术者一指(趾)自其根部向指尖方向进行捋顺，另一手固定肢体，施术时一松一紧循序移动，松紧适当，可将指背腹两面一次捋理。

②理肢法。术者一手握住受术者手部，一手循臂三阴经走行快速向远端捋理滑动。随换手再循手三阳经走行快速向远端捋理滑动。可双手相对同时操作。下肢六经同上施术即可。

(10)拍法。

①四指拍打法。即以食指、中指、无名指、小指并拢，平放拍打部位，使皮肤微红为度。

②指背拍打法。术者五指自然屈曲，用腕部屈伸撮动带动手指，以指背拍打施术部位。

③虚掌拍打法。术者五指并拢呈空掌状，在体表进行拍打。

④五指撒拍法。术者五指撒开，伸直，用小指外侧前端，顺肢体或肌筋的方向，于施术部位进行拍打的方法。

(11)摩法。

①指摩法。术者手指并拢，指掌部自然伸直，腕微屈曲，以食指、中指、无名指及小指的中节和末节指腹贴肘于施术部位的皮肤上，做直线或环旋摩动的手法，称指摩法。此法适用全身各部位。

②掌摩法。术者手掌自然伸直，腕关节放松，贴附于施术部位，以掌心和掌根为着力点，在腕及前臂带动下，持续、连贯、有节奏地环转摩动的手法，叫掌摩法。此法用于腰背部及胸腹部，如脐周围摩。

(12)拿法。

①两指拿法。术者以拇指与食指相对用力于施术部位,并做持续而有节奏的拿提动作。此法常用于头颈、肩及四肢。

②三指拿法。术者以单手或双手的拇指与食指、中指对合,相对用力于施术部位,并做持续而有节奏的拿提,叫三指拿法。此法用于颈项、肩背、腰及四肢。

③五指拿法。术者以单手或双手的拇指与其余四指相对,用力于施术部位,并做持续而有节奏的拿提,叫五指拿法。

④掌拿法。术者以掌心紧贴施术部位,进行缓慢拿揉动作的手法,叫掌拿法。

(13)推法。

①平推法。平推法是推法中着力较重的一种手法。其具体的手法操作如下。

A. 拇指平推法:术者以一手或两手拇指指腹着力于施术部位,沿经络循行或沿肌肉纤维走行方向推进,可于穴位处配合缓和的按揉动作,反复操作数次。

B. 掌平推法:术者以全掌着力于施术部位,以掌根为重点,向一定方向推进,可用双手重叠增大力度做缓慢的推进。

C. 拳平推法:术者以一手握拳,以第二、三、四、五指指间关节部着力,沿肌肉纤维方向缓慢推动,此法是平推法中刺激较强的手法。

D. 肘平推法:术者屈肘,以鹰嘴突着力于施术部位,做与肌肉纤维方向平行的缓慢推移,是平推法中刺激最强的一种。

②直推法。术者用指或掌按压在体表受术部位上,进行直线推移的手法,叫直推法。其具体的手法操作如下。

A. 拇指直推法:以一手或两手拇指指腹着力于施术部位,沿经络方向或肌肉纤维平行方向保持一定压力的单方向推动,是按摩起始和结束的手法。

B. 全掌直推法:术者以全手掌着力于施术部位、五指微分开,腕部挺直,以单掌、双掌或双掌重叠加力做单方向推动的手法。

C. 掌根直推法:术者手腕上翘,适度背屈,五指伸直,用单手或双手掌根着力于施术部位直推的方法。如需加力可双掌重叠。

D. 鱼际直推法:术者五指并拢,手腕伸直,以大鱼际小鱼际为中心,肘部灵活屈伸,以鱼际着力向前推动。如需增加力度,可以另一手压于施术手上。

E. 肘直推法:术者屈曲肘关节,以肘尖着力于施术部位,沿经络或肌肉纤维行走方向进行直线单方向推动。此法是直推法中刺激性最强的手法。

③分推法。术者以两手拇指或多指，按压在施术部位，向两侧相反方向，分开推动的手法叫分推法。其具体的手法操作如下。

A. 指分推法：术者以双手拇指或多指，按压在施术部位，向两侧相反方向推动，叫指分推法。本法适用于全身各部位。

B. 掌分推法：术者以双手掌部，按压于施术部位，自内向外，沿相反方向，同时分别推动的方法，叫掌分推法。此法适用于全身各部位。

④合推法。术者以两手指或两掌，从两个不同方向，位置相对地向中间点汇拢推进的手法，称为合推法。其具体的手法操作如下。

合推法的手法操作和要求与分推法相同，只是方向相反，此法多用于头部、胸腹部。

(14)揉法。

①指揉法。以指腹吸定在施术部位，着力做轻柔、缓和的旋转揉动，带动皮下组织。指揉法分为拇指揉法、二指揉法和三指揉法。拇指揉法：以拇指进行旋转揉动。此法着力均匀、连贯，由轻而重，逐渐扩大范围，旋而不滞，转而不乱，揉而浮悬，动作深沉，作用面积小而集中；以食指、中指进行操作，称二指揉法；以食、中、无名指进行操作，称三指揉法。

②掌揉法。以掌根或鱼际部位吸定于施术部位，腕部放松，肘为支点，前臂旋转摆动，带动腕部做轻柔和缓旋揉，称掌揉法。掌揉法因手作用的部位不同，又分为鱼际揉法、全掌揉法和掌根揉法。鱼际揉法是以鱼际部位吸定施术部位，持续进行揉动，也可紧揉、慢移地操作，常用于头、面、扁背部；以全掌着力于施术部位，进行揉法，叫全掌揉法，既可吸定一处，又可边揉边缓慢移动，常用于腹部；以掌根施力进行揉法，称为掌根揉法，主要用于腰臀部。

第三节　网球运动的营养饮食

一、网球运动的科学营养

(一)营养概述

营养是一种系统全面的生理过程，这个过程从人体摄取外界食物开始，经过消化、吸收和代谢，最后利用食物中对身体健康有益的物质来维持生命活动。

营养素，是指人类为维持生命活动而摄取的外界食物中的养分。营养素是人类维持生命活动、促进健康发展的最根本物质。如果未均衡吸收营养素，就会对人体健康水平与活动能力造成不良影响。人体需要补充的营养素有六大类，分别是水、糖类、脂肪、蛋白质、矿物质和维生素。

1. 水

水是人类维持生存的重要营养素，人类离开水将无法生存。人体内含量最多的成分就是水，水约占成人体重的2/3。如果人体内缺水，就会影响正常的生理功能。水的营养功能主要体现在以下几个方面。

(1)水能够使腺体分泌保持正常。

(2)水参与人体正常的代谢过程。

(3)水能够调整并维持正常的体温。

人体所需水的主要来源是饮料和食物。通常，成人每天需要补充的水分是2 000～2 500毫升，运动员在网球运动中补充水分的量具体要以年龄、气候和运动强度等情况为依据。

2. 糖类

糖类还被称为"碳水化合物"，碳、氢、氧是糖类的主要构成成分。根据糖类分子结构的差异性划分，可以将糖类分为单糖、双糖和多糖三大类。单糖包含半乳糖和葡萄糖；双糖包含蔗糖、麦芽糖和乳糖；多糖包含纤维素、淀粉、糖原和果胶。糖类的营养功能主要体现在以下几个方面。

(1)糖类提供机体所需的能量，维持机体正常的生理活动。

(2)糖类有利于有效吸收和利用蛋白质。

(3)糖类能够构成细胞和神经，具有重要的作用。

米、面、谷类、土豆、水果、甜食、牛奶、糖果、蔗糖、蜂蜜等日常主食、蔬果、饮料和甜品中含有大量的糖类，这些糖成分能够满足人体正常的生理功能需要。

3. 脂肪

组成脂肪的几种主要元素是碳、氢和氧，作为人体重要的组成成分，脂肪在人体内具有举足轻重的作用。脂肪的营养功能主要表现在以下几个方面。

(1)脂肪是构成人体组织细胞的重要成分。

(2)脂肪包围在人体器官周围充当脂肪垫，主要用来保护人体器官和神经，以免器官和神经受外伤。

(3)脂肪能够维持人体体温,并可以有效保护人体的内脏器官。

猪油、羊油、牛油、奶油及蛋黄等动物性食物是脂肪的主要来源。除此之外,大豆、芝麻、花生等植物性食物中也含有较多的脂肪。

4. 蛋白质

蛋白质是一切生命的基础,是构成细胞的主要成分。蛋白质的主要构成元素有氧、碳、氢和氮。根据食物蛋白质的营养价值划分,蛋白质可分为三大类,即完全蛋白质、不完全蛋白质和半完全蛋白质。蛋白质的营养功能主要表现为以下几个方面。

(1)蛋白质是构成和修补机体组织的重要物质,保证机体正常的生长发育。

(2)糖类和脂肪不能完全提供机体需要的能量时,蛋白质能够补充一定的热量。

(3)蛋白质可以构成抗体,抗体具有免疫作用,能够增强机体抵抗细菌和病毒的能力。

蛋类、豆制品、鱼、小麦、肉类、坚果、乳制品等食物是蛋白质的主要来源。一般来说,动物性蛋白质要比植物性蛋白质更优质。运动员的锻炼强度和年龄等因素影响蛋白质的摄入量。

5. 矿物质

矿物质也被称为"无机盐",主要包括两大类,一类是含量较多的常量元素,包括钙、钠、磷、镁、氯、钾、硫等;一类是含量较少的微量元素,包括铁、锌、碘、铜、硒、镍、钼、氟、钴、铬、锰、硅、锡、钒等。矿物质的营养功能主要表现在以下几个方面。

(1)矿物质是构成机体组织的重要成分。

(2)矿物质能够保持机体内的酸碱平衡。

(3)矿物质有利于合成与利用机体内的其他营养物质。

奶和奶制品是矿物质中的钙的主要来源;动物内脏(特别是肝脏)、血液、鱼、肉类是铁的主要来源;动物性食物是锌的主要来源。

6. 维生素

维生素是维持机体健康所必需的营养素。维生素主要分为两大类,一类是脂溶性维生素,包括维生素 A、维生素 D、维生素 E、维生素 K 等;另一类是水溶性维生素,包括维生素 C 族、维生素 B 族。人体主要维生素的营养功能主要表现在以下几方面。

(1)维生素 A 的功能主要是健齿、健骨、润肤、助消化等。

(2)维生素 B_1 能够有效促进能量代谢及糖代谢生成 ATP(三磷酸腺苷)。

(3)维生素 C 具有抗氧化、缓解疲劳、缓解肌肉酸疼等作用。

动物的肝脏、深绿色或深黄色的蔬菜、红色或黄色水果、蛋黄等是维生素 A 的主要来源;米、面、核桃、花生、芝麻和豆类等粗粮是维生素 B_1 的主要来源;水果、叶菜类、谷类等是维生素 C 的主要来源。

(二)网球运动的营养需求

1. 水

一般情况下,当人体出现口渴时,就已经丢失了 3%的水,这时机体处于轻度脱水的状态。机体脱水容易造成运动能力下降,所以要提前进行补水。运动员进行网球运动主要分以下三个阶段补水。

(1)运动前补水。运动员要根据运动情况、气候和自身的情况进行运动前补水,这是很有必要的。运动前补水可以防止运动过程中发生脱水现象。一般认为运动员在进行网球运动前 2 小时饮用 0.4～0.6 升的含电解质和糖的饮料,或网球运动前补 0.4～0.7 升的水较为适宜。补水要遵循少量多次原则。

(2)运动中补水。运动员在网球运动中的补水量要根据出汗量来确定,通常,运动中的补水总量不超过 0.8 升/小时。总补水量不超过总失水量的 50%～70%,如果运动员网球运动时间不超过 1 小时,只需要补充纯水。

(3)运动后补水。很多运动员在网球运动中补水不足,因此在运动后的补水就显得很重要。运动后适宜补充含糖的饮料或水,有利于恢复血容量。运动后不能大量补水,补充大量水分会使出汗量和排尿量增加,从而加速丢失人体的电解质,对肾脏和肝脏造成重大负担,造成胃扩张,对呼吸不利。

2. 能量

运动员进行网球运动要消耗大量能量,因此,运动员每日不仅要摄入满足正常生理发育的能量,而且要补充网球运动中消耗的能量。网球运动的负荷越大,就会消耗越多的能量,摄取的膳食能量也应随之增加。

身体素质训练是网球运动必备的。通常运动员在进行身体素质训练中的耐力练习时消耗的能量较多,因此需要供给较多能量。运动员进行中等强度的耐力运动超过 30 分钟,肌糖原消耗接近耗竭,但氧供应仍然充足,这是机体开始大量利用脂肪分解供能。因此,运动员进行网球运动中的有氧耐力训练时，应吸收含有充足糖和脂肪的食物。

运动员在进行网球运动期间，饮食中脂肪的供给要适量。过多食用脂肪会影响人体吸收蛋白质和铁等营养素，而且脂肪不易于消化，会在胃内停留过长时间，从而影响运动。运动员参加网球运动时，膳食中脂肪含量在25%～30%之间较为适宜。

糖是运动员在网球运动中时的主要能量来源，运动员的耐力与体内肌糖原水平是正相关的关系。肌糖原水平低，运动员在网球运动中易疲劳。因此，运动员要注意补充糖。

补糖的方式因网球运动性质不同而不同。若运动员进行短时间、低强度的网球运动，则不需要补糖；若进行超过 80 分钟、大强度的网球运动，则需要补糖。运动前补糖的时间主要集中在 15 分钟前，两小时或两小时前；运动中补糖可以提高血糖水平，延缓运动中出现疲劳；运动后补糖可以促进糖原的恢复。

3. 蛋白质

运动员在网球运动中需要补充的蛋白质量与下列因素有关。

(1)网球运动的状态。运动员在大运动量的网球运动初期，由于细胞损伤增加，因此要增加蛋白质补充量。

(2)网球运动的类型、强度、频率。长时间剧烈的网球运动非常考验耐力，会加强蛋白质代谢，从而要增加蛋白质补充量。

(3)热能短缺和糖原储备不足时，将增加蛋白质的补充量。

(4)运动员如果要减轻体重和控制体重，需要适当补充蛋白质营养密度高的食物。

运动员在进行网球运动过程中，要注意保持蛋白质营养的"正平衡"状态，同时蛋白质的补充量要根据体育训练的不同类型而有所变化。运动员进行力量训练时，蛋白质供给量是每日总能量的 15%～18%，力量训练时蛋白质的供给有利于强壮骨骼肌和增加肌肉力量。进行其他形式的练习时，蛋白质供给量一般是每日总能量的 14%～16%。

4. 维生素

维生素的主要作用是维持和调节机体正常代谢。人体内无法合成或者不能充分合成大部分维生素，因此体内的维生素无法满足人体需要，因而需要通过食物摄取。运动员如果在日常饮食中缺乏维生素的补充，就会影响身体健康水平，出现维生素缺乏症。因此参加网球运动训练的运动员要保证饮食中维生素的充分供应，以提高自身的运动能力。

二、膳食平衡

(一)膳食平衡的原则

膳食平衡,是指膳食中所包含的各种营养素和热量要比例适当、种类齐全,能够满足机体的各种运动所需的营养。如果运动者膳食补充不平衡,则会影响机体正常生理功能的发挥,严重者会引发相应的营养缺乏或是营养不足症状。膳食平衡原则应做到以下三点。

1. 全面性

全面性原则要求,在膳食方面各种营养素的摄取应全面。人体需要的营养素众多,包括蛋白质、脂类、碳水化合物、维生素、无机盐、水、纤维素等。这些营养素都对人体具有独特的作用,如果有所欠缺,则会影响人体的某项生理功能。因此,运动者的日常饮食一定要全面,避免食物的单一化和长期固定化。

2. 平衡性

平衡性是指各种营养素的供给应与人体之间形成相对的平衡,供应量既不能过剩也不能短缺。网球运动训练的负荷量相对较大,因此应注重高能量食物的补充;对于女性而言,要更加注重铁的补充。在不同的季节和不同的训练强度下,应适当调整饮食。营养摄入过少,不能满足需要,可发生营养不良性疾病;摄入过多,既是浪费又对机体产生负担,产生营养过剩性疾病。

3. 适当性

适当性原则是指各营养素之间的搭配要适当。饮食之间进行合理搭配能够更好地促进人体营养素的吸收和利用。在日常饮食中,要注重蛋白质、脂肪和碳水化合物之间的搭配,荤素比例适当。膳食的适当性原则还要注重主副食品的搭配,并慎重服用营养保健品。

(二)膳食平衡的具体要求

1. 各种营养素和热量摄入的平衡

营养专家认为,人们从膳食中摄取的各种营养素在一定时期内应保持在一定的标准范围内。中国营养学会制定了相应的营养素每日供给量标准，运动者应该根据其调整食物的搭配和供应。

糖类、蛋白质、脂肪均能给机体提供热量，故称为热量营养素。糖类、蛋白质、脂肪三者摄入量的合适比例为6.5∶1∶0.7。另外，运动者不仅要注重三大能源物质的供应，还要注重维生素、矿物质的补充。

2. 酸碱平衡

人体的各部分都会有相应的酸碱度，一般情况下人体的各部分的pH值保持在相应的范围，如果饮食搭配不当，酸碱不平衡，会导致人体的酸碱失衡。网球运动训练的负荷量相对较大，在运动之后人体可能会产生相应的酸性代谢物质，因此，在饮食中应该注重碱性食物的搭配。常见的酸性食品和碱性食品如下。

(1)酸性食品。动物类：鸡肉、鲤鱼、猪肉、牛肉、干鱿鱼、鳗鱼、蛋黄。植物类：大米、面粉、花生等。

(2)碱性食品。蔬菜类：海带、菠菜、萝卜、南瓜、黄瓜、四季豆、藕等。水果类：西瓜、香蕉、苹果、草莓等。

3. 氨基酸平衡

世界卫生组织提出了人体所需的八种必需氨基酸的构成比例，见表7-1。研究表明，当食物中所含的氨基酸的比例与表中的比例越接近，其越能够更好地被人体所吸收利用，其营养价值也相对越高。但是多数食品其氨基酸的构成具有一定的不平衡性，这在一定程度上影响了人体的摄取。

表7-1　人体必需的八种氨基酸

氨基酸	蛋白质(毫克/克)
异亮氨酸	40
亮氨酸	70
赖氨酸	55
蛋氨酸＋胱氨酸	35
苏氨酸	40
色氨酸	10
缬氨酸	50
苯丙氨酸＋酪氨酸	60

三、运动员参加网球运动的合理膳食营养

(一)膳食的合理构成

中国营养学会根据平衡膳食的原则,提出的膳食构成如下。

(1)膳食应注重多样性,以谷类为主。谷类和薯类、动物性食物、豆类及其制品、蔬菜水果和纯热能量食物所含的营养成分不完全相同,因此,要注重食物的多样化。谷类食物的表皮中含有大量的维生素和矿物质,因此,为了防止这些食物表层营养物质的流失,要避免碾磨得过于精细。

(2)每天吃奶类、豆类或其制品。奶类和豆类食品除了含有较高的蛋白质和维生素之外,还含有丰富的钙,具有较高的利用效率。

(3)多吃蔬菜、水果和薯类。人体的各种维生素和矿物质的主要来源是蔬菜、水果和薯类,这些事物对心血管的健康以及人体的抗病能力的增强都具有重要的作用。

(4)经常吃适量的鱼、禽、蛋、瘦肉,少吃肥肉和荤油。鱼、禽、蛋、瘦肉等动物性食物是人体优质蛋白、脂肪、脂溶性维生素、B族维生素和矿物质的主要来源。但是,需要注意的是,肉类食物不宜摄入过多,否则可能造成人体的肥胖。

(5)吃清淡少盐的膳食。一般认为,每人每天的食盐摄入量不宜超过6克,这对于心血管功能的正常活动具有重要作用。吃了太咸、太油腻的食物会增加心血管疾病的发病率。

(6)食量与运动量的平衡,保持适宜体重。在网球运动之后,人体对能量的需求会相对增加,如果能量供应不足,会造成人体的消瘦和抵抗力的下降;反之,则会造成人体的肥胖。因此,应保持食量和能量消耗的平衡。

(二)“4+1营养金字塔”

为了保证人们日常营养摄入的合理性,营养专家提出了“4+1营养金字塔”食物指南。

(1)第一层即底层是最重要的粮谷类食物,它在人们的日常饮食中所占的比重最大。一般成年人的每日粮豆类食物摄取量为400～500克,粮食与豆类之比为10∶1。

(2)第二层是蔬菜和水果,在金字塔中占据了相当的地位。每日蔬菜和水果摄入量为300～400克,蔬菜与水果之比为8∶1。

(3)第三层是奶和奶制品,以补充优质蛋白和钙,每日摄取量为200～300克。

(4)第四层为动物性食品，主要提供蛋白质、脂肪、B族维生素和矿物质。禽、肉、鱼、蛋等动物性食品每日摄入量为100～200克。

(5)塔尖是膳食中放入少量的盐和糖类。

第一、二层的碳水化合物食物应提供人体所需能量(热量)的65%；第三、四层食物中的脂肪应提供人体所需能量的25%，这两层中的蛋白质应提供人体所需的剩余能量，约占人体总能量的10%。

四、运动员参加网球运动的膳食建议

(一)培养科学的饮食习惯

1. 合理安排一日三餐

(1)时间安排：人的日常三餐应保持固定，这样对与肠道的消化和吸收有利。一般两餐之间的间隔时间在5小时左右。每次吃饭的时间也应合理安排，既不能太快也不能太慢。

(2)热能安排：一般早餐占全天总热量的30%左右，午餐占全天总热量的40%～45%，晚餐占全天总热量的25%～30%。

2. 培养良好的个人饮食素养

(1)每天热量结构建议碳水化合物占总热量60%～70%，蛋白质占总热量10%～15%，脂肪占总热量的20%～25%。

(2)用餐环境保持安静、清洁，不吃街头无食品卫生许可证摊贩的食品；购买食品时应注意保质期。

(3)在饮食上还要注意营养卫生，少吃太咸、太油腻的食物，不多吃油炸和烟熏的食物。

(4)增强自身对于营养和保健知识的认识和了解，讲究合理的膳食结构，掌握好搭配和比例。慎重服用保健类和营养类药物。

3. 合理加餐

网球运动对于人体的能量消耗非常多。鉴于此，可考虑适当加餐。加餐的食物摄入量不宜过多，而且要以碳水化合物为主。加餐应保证不影响正常的三餐饮食。

(二)素食餐饮要适当

素食的热量和脂肪的含量相对较低,有助于避免现代病。但是素食同样具有其弊端。对于网球运动者而言,不应做纯素食主义者,应保证机体各种营养摄入的均衡。纯素食的主要弊病表现在以下几方面。

1. 纯素食容易导致营养不良

蛋白质是人体细胞和组织的重要构成成分,人体的各部分的组成都需要蛋白质的参与。脂肪不仅能够为人体提供热量,还对大脑发育具有重要的影响。对于经常从事大运动量的运动者来说,单纯的素食并不能很好地提供人体运动所需的营养。

2. 纯素食导致微量元素和维生素缺乏

人体的各种微量元素很多来源于果蔬类食物,但是人体中的铁、锌、钙等元素主要来源于动物性食品,如铁元素主要来源于肉类和蛋类食物,钙元素则主要来源于奶类食物。素食者为了保持营养摄入的均衡,会食用多种类的食品,并且需要精心的准备,但是日常生活中忙碌的人们很难做到。纯素食的人贫血和缺铁、锌的危险较大。纯素食的人虽然不一定贫血,但是其铁的吸收率会降低。

五、网球运动前后的饮食注意事项

在网球运动前后,应注意以下几方面的饮食问题。

(一)避免空腹时的大量运动

在空腹的情况下,人体的血糖含量会相对降低,在运动过程中可能会产生头昏、四肢乏力等症状,严重者甚至会产生昏厥。空腹运动训练也可能会产生腹痛,还会抑制消化液的分泌,降低消化功能,容易发生意外。

(二)饭后不大量运动

在进食完毕后,人体的消化器官(主要是胃)需要大量的血液供给,这时候进行运动训练会导致消化系统的血液流量减少,从而影响人体对食物的消化和吸收。如果在饭后进行大量的运动,会影响肠胃的蠕动,产生胃痉挛、呕吐等症状。因此,应该运动者应在饭后过一段时间再进行运动训练,一般可在饭后 1.5～2 小时后进行。

(三)运动中不大量饮水

在网球运动中，由于运动量巨大，人体的出汗量也会较多，会引起人体的缺水。在补水时应注意控制饮水的量，采取少饮多次的方法来补水。可饮用功能性饮料，补充人体的流失的矿物质。

如果饮水量过多，会使胃部膨胀，妨碍膈肌活动，影响正常呼吸，并对肠胃、心脏有害。在运动中大量饮水，会使得人体的盐分丧失增多，从而导致人体出现四肢无力、抽筋等现象。在训练过程中，口腔和咽喉黏膜的水分蒸发或尘埃刺激、空气干燥以及唾液分泌减少等原因也可能导致口渴，这一情况下可用水漱口的方法来消除饥渴感。

(四)运动前不吃油腻或过咸食物

油腻食物不容易消化，肠胃需要更多的血液来帮助消化，肝脏也会分泌大量的胆汁去应付。这会造成腹胀，并且影响运动器官的血液供应。

在运动训练之前，食用过咸的食物会造成口干舌燥，如果大量饮水会影响运动的效果。

参考文献

[1]袁运平,甄新喜.现代网球运动体能训练[M].上海:上海交通大学出版社,2017.

[2]陈建强,魏琳.网球教学与练习[M].上海:复旦大学出版社,2017.

[3]何杰明.网球运动发展软实力及提升路径分析[J].广州体育学院学报,2015(6).

[4]袁运平,王卫.运动员体能结构与分类体系的研究[J].首都体育学院学报,2003,15(2).

[5]陈德志,陈祺.网球运动教程[M].广州:中山大学出版社,2017.

[6]张良力,袁运平.对体能训练的发展趋势与我国竞技体育体能训练中存在问题的探讨[J].广州体育学院学报,2009(7).

[7]袁运平.体能训练学教程[M].长春:吉林大学出版社,2016.

[8]周海雄,郑建岳,许强.网球运动员体能与心理训练手册[M].北京:人民体育出版社,2008.

[9]张英波.现代体能训练方法[M].北京:北京体育大学出版社,2006.

[10]颜飞卫.大学生体质健康评价及健康教育[M].杭州:浙江大学出版社,2013.

[11]王东亮,赵鸿博.现代大学生体能训练理论与方法指导[M].北京:中国书籍出版社,2014.

[12]王泽刚.网球运动实训教程[M].武汉:武汉大学出版社,2016.

[13]刘小沙.网球[M].天津:天津人民美术出版社,2017.

[14]张枝梅,冯明新.球类运动(第2版)[M].北京:化学工业出版社,2017.

[15]王兴通.网球运动的发展与科学化训练研究[M].北京:中国水利水电出版社,2016.

[16]郭开强,蒲娟,张小娥.网球教学[M].北京:科学出版社,2016.

[17]罗晓洁.网球技术与教法[M].上海:同济大学出版社,2016.

[18]董杰.网球教程[M].北京:高等教育出版社,2005.

[19]乔佇,李先国,黄念新.网球运动教程[M].南京:南京师范大学出

版社,2005.

[20]李志平,于海强.网球入门、提高训练与实战[M].北京:化学工业出版社,2016.

[21]周铭共.网球 世界因你而精彩.[M].北京:高等教育出版社,2007.

[22]张瑞林.网球运动[M].北京:高等教育出版社,2010.

[23]周海雄,张剑峰,王凯军.网球竞赛技术手册[M].北京:人民体育出版社,2014.

[24]董洁.网球竞赛裁判工作手册[M].北京:高等教育出版社,2016.

[25]谢成超,杨学明.大学网球教程[M].北京:化学工业出版社,2015.

[26](瑞)伦斯特著;徐国栋译.网球[M].北京:人民体育出版社,2005.

[27]张长俊.新时代网球运动文化解读与学练实践指导[M].北京:中国水利水电出版社,2017.

[28]郭立亚,李桂林.网球[M].重庆:西南大学出版社,2013.

[29]刘占捷.网球[M].南京:江苏科学技术出版社,2012.

[30]虞力宏,楼兰萍.网球运动[M].杭州:浙江大学出版社,2015.